MÉMOIRE
SUR LA MUSIQUE
DES CHINOIS,

TANT ANCIENS QUE MODERNES,

Par M. AMIOT, Missionnaire a Pekin;

Avec des Notes, des Observations & une Table des Matieres, par M. l'Abbé ROUSSIER, Chanoine d'Ecouis, Correspondant de l'Académie Royale des Inscriptions & Belles-Lettres ;

Faisant partie du Tome sixième des Mémoires concernant les Chinois.

A PARIS,

Chez Nyon l'aîné, Libraire, rue du Jardinet, vis-à-vis la rue Mignon, près de l'Imprimeur du Parlement.

M. DCC. LXXIX.

Avec Approbation, et Privilege du Roi.

DE LA
MUSIQUE
DES
CHINOIS,
TANT ANCIENS QUE MODERNES;

Par M. AMIOT, *Missionnaire à Pekin.*

DISCOURS PRÉLIMINAIRE.

LE premier de mes soins, en arrivant à la Chine, fut d'etudier la langue & les mœurs de ceux qui l'habitent, afin de pouvoir leur annoncer, avec quèlque espérance de succès, les vérités de notre sainte Religion. Sachant que de tous les moyens qu'on peut employer pour s'en faire ecouter, les Sciences & les Arts sont les plus efficaces, sur-tout dans la

Capitale & à la Cour, où je me rendis par ordre de mes Supérieurs; je crus que je ne devois négliger aucune des avances que je pouvois avoir dans plusieurs parties des Mathématiques, dans celles sur-tout qui sont le plus au goût des Chinois.

Je savois passablement la Musique, je jouois de la flûte traversiere & du clavecin; j'employai tous ces petits talens pour me faire accueillir.

Dans les différentes occasions que j'eus d'en faire usage pendant les premieres années de mon séjour à Péking, je n'oubliai rien pour tâcher de convaincre ceux qui m'écoutoient, que notre Musique l'emportoit de beaucoup sur celle du Pays. Au surplus, c'étoient des personnes instruites, en etat de comparer & de juger; des personnes du premier rang qui, honorant les Missionnaires François de leur bienveillance, venoient souvent dans leur maison pour s'entretenir avec eux de quelques objets concernant les sciences ou les arts cultivés en Chine.

Les Sauvages, *les Cyclopes* (a), les plus belles sonates, les airs de flûte les plus mélodieux & les plus brillans du Recueil de *Blavet*, rien de tout cela ne faisoit impression sur les Chinois. Je ne voyois sur leurs physionomies qu'un air froid & distrait qui m'annonçoit que je ne les avois rien moins qu'émus. Je leur demandai un jour comment ils trouvoient notre Musique, & les priai de me dire naturellement ce qu'ils en pensoient. Ils me répondirent le plus poliment qu'il leur fut possible, que *Nos airs n'étant point faits pour leurs oreilles, ni leurs oreilles*

───────────

(a) Pieces de clavecin & de caractere du célebre Rameau.

Avertissement. Les notes de ce Discours Préliminaire sont de M. l'Abbé Roussier. Dans le corps de l'Ouvrage, celles qui sont marquées par des chiffres sont du P. Amiot, sous leurs mêmes numéros, & celles qui sont marquées par des astérisques, sont des portions du texte, rejettées en notes pour plus de précision dans le discours. Enfin, toutes celles qui sont marquées par des lettres, ont eté ajoutées par M. l'Abbé Roussier.

pour nos airs, il n'étoit pas surprenant qu'ils n'en sentissent pas les beautés, comme ils sentoient celles des leurs. Les airs de notre Musique, ajouta un Docteur, du nombre de ceux qu'on appelle *Han-lin*, & qui etoit pour lors de service auprès de Sa Majesté, *les airs de notre Musique passent de l'oreille jusqu'au cœur, & du cœur jusqu'à l'ame. Nous les sentons, nous les comprenons : ceux que vous venez de jouer ne font pas sur nous cet effet. Les airs de notre ancienne Musique etoient bien autre chose encore, il suffisoit de les entendre pour être ravi. Tous nos Livres en font un eloge des plus pompeux ; mais ils nous apprennent en même tems que nous avons beaucoup perdu de l'excellente méthode qu'employoient nos Anciens pour opérer de si merveilleux effets,* &c.

De semblables discours, répétés plus d'une fois, & par plus d'une personne, me firent naître l'envie de connoître la Musique Chinoise, & de m'instruire à fond, si je le pouvois, de toutes les regles qui en constituent la théorie. Le P. Gaubil, qui étoit très-versé dans plusieurs parties de la Littérature des Chinois, m'excita à mettre la main à l'œuvre, s'engageant à me fournir tous les secours qui dépendroient de lui. Je demandai à quelques Lettrés de ma connoissance un catalogue des Livres dans lesquels je pourrois puiser les connoissances que je voulois acquérir. J'en parcourus quelques-uns, à l'aide de mon Maître de Langue ; mais comme ce Maître, tout habile Lettré qu'il étoit, n'avoit aucune teinture de Musique, il se trouvoit encore plus embarrassé que moi quand il etoit question de calcul ou de quelques termes de l'art, & de certaines expressions consacrées, qui ne sont connues que de ceux qui sont versés dans la Musique.

Les difficultés que je rencontrois, pour ainsi dire, à chaque pas, m'auroient infailliblement rebuté, si je ne m'etois apperçu, qu'à l'occasion de la Musique, je pouvois me former une idée de la plupart des sciences que les Chinois cultivent, & m'instruire sur-tout de leur ancienne maniere de pratiquer les cérémonies religieuses & civiles, sur lesquelles ils ont appuyé la plus grande partie du vaste edifice de leur gouvernement.

Je continuai donc à lire & à méditer sur ce que je lisois. Je ne fus pas long-tems sans m'appercevoir & sans être convaincu que de tems immémorial, la Musique avoit été cultivée en Chine, & qu'elle avoit fait l'un des principaux objets de l'attention des Magistrats & des Souverains; qu'erigée en science dès les commencemens mêmes de la Monarchie, elle avoit joui, chez les anciens Chinois, du double avantage de pouvoir charmer les cœurs par les différentes impressions dont elle les affectoit, & faire en même tems les délices de l'esprit par l'evidence des démonstrations, exactement déduites de principes qui posent sur l'incontestable vérité.

Il ne me suffisoit point d'être convaincu de tout cela; il me falloit quelque chose de plus. J'aurois souhaité que parmi les anciens Sages, qui avoient pris la Musique pour le sujet de leurs méditations les plus profondes, & en avoient fait l'objet de leurs plus sérieuses occupations, il s'en fût trouvé quelques-uns qui eussent parlé clairement dans leurs ecrits du principe sur lequel ils fondoient toute la théorie d'une science qu'ils regardent comme la science universelle, comme la Science des sciences; en un mot, comme celle au moyen de laquelle on peut expliquer toutes les autres sciences, à laquelle se rapportent toutes les autres sciences, & de laquelle, comme d'une source des plus féconde, découlent toutes les autres sciences. J'aurois voulu trouver des regles détaillées, & une méthode pour faire l'application de ces regles. Il ne me fut pas possible de me procurer alors cette satisfaction.

Cependant, à la persuasion du P. Gaubil, je me déterminai à traduire un ouvrage fort estimé, qui a pour titre: *Kou-yo-*

king-tchouen, c'est-à-dire, *Commentaires sur le Livre classique touchant la Musique des Anciens*, par *Ly-koang-ty*, Ministre d'Etat, & membre du premier Tribunal des Lettrés. C'est en effet celui de tous les ouvrages sur la Musique, qui, suivant le peu de lumieres que j'avois alors, me parut mériter le plus d'attention. Ma traduction finie, je l'envoyai au P. De Latour, Procureur de la Mission françoise de Chine, avec promesse de lui envoyer chaque année autant de supplémens qu'il jugeroit à propos, si ces matieres etoient de son goût, & lui paroissoient pouvoir être de quelque utilité. Je le priai en même tems de vouloir bien remettre mon manuscrit à M. de Bougainville (*b*), alors Secrétaire de l'Académie des Inscriptions & Belles-Lettres, & auquel j'eus l'honneur d'écrire pour lui recommander ce fruit de mon travail.

Ce que j'adressai directement au P. De Latour, à diverses reprises, arriva en France; mais M. de Bougainville n'etoit déja plus, lors de mon dernier envoi; & le P. De Latour, en 1763, interrompit toute communication avec nous. Ainsi, n'ayant pu savoir quel avoit eté le sort de mes écrits sur la Musique Chinoise, je ne m'en occupai plus, & je dirigeai mon travail vers des objets que je crus n'être pas tout-à-fait indignes de l'attention des savans, & qui même pouvoient en être bien reçus, parce qu'ils n'avoient point encore eté traités par aucun des Missionnaires mes prédécesseurs.

L'année derniere (1774), M. Bignon, Bibliothéquaire du Roi, qui n'est pas moins zélé pour tout ce qui peut avoir quelque rapport au progrès des sciences, que ne l'ont eté les illustres personnages de son nom, qui depuis près de deux siecles ont rendu successivement des services si importans à la république

---

(*b*) C'est en 1754 que ce Manuscrit a été remis à M. de Bougainville, selon une note de Rameau, dans son *Code de Musique*, page 189.

des Lettres, eut la bonté de m'envoyer un Livre que j'avois demandé à feu M. Bignon son Pere. Il ajouta à son envoi un autre Livre que je n'avois point demandé, mais qu'il jugea pouvoir m'être ici de quelque utilité, à raison du sujet qu'il traite & des matériaux qui y sont si judicieusement employés. C'est le *Mémoire de M. l'Abbé Roussier, sur la Musique des Anciens.*

Cet ouvrage, l'un des meilleurs & des plus solides, à mon avis, qu'on puisse faire en ce genre, m'a éclairé sur une foule d'objets, même chinois, que je ne faisois qu'entrevoir auparavant, & que je n'entrevoyois qu'à travers les plus epais nuages. Il me sembloit, en le lisant, que j'étois devenu l'un des disciples du fameux Pythagore, ou l'un des initiés dans le College des Prêtres d'Egypte. Quel dommage, disois-je en moi-même, que M. l'Abbé Roussier n'ait pas pu fouiller dans les antiquités des Chinois, comme il l'a fait dans celles des Egyptiens & des Grecs! En remontant jusqu'à la source primitive d'un système de Musique, connu à la Chine depuis plus de quatre mille ans; en approfondissant les principes sur lesquels ce système s'appuie; en développant ses rapports avec les autres sciences; en déchirant ce voile epais qui nous a caché jusqu'ici la majestueuse simplicité de sa marche, ce Savant eût pénétré peut-être jusque dans le sanctuaire de la nature, pour y découvrir cette harmonie universelle qui soumet tout à ses immuables loix. Tout au moins, il fût parvenu jusqu'au terme de ce tems heureux, où les premiers Instituteurs du genre humain ont fait en tout genre les découvertes, qui de la partie orientale du globe que nous habitons, se répandant de proche en proche dans le reste de l'Univers, sont enfin arrivées, non sans beaucoup de peine, jusque dans nos climats occidentaux.

En réunissant les lambeaux épars des archives du monde, ceux sur-tout des plus anciennes archives qui existent aujourd'hui fur la terre parmi les nations qui l'habitent, il eût découvert qu'avant Pythagore, qu'avant l'établiffement des Prêtres d'Egypte, qu'avant Mercure lui-même, on connoiffoit en Chine la divifion de l'octave en douze demi-tons, qu'on appelloit *les douze* LU; que ces douze *lu*, diftribués en deux claffes, y étoient diftingués en *parfaits* & en *imparfaits*, fous les noms d'*yang-lu* & d'*yn-lu*; qu'on y connoiffoit la néceffité de cette diftinction; & qu'enfin la formation de chacun de ces douze *lu*, & de tous les intervalles muficaux qui en dépendent, n'etoit dans le fyftême QU'ON Y AVOIT INVENTÉ, qu'un fimple réfultat de la progreffion triple de douze termes, depuis l'unité jufqu'au nombre 177147 inclufivement (c).

Pouffant fes découvertes plus loin, M. l'Abbé Rouffier eût trouvé fans doute les véritables raifons qui ont engagé les Chinois de la plus haute antiquité, à ne faire mention dans leur echelle muficale que des cinq tons *koung*, *chang*, *kio*, *tché*, *yu*, qui répondent à *fa*, *fol*, *la*, *ut*, *re*, tandis qu'ils avoient dans ce qu'ils appelloient le *pien-koung*, répondant à notre *mi*, & le *pien-tché* ou *fi*, de quoi completter leur gamme, & remplir les prétendues *lacunes, qui paroiffent*, au premier coup-d'œil, *attendre dans leur fyftême toujours quelques nouveaux fons* (d).

Il fe feroit peut-être convaincu par lui-même, que les rapports que les Egyptiens ont affignés entre les fons de la Mufique & les planetes, entre les mêmes fons & les douze fignes du zodiaque, les vingt-quatre heures du jour, les fept jours de la femaine, & autres objets (e), ne font qu'une copie informe

---

(c) Voyez le Mémoire fur la Mufique des Anciens, art. 9, p. 57.

(d) Mém. fur la Mufique des Anc. art. 5, § 59, pag. 33, & note 16, § 68, pag. 129. Voyez ci-après, note *b* de la troifieme Partie.

(e) *Ibid.* Art. 10 & 11, pag. 71 & fuiv.

de ce qui avoit eté fait par les Chinois, bien des siecles avant que les Egyptiens eussent une division du zodiaque en douze signes, avant qu'ils eussent les noms de *Sabaoth* (*f*), de Saturne, & tous les autres noms qui pouvoient désigner les différens objets de ces rapports.

Frappé de l'attention scrupuleuse des premiers Chinois, dans leurs opérations sur les sons, & plus encore de leur constance à ne vouloir opérer sur ces mêmes sons qu'au moyen des instrumens à vent, M. l'Abbé Roussier eût conclu sans doute qu'ils étoient les INVENTEURS de leur méthode. Peut-être eût-il conclu encore que l'heptacorde des Grecs anciens, que la Lyre de Pythagore, que son inversion des tétracordes diatoniques, & la formation de son grand système (*g*), sont autant de larcins faits aux Chinois du premier âge, auxquels on ne peut contester l'invention de deux anciens instrumens, le *Kin* & le *Ché* (*h*), qui réunissent eux seuls tous les systêmes imaginables de Musique. Il se seroit apperçu que les Egyptiens, les Grecs, & Pythagore lui-même, n'avoient fait qu'appliquer aux cordes ce que les Chinois disoient avant eux, en parlant des tuyaux.

En examinant de près les différentes méthodes, employées par ces anciens Chinois, pour fixer le *lu* générateur, & le ton fondamental de ce *lu*, M. l'Abbé Roussier se fût convaincu encore que pour avoir ce point fixe, cette regle authentique & infaillible que la nature assigne elle-même, les Chinois n'avoient pas craint de se livrer aux opérations les plus pénibles de la géométrie, aux calculs les plus longs & les plus rebutans de la science des nombres, & à une infinité de

---

(*f*) Mém. sur la Musiq. des Anc. pag. 94, note *c*.

(*g*) *Ibid.* Art. 3 & 4, pag. 16, 17 & suiv.

(*h*) Voyez ci-après la Premiere Partie, art. sixieme, touchant le *Kin* & le *Ché*.

minutieux

minutieux détails en tout genre, au moyen desquels ils ont enfin obtenu, sinon les vraies dimensions de chaque ton, la vraie mesure des intervalles qui les constituent & les limitent, la légitimité de leur génération réciproque, & les différens rapports qu'ils ont nécessairement entre eux; du moins ces approximations satisfaisantes qui se confondent, en quelque sorte, avec le vrai. Alors, je n'en doute point, M. l'Abbé Roussier, plein d'estime pour les anciens Chinois, leur eût transféré sans peine les eloges dont il gratifie *les sages Egyptiens*, & n'eût pas hésité à leur faire honneur du système très-etendu qu'il attribue à ces derniers, *ou à tout autre Peuple plus ancien que les Grecs & les Chinois* (*i*).

Son ouvrage sur la Musique des Anciens, nous eût peut-être fait connoître à fond le plus ancien système de Musique qui ait eu cours dans l'univers; & en l'exposant avec cette clarté, cette précision, cette méthode, qui ne laissent, pour ainsi dire, rien à desirer, il eût servi comme de flambeau pour eclairer tout-à-la-fois, & les gens de Lettres, & les Harmonistes : les premiers, dans la recherche des usages antiques; & les derniers, dans celle du secret merveilleux de rendre à leur art l'espece de toute-puissance dont il jouissoit autrefois, & qu'il a malheureusement perdue depuis.

On sait bien en Europe que l'Egypte a eu son Mercure;

(*i*) Mém. sur la Musiq. des Anc. note 16, pag. 129.

On verra par les notes & les observations que j'ai jointes à ce Mémoire, non-seulement que je pense avec le P. Amiot, que *les vraies dimensions de chaque ton, leur génération réciproque*, en un mot, que les vraies proportions musicales, celles qu'adoptoit Pythagore, sont réellement dues aux anciens Chinois; mais que les approximations, dont parle ici ce savant Missionnaire, sont l'ouvrage des Chinois modernes, c'est-à-dire, la suite des erreurs dans lesquelles les Chinois paroissent être depuis deux ou trois siecles avant l'Ere chrétienne. Voyez la premiere & la quatrieme observation, à la fin de ce Mémoire.

son *trois fois grand* (Trifmégifte), qui par la douceur de fon chant acheva de civilifer les hommes; l'on fait que la Grece a eu fon Orphée & fon Amphion, qui, par les fons mélodieux de leurs Lyres, pouvoient fufpendre le cours des ruiffeaux, fe faire fuivre par les rochers, enchaîner Cerbere lui-même dans les Enfers; mais l'on ignore les merveilles étonnantes qui ont été opérées à la Chine par les *Lyng-lun*, par les *Kouei*, & par les *Pin-mou-kia*. Non moins habiles & auffi puiffans que les Mercures, les Orphées & les Amphions, les Muficiens-Philofophes de la Chine, en accordant leur *Kin* & leur *Ché* à l'uniffon du *King* (*k*), par la méthode infaillible de leurs *Lu*, en tiroient des fons qui pouvoient apprivoifer les bêtes les plus féroces, & adoucir les mœurs des hommes, fouvent plus féroces que les bêtes.

Quand je fais réfonner les pierres fonores qui compofent mon KING, *les animaux viennent fe ranger autour de moi, & treffaillent d'aife*, difoit à *Chun* l'inimitable *Kouei*, plus de mille ans avant l'exiftence du fameux Chantre de la Thrace, & environ huit fiecles avant que parût le célebre fils d'Antiope. *L'ancienne Mufique*, difent les plus diftingués d'entre les Auteurs Chinois, de tous les âges, *pouvoit faire defcendre du ciel fur la terre les Efprits fupérieurs; elle pouvoit evoquer les ombres des Ancêtres, &c.; elle infpiroit aux hommes l'amour de la vertu, & les portoit à la pratique de leurs devoirs*, &c.

Veut-on favoir, difent encore les mêmes Auteurs, *fi un Royaume eft bien gouverné, fi les mœurs de ceux qui l'habitent font bonnes ou mauvaifes? Qu'on examine la Mufique qui y a cours.*

C'eft fur-tout à quoi faifoit attention le grave Confucius, en parcourant les différens petits Royaumes qui compofoient

---

(*k*) Cet inftrument eft compofé d'un affortiment de pierres fono- res. Voyez ci-après l'article 3 de la premiere Partie.

alors l'Empire de la Chine. Les traces de l'ancienne Musique n'etoient pas encore entiérement effacées de son tems. Il etoit convaincu, par sa propre expérience, de l'effet prodigieux que des sons bien ménagés peuvent produire sur l'ame & sur toute la constitution de la machine qu'elle anime. *Arrivé dans les Etats de Tsi, nous disent les Historiens de sa vie, on lui fit entendre un morceau de la Musique* CHAO *, c'est-à-dire, de cette Musique que Kouei composa par ordre de Chun, & pendant plus de trois mois il ne lui fut pas possible de penser à autre chose. Les mets les plus exquis & le plus délicatement apprêtés, ne furent pas capables de réveiller son goût ni d'exciter son appétit,* &c. &c.

Encore une fois, quel dommage que M. l'Abbé Roussier & les autres Savans d'Europe ne puissent pas puiser par eux-mêmes dans les sources Chinoises, comme ils puisent dans les sources Egyptiennes & Grecques! Que de belles choses ils découvriroient! J'ai bien fait tous mes efforts autrefois pour y suppléer en quelque sorte, par la traduction de l'ouvrage de *Ly-koang-ty*, dont j'ai parlé ci-dessus, & à laquelle j'avois joint tout ce que j'avois puisé moi-même dans divers Auteurs Chinois, touchant la science des sons. Mais, à juger par les lambeaux epars qu'on a produits de cette traduction, j'ai tout lieu de croire que mes ecrits ayant passé par plusieurs mains, ont souffert quantité d'altérations qui les ont défigurés. Rameau lui-même, qui n'auroit dû prendre pour lui que ce qui concerne le système Chinois, me fait parler d'un incendie arrivé, à ce qu'il fait entendre, 2277 ans avant Jesus-Christ, tandis que l'incendie dont je parle, ou pour mieux dire, dont parle l'Editeur de l'ouvrage que je traduisois, n'est qu'un incendie particulier, un incendie qui consuma la maison de l'Auteur, dont les ecrits devinrent la proie des flammes; en un mot, un incendie arrivé, pour ainsi dire, de nos jours. Sa date est de l'année *y-yeou*, vingt-deuxieme du Cycle des Chinois, & la quarante-troisieme du regne de *Kang-hy*, c'est-à-dire, suivant notre maniere de compter, l'an 1705 (*l*). Du reste, je n'ai pas lu l'ouvrage dans lequel Rameau me fait parler de cet incendie. Je n'en suis instruit que par la citation de M. l'Abbé Roussier, note 18, page 135 de son Mémoire sur la Musique des Anciens (*m*).

Les possesseurs de mon manuscrit pourront se convaincre de cet enorme anachronisme de Rameau ; je les invite à lire seulement la premiere page de la Préface du Livre que j'ai traduit (*n*). Si ceux qui ont publié ce que j'ai dit dans le même

(*l*) Le cycle dont parle le P. Amiot, est le soixante-quatorzieme, il a commencé en 1684 ; par conséquent, la vingt-deuxieme année de ce cycle, à compter depuis 1684, tombe en 1705.

(*m*) Le Manuscrit de M. Bertin ajoute : *Je suppose que M. l'Abbé Roussier, qui est très-exact dans tout ce qu'il dit, n'aura point oublié son exactitude dans cette citation.* Je dois donc assurer ici le P. Amiot que cette citation est exactement conforme à l'énoncé de Rameau. Je viens de la vérifier sur son *Code de Musique* d'où elle est tirée (pag. 189, à la note). Je remarque même que le mot *Péking*, dans ma citation, est ortographié *Pékin*, à la maniere de Rameau.

(*n*) Comme l'erreur de Rameau, touchant l'incendie dont il s'agit, m'a fait proposer dans mon Mémoire, une conjecture qui ne peut subsister aujourd'hui, c'est une raison de plus de rapporter ici ce qui concerne, & cet incendie, & l'ouvrage même de *Ly-koang-ty*,

d'après le Manuscrit du P. Amiot, cahier A, page 30, où commence la Préface dont il vient de parler. Cette Préface est de *Tsing-tché*, fils de *Ly-koang-ty*, Editeur de l'ouvrage de son pere ; c'est de *Ly-koang-ty* qu'il parle.

« Il fit un recueil de tout ce qu'il
» avoit pu trouver sur l'ancienne
» Musique, dans les livres les plus
» estimés & les plus authentiques ;
» il le mit en ordre & le divisa en
» huit parties, dont voici les
» titres ; 1°. Théorie de la Musique
» en général ; 2°. Effets de la Musi-
» que ; 3°. Explication des diffé-
» rentes especes de Musique ; 4°. des
» regles de la Musique ; 5°. des
» instrumens dont on se servoit
» anciennement dans l'exécution
» de la Musique ; 6°. de la Musi-
» que vocale ; 7°. de la Musique
» qu'on employoit anciennement
» pour les danses & la comédie ;
» 8°. de l'usage de chaque espece
» de musique en particulier.

» L'ouvrage achevé, ajoute
» *Tsing-tché*, le feu prit à notre

ouvrage, sur les anciennes cérémonies, tant religieuses que civiles, & particulierement sur les Danses qui les accompagnoient, m'ont fait parler à proportion, comme l'a fait Rameau sur l'incendie, je prie les Savans de regarder comme fabuleux & supposé tout ce qu'on aura pu avancer à cet égard.

J'ai une autre raison qui m'engage à leur faire cette priere : elle me paroît assez importante; la voici. Dans le tems que j'ai ecrit sur l'ancienne Musique des Chinois, n'ayant ni les lumieres que je puis avoir aujourd'hui sur cet objet, ni les connoissances que j'ai acquises depuis sur les mœurs, les usages & les Livres du Pays, ni les secours en tout genre que j'ai eu occasion de me procurer, je ne puis qu'avoir fait une infinité de fautes dans mes premiers ecrits, dans ceux sur-tout où je me suis expliqué sur un sujet que très-peu de Lettrés entendent, & dont par conséquent ils n'ont pu me donner alors que des explications fautives ou peu exactes. Ainsi, je le répete, l'on ne doit point compter sur mon manuscrit, l'eût-on sans aucune altération & tel qu'il est sorti de mes mains (o). Ceci néanmoins

» maison & consuma dans un » instant le fruit d'un travail immense. Ce fâcheux accident arriva l'année du cycle *y-yeou*.

» L'année *Ou-tsée* (1708), mon pere eut réparé en partie la perte qu'il avoit faite. Il chercha de nouveau dans les sources où il avoit puisé auparavant; mais comme il ne les eut pas toutes sous sa main, & qu'il avoit perdu la mémoire de bien des choses, il racourcit son premier dessein, & le réduisit à des bornes plus étroites.

(*Page 32*). » Enfin l'année *Ting-ouei* (1727), l'ouvrage fut mis entre les mains des Imprimeurs, lesquels en peu de mois en eurent achevé la premiere edition ».

(*o*) Le P. Amiot veut parler ici des *Préliminaires* qu'il a ajoutés à sa traduction de l'ouvrage de *Ly-koang-ty*, dans lesquels, en suivant les explications des Lettrés qui l'ont aidé dans son travail, il a exposé quelques objets d'une maniere différente de ce qu'il etablit aujourd'hui dans ce Mémoire. Mais ces objets sont en bien petit nombre, & l'on trouve dans ses Préliminaires quantité de très-bonnes choses. A l'égard de sa traduction même, je crois qu'elle rend exactement le sens de *Ly-koang-ty*; mais il faut observer

ne doit s'entendre que de ce qui regarde directement la Musique ; car pour ce qui est des cérémonies & des autres objets dont il y est fait mention, on peut s'en tenir à ce que j'en ai dit. Les Lettrés Chinois dont je me servois alors, étoient très en etat de me fournir des lumieres à cet egard.

Cependant, comme la Musique Chinoise, ou pour mieux dire, comme le système musical des Chinois est, à ce que je crois, plus ancien qu'aucun autre de tous ceux qu'on nous a fait connoître jusqu'à présent, il me paroît à propos, & même de quelque importance pour les amateurs de la vénérable antiquité, d'en donner une connoissance aussi exacte qu'il pourra se faire, afin qu'on puisse le comparer avec celui des Egyptiens & celui des Grecs.

M. l'Abbé Roussier a très-bien prouvé que ces trois systêmes ne different entre eux que comme les différentes parties, prises séparément, different de leur *tout*; mais il n'a pas aussi bien prouvé, ce me semble, que le tronc du système général, de ce grand système, dont les systêmes particuliers des Grecs & des Chinois ne sont que les branches, eût sa racine autre part que dans la Grece ou la Chine.

Comme *ces sortes de faits ne se devinent pas* (p), & qu'il n'a eu entre les mains aucun monument qui pût lui servir d'appui

que cet Auteur, outre qu'il a rassemblé dans son ouvrage divers textes de doctrines contraires, s'est trompé encore lui-même quelquefois dans les explications qu'il joint à ces textes. Cependant cet ouvrage de *Ly-koang-ty* n'en est pas moins précieux pour cela. Parmi les textes qu'il renferme, il y en a plusieurs qui nous transmettent l'ancienne doctrine des Chinois. Je me suis appuyé de quelques-uns dans les observations qui sont à la fin de ce Mémoire ; mais en abandonnant l'explication de *Ly-koang-ty*, lorsqu'elle m'a paru fausse ou erronnée. On pourra juger par la pureté de doctrine énoncée dans les textes que j'ai rapportés, qu'en général la traduction du P. Amiot est exacte, & que son Manuscrit ne sera pas inutile à ceux qui sauront prendre le vrai où il se trouve.

(p) Mém. sur la Musiq. des Anc. pag. 61.

pour une affertion dans les formes, il n'en parle que comme d'une chofe qui lui paroît très-probable. En affurant donc que le fyftême très-étendu d'où dérivent tous les fyftêmes particuliers, a pris fon origine *chez les Egyptiens ou chez tel autre Peuple qu'on voudra, pourvu qu'il foit plus ancien que les Grecs & les Chinois* (*q*), il ne veut nous donner que fes conjectures, ou nous préfenter des conféquences déduites des principes qu'il etablit ; il nous laiffe libres de penfer ou de ne penfer pas comme lui.

Il feroit heureux pour moi, &, je crois, de quelque utilité pour la république des Lettres, fi je pouvois fournir à M. l'Abbé Rouffier, ou à quelqu'autre Savant dans fon genre, de quoi conftater que les Chinois font auteurs du fyftême de Mufique qui a cours chez eux ; que ce fyftême date du commencement même de leur Monarchie, c'eft-à-dire, au moins 2637 ans avant l'Ere Chrétienne, & que s'il a eté altéré ou tronqué dans des fiecles poftérieurs, c'eft que les principes fur lefquels il eft fondé, n'ont pas toujours été connus, ou que fe trouvant mêlés avec des Sciences vaines & abfurdes, telles que la Divination par les nombres, & l'Aftrologie judiciaire, les vrais Savans les ont négligés. Une autre fource de l'altération, ou peut-être de la corruption de ces principes, c'eft que les Chinois ayant eu de tout tems un fyftême univerfel, lié dans toutes fes parties, & auquel ils rapportent tout, tant dans le politique, que dans le phyfique & le moral, ils ont voulu, de quelque maniere que ce fût, faire quadrer toutes les regles & tous les détails qui ont rapport à la Science des fons, avec les détails & les regles qui concernent leurs autres fciences, & qui ont lieu pour tous leurs ufages religieux & civils.

Si l'on vouloit donner feulement un abrégé de ce qu'ils ont

(*q*) *Ibid.* Note 16, pag. 129, & art. 5, § 60, 61.

ecrit fur ce fyftême, qu'ils prétendent être fondé fur les loix immuables de l'harmonie univerfelle, il faudroit, à leur exemple, compofer un grand nombre de volumes; mais comme ce n'eft pas ici mon objet, je me contenterai de rapporter les principaux traits qui caractérifent leur Mufique; & ces traits, je les emprunterai des monumens les plus authentiques de la Nation. J'en conclurai, & j'efpere que nos Savans le concluront avec moi, que les Egyptiens n'ayant pu communiquer aux Chinois un fyftême de Mufique antérieur de plufieurs fiecles à la Lyre de Mercure (r), & ce fyftême étant lié avec les autres connoiffances, qui donnent à une nation fon exiftence morale & politique, il s'enfuit néceffairement que les Chinois font *cette nation ancienne, chez laquelle, non-feulement les Grecs, mais la nation Egyptienne elle-même, ont puifé les elémens des Sciences & des Arts, qui ont été tranfmis enfuite aux peuples barbares de l'Occident.*

Cette conféquence, placée à la fuite de celle que j'ai déja tirée dans ma differtation fur l'antiquité des Chinois, prouvée par les monumens (s), fera la derniere, par laquelle j'appuierai mon opinion. Je fens bien qu'une foule de vérités Chinoifes qui me font démontrées, pourront ne paffer que pour des paradoxes auprès de ceux qui ne voient qu'à travers leurs préjugés. Ne pouvant leur donner ce coup-d'œil, ce tact, cette maniere d'envifager, de fentir & de juger, qui ne s'acquierent qu'à la longue, avec beaucoup de peine, & dans le pays même, je leur préfenterai du moins les principaux monumens d'après lefquels ils pourront exercer leur fagacité, & faire ufage de leur critique.

S'il eft des ecrits, qui, pour être goûtés, & pouvoir être

(r) Mém. fur la Mufique des Anc. art. 1, pag. 11, & troifieme obfervation, § 60, pag. 33.

(s) Voyez le fecond volume de ces Mémoires, pag. 6.

compris

compris, comme ils doivent l'être, exigent de la part de ceux qui les lisent une attention toujours suivie, ce sont en particulier ces sortes d'ouvrages, qu'on regarde comme peu intéressans en eux-mêmes, & qui ne roulent que sur des vérités seches, dont les détails n'offrent rien d'amusant pour l'imagination. Ce que j'ai à dire dans ce Mémoire sera souvent de ce genre; il y a des matieres qui demandent de l'attention, de la patience, & quelquefois une certaine contention d'esprit. Il faut, en particulier, se faire aux idées des Chinois, se mettre pour ainsi dire à leur ton, si on veut les entendre.

Qu'on ne s'effraie point à la vue du grand nombre de figures que présentent les planches, & dont j'ai cru devoir accompagner ce Mémoire. Elles m'ont paru nécessaires pour faciliter l'intelligence de ce qu'on n'auroit peut-être pas compris sans leur secours.

Quant à cette multitude de noms & de mots etrangers à notre langue, qu'on trouvera pour ainsi dire à chaque pas dans ce Mémoire, il ne m'a pas eté possible de leur substituer des mots françois qui exprimassent la même chose. J'ai eu soin cependant de donner toujours l'explication des termes Chinois, lorsque cette explication m'a paru nécessaire pour l'intelligence de ce que j'avois à dire.

Dans l'incertitude de l'usage qu'on pourra faire de ce Mémoire, je me suis déterminé à en envoyer deux exemplaires, ecrits l'un & l'autre de ma propre main, l'un à M. Bignon, pour la Bibliotheque du Roi, & l'autre à M. Bertin, Ministre & Secrétaire d'Etat, protecteur non moins eclairé que zélé, des différens objets de la Littérature Chinoise. J'ai joint à chaque exemplaire deux cahiers de Planches, l'un ecrit en caracteres Chinois, l'autre en François. En comparant celui-ci au premier, on verra que les figures sont exactement dans le costume chinois, & que je n'ai fait que transcrire en françois,

C

ce que les Chinois expriment, sur ces mêmes figures, par leurs caracteres.

Comme l'exemplaire que j'adresse à M. Bertin est le dernier que j'ai ecrit, j'ai fait quelques petites corrections & un petit nombre d'additions qui n'intéressent en rien le fond ni l'essentiel de l'ouvrage; on pourra y avoir egard si l'on veut (*t*). Cet exemplaire augmentera le nombre des curiosités Chinoises qui sont déposées dans le cabinet de ce Ministre; & afin qu'il puisse avoir place dans ce cabinet, à titre de curiosité, je l'accompagne de quelques instrumens de Musique des plus anciennement inventés.

Le premier est un *Kin* à sept cordes, non tel que ceux d'aujourd'hui, mais comme les *Kin* du tems de *Chun*, de *Yao*, de *Hoang-ty* & de *Fou-hi* lui-même. Il est fait d'une seule piece de bois. J'en ai donné la tablature dans le cours du Mémoire (*u*).

Le second instrument est un *King* isolé, c'est-à-dire, une seule pierre sonore, du nombre de celles qui etoient placées en-dehors de la salle, & qui ne servoient que pour avertir, soit les Danseurs, soit les Musiciens, quand ils devoient commencer ou finir, les uns quelque evolution, les autres quelque partie d'un Hymne, d'un Chant, &c. soit enfin pour donner d'autres signaux semblables.

Le troisieme des anciens instrumens que j'envoie, est celui qu'on appelle *Cheng*. On en trouvera la description à l'article 9 de la premiere Partie de cet Ouvrage; sur chaque tuyau de l'instrument j'ai ecrit le nom du ton qu'il donne.

A ces curiosités antiques j'ajoute une piece moderne, non moins digne d'occuper une place dans le cabinet de M.

(*t*) C'est l'exemplaire de M. Bertin qu'on a suivi principalement dans cette edition.

(*u*) Voyez l'article 4 de la troisieme Partie.

Bertin à qui je l'envoie. C'eſt un Diapaſon, fait au commencement de ce ſiecle, par l'un des Fils de l'Empereur *Kang-hi*. Ce Prince etoit à la tête des tribunaux de la Littérature & des cérémonies de l'Empire, lorſqu'il fit lui-même, ou qu'il fit faire ſous ſes yeux, le Diapaſon dont je parle : c'eſt un bâton d'un peu plus de deux pieds & demi, & d'environ quinze lignes de diametre, ſur lequel on a gravé les dimenſions des principaux inſtrumens de la Muſique Chinoiſe, & leurs diviſions réciproques pour leur faire rendre avec juſteſſe les ſons qu'on en veut obtenir. Ce Diapaſon, ou *bâton harmonique*, eſt une eſpece d'abrégé de tout le ſyſtême muſical. On conçoit comment un grand Prince, qui avoit ſous ſes ordres les Savans les plus diſtingués de l'Empire, & tous les Officiers qui préſident aux Rits & à la Muſique, a pu faire lui-même un modele de proportions, un bâton harmonique, qui renfermât en ſubſtance tous les principes ſur leſquels on fonde la ſcience des ſons.

On voit par-là combien les Sciences & les Arts doivent être en honneur dans ce vaſte Empire, puiſque les plus grands Princes & les Souverains eux-mêmes ne dédaignent pas de s'en occuper ſérieuſement (*x*).

J'ai donné ſur un tableau à part l'explication françoiſe de tout ce qui eſt marqué en Chinois ſur le bâton harmonique ; & afin qu'on pût avoir les dimenſions juſtes des inſtrumens qui y ſont déſignés, j'ai tracé à côté de cette explication le pied

---

(*x*) On peut ajouter à cette réflexion du P. Amiot, que les deux Auteurs qu'il a ſuivis particuliérement dans ſon Mémoire (Voyez l'article 1 de la premiere Partie), ſont : le Prince *Tſai-yu*, de la famille Impériale des *Ming*, & *Ly-koang-ty*, Miniſtre d'Etat & membre du premier Tribunal des Lettrés de l'Empire ; auxquels on peut joindre le Prince *Hoai-nan-tſee*, cité aſſez ſouvent dans le cours de cet Ouvrage. Voyez la note *s* de la ſeconde Partie, & le texte auquel ſe rapporte cette note, art. 5.

fur lequel elles ont eté prifes. Ce pied eft calqué exactement fur l'étalon dépofé dans les Tribunaux.

Si ceux qui liront ce Mémoire fans préjugé & avec l'attention requife, ne fe forment pas une idée brillante du fyftême de Mufique des Chinois, ils fe convaincront du moins que c'eft un fyftême qui leur eft propre. Si dans la maniere dont je l'ai préfenté ils trouvent des détails inutiles, des répétitions, tandis que j'omets peut-être des points effentiels, ou que je n'infifte pas affez fur le fond & les preuves du fyftême, ils doivent m'excufer en faveur des monumens que je leur tranfmets, monumens uniques, & de l'antiquité la plus reculée qu'on connoiffe. D'ailleurs, c'eft ici un *Mémoire*, & non un Traité en forme fur la Mufique Chinoife. Dans cette extrémité du monde, où je ne faurois acquérir les connoiffances néceffaires, ni me procurer les fecours dont j'aurois befoin pour pouvoir compofer un ouvrage complet, j'ai cru que c'etoit bien affez pour moi que de fournir des matériaux aux Savans d'Europe qui font en etat d'en tirer parti.

Ce que j'ai eu principalement en vue en travaillant fur un fujet fi peu connu jufqu'ici, a eté de fournir des objets de comparaifon entre les Chinois & les autres Peuples, & furtout entre ces mêmes Chinois & les Egyptiens, afin que s'il fe trouve entre ces deux Peuples des reffemblances qui puiffent faire conclure raifonnablement que l'un a eté formé par l'autre, on ne prive pas de l'honneur de la primauté celui à qui il appartient inconteftablement.

AMIOT, Miffionnaire à Péking, l'an de
J. C. 1776, du regne de *Kien-long*,
la quarante-unieme année.

Je mets ici le Catalogue des Livres & autres ouvrages où fe trouvent les matériaux qui ont fervi à compofer ce Mémoire.

C'est moins pour la satisfaction des Savans d'Europe, que pour celle des Missionnaires à venir qui pourroient être tentés de traiter le même sujet. Ce sera leur epargner la moitié de la peine que de leur indiquer les sources où ils peuvent puiser.

Tout extrait de cet ouvrage qui ne sera pas exactement conforme à l'exemplaire de M. Bertin, ou à celui de la Bibliotheque du Roi, doit être regardé comme n'ayant pas eté fait sur mon Mémoire. Je prie ceux qui voudront en faire usage, de se conformer scrupuleusement à la maniere dont j'ecris les mots chinois. Je les ecris comme on les prononce à la Cour & dans la Capitale. Ceux qui les ecrivent d'après les Dictionnaires, faits dans les Provinces, font à-peu-près comme feroit un Gascon qui ecriroit les mots françois, de la maniere dont on les prononce dans son pays.

CATALOGUE

Des Ouvrages où se trouvent les matériaux qui ont servi à la composition du Mémoire sur la Musique des Chinois.

SI je donne ici la liste des principaux Ouvrages où l'on peut trouver les matériaux qui ont servi à la composition de ce Mémoire, ce n'est pas seulement pour faire voir que j'ai puisé dans de bonnes sources; c'est encore pour epargner à ceux qui voudront travailler sur le même sujet, la peine qu'ils se donneroient de chercher ailleurs. Je n'ecris que les simples titres en termes originaux, & je les distingue par des chiffres correspondans à ceux que j'ai ajoutés aux titres ecrits en caracteres chinois. Tous ces Livres ont eté recueillis avec soin sous la Dynastie des *Ming*. Ils ont eté abrégés & donnés au Public sous le regne de *Ouan-ly*. Cette compilation est intitulée : *Lu tsou tsan kao* , c'est-à-dire , *Examen critique des Livres de Musique*.

§. I.

Livres faits par ordre des Empereurs , & dans lesquels on n'a employé que ce qu'il y avoit de plus authentique dans les ouvrages sur la Musique.

1. Ta-ming ki ly.
2. Ta-ming hoei tien.
3. Tsing pan , ou King , see-chou ta tsiuen.
4. Tsing pan , sing ly ta tsiuen chou.
5. Tsing pan ly tay toung kien tsoan yao.
6. Tsing pan ly tay ming tchen tseou y.

§. II.

Livres qui traitent en même tems des Danses & de la Musique.

7. Tcheng tsou yu tché hiuen kiao yo tchang pou.
8. Che tsoung yu tché hiuen kiao yo tchang pou.
9. Tien , ty , tan , ta see yo tchang pou.
10. Tay-miao ou siang yo tchang pou.
11. Ouang fou kia miao yo tchang pou.
12. Ouang fou leang tan yo tchang pou.
13. Sien ché miao y tien ly tou.
14. Koung miao pao tsoung ly yo tou.
15. Ta tcheng yo ou pou.
16. Tay tchang tsoung lan pou.
17. Hing tao tchang pou.
18. Pou hiu tsee pou.

19. Ou koung ou pou.
20. Ouen tê ou pou.

§. III.

Livres qui contiennent ce qu'il y a de plus essentiel à savoir sur l'ancienne Musique, & un examen critique de tout ce qu'en ont ecrit les différens Auteurs sous chaque Dynastie.

21. Hoang ming lei tchao ming tchen tseou y.
22. Hoang ming ming tchen king ki lou.
23. Kieou joui ta hio yen y pou.
24. Hia yen teng ly pou tseou y.
25. Lieou king tou choue.
26. Tchang ngao tsin lu tou choue.
27. Lu jan che yo tou pou.
28. Nio tao nan lun ko ché.
29. Ouang cheou jin lun ko ché.
30. Ouang ting siang lu-lu lun.
31. Ki pen yo lu tsoan yao.
32. Ki pen lu-lu pié chou.
33. Ho tang yo lu koan kien.
34. Hoang tsouo yo tien.
35. Han pang ki tché yo.
36. Han pang ki lu-lu tché kié.
37. Ly ouen ly lu-lu yuen cheng.
38. Hoang ki tsing yo lu koang kien.
39. Tchang ou lu-lu sin choue kié.
40. Ly ouen tcha lu chou pou tchou.
41. Ly ouen tcha hing yo yao lun.
42. Ly ouen tcha kou yo tsien ty.
43. Ly ouen tcha tsing koung yo tiao.
44. Lieou lien yo king yuen y.

45. Lieou lien kieou tai yo tchang.
46. Chao koung tchou kou yo y.

§. IV.

Livres qui traitent en particulier de l'usage du Kin *&* du Chê, *depuis l'antiquité la plus reculée, jusqu'aux tems où ces Livres ont été ecrits.*

47. Heng fou kao tang ouang chê pou.
48. Lieou yun chê pou.
49. Kou tchouen kin pou.
50. Chen ki mi pou.
51. Tay-kou y yn.
52. Kin joan ki mong.
53. Sien ko yao tché.
54. Tchoung ho fa jen.
55. Y fa kin pou.
56. Tchan tchou kin pou.
57. Hoang sien kin pou.
58. Siao loan kin pou.

§. V.

Livres qui traitent en particulier de la Musique employée pendant les cérémonies de l'exercice de la fleche, du festin solemnel, &c.

59. Tchan jo choui cheng hio ko ou toung.
60. Tchan jo choui eulh ly king tchoan tsê.
61. Tchan jo choui ting yen chê, ly y.
62. Han yo koang fiang chê ly y kié.
63. Tcheou fou toung chan chou yuen y kié.

§. VI.

§. VI.

Livres qui traitent du calcul du diametre & de la circonférence.

64. Kou yng fiang tsê yuen hai king fen lei y chou.
65. Tang chun tchê hou ché keou kou joung fang yuen lun.
66. Sing yun lou, hou ché keou kou ko yuen foan fa.

§. VII.

Livres qui traitent des mesures employées pour la construction des Lu, & en général de toutes sortes de mesures.

67. Ta-ming y toung tché.
68. Ko cheng toung tché ki fou tcheou fien tché.
69. Ko cheng fiang ché lou yo lu tcheng tsê.

Outre les Ouvrages mentionnés dans ce Catalogue, on a encore mis à contribution les treize *King* (*che-fan king*), les vingt-une histoires (*Eulh che y che*), c'est-à-dire, toute l'histoire depuis *Fou-hi* jusqu'à la Dynastie des *Ming*. D'où il faut inférer qu'on n'avance rien sur la Musique des Chinois qui ne soit pris de leurs meilleurs Auteurs, & des Ouvrages les plus authentiques de la Nation.

¶ *Ici est placé dans les deux Manuscrits, le même Catalogue ecrit en caracteres Chinois, & contenant les 69 Titres de Livres dont on vient de voir l'énumération.*

AVERTISSEMENT.

LE Manuscrit du P. AMIOT contient cent dix-huit planches : chaque figure y forme une planche, & le plus souvent l'explication de la figure est sur la planche même. Pour ne pas surcharger ce Volume d'un si grand nombre de planches, on a d'abord imprimé à part toutes les explications, afin de pouvoir réunir plusieurs figures dans une même planche. Ces explications forment un corps à la suite du Mémoire, & précedent immédiatement les planches. En second lieu, on a supprimé celles des figures qui n'etoient que la représentation d'un même objet sous des grandeurs différentes, ou la continuation d'un même sujet, dont la premiere figure suffit pour donner l'idée. Mais l'on a conservé à chaque figure le même numéro qu'elle porte dans le Manuscrit, sous le titre de planche. On a seulement changé, dans cette edition, le mot de *planche*, en celui de figure, à cause de la réunion de plusieurs figures dans une même planche. Ainsi, ce qu'on appelle ici *figure 1*, *figure 2*, &c., soit dans le corps de l'Ouvrage, soit dans les explications, répond à *planche 1*, *planche 2*, &c. du Manuscrit du P. AMIOT.

MÉMOIRE
SUR LA MUSIQUE
DES CHINOIS,
TANT ANCIENS QUE MODERNES;

Par M. Amiot, Missionnaire à Pekin.

PREMIERE PARTIE.

ARTICLE PREMIER.

Du Son en Général.

De tous les tems les Chinois ont regardé le son comme un bruit isolé, qui a un eclat plus ou moins fort, plus ou moins clair, de plus ou de moins de durée, conformément à la nature du corps qui le transmet; mais qui n'étant point encore soumis à la mesure & aux regles qui constituent le ton, n'a besoin, pour devenir tel, que d'être circonscrit dans les limites qui font fixées par les loix immuables de ce qu'ils appellent *Lu* (1).

(1) J'expliquerai en son lieu ce que c'est que *Lu* (*a*). En attendant, ceux qui lisent pour s'instruire, peuvent ne prendre d'abord qu'une simple idée de cet Ouvrage, & réserver leur attention pour une seconde lecture, qui leur développera ce qu'ils n'auront vu que superficiellement dans la premiere. Au reste, on ne doit pas perdre de vue, en lisant ce Mémoire, que mon principal objet etant de faire connoître un systême purement chinois, j'ai dû, en empruntant les idées & le langage même des Chinois, m'enoncer souvent comme le feroit un Chinois qui expliqueroit lui-même son systême.

(*a*) Comme cette explication dépend de la lecture attentive de plusieurs articles de la seconde Partie de cet Ouvrage, j'ai cru devoir présenter ici une idée des *Lu*. Je commence par l'interprétation du mot *Lu*, d'après le manuscrit sur la Musique, que le P. Amiot avoit autrefois envoyé en France, & dont il est parlé à la page 5 du Discours Préliminaire.

« Le mot ou la lettre *Lu*, pris
» en lui-même & dans toute sa
» signification, veut dire *Prin-*
» *cipe*, *Origine*, *Loi*, *Mesure*, *Re-*
» *gle*, &c. » Traduction de l'Ouvrage de *Ly-Koang-ty*, Préliminaires, cahier *A*, page 15.

Les Chinois admettent douze *Lu*, comme on le verra à l'article 2 de la seconde Partie. Ces douze *Lu*, sur l'application desquels les Auteurs Chinois ont beaucoup varié, ne sont autre chose, dans le sens primitif de leur institution, qu'une série de douze sons fondamentaux, gardant entr'eux la même proportion, comme seroit une série de *Quartes*, de *Quintes* ou de *Douziemes*, car il n'y a que ces intervalles consonans qui puissent être des *Principes*, des *Loix*, des mesures du son. Ainsi la série des consonances *si*, *mi*, *la*, *re*, &c. ou *fa*, *ut*, *sol*, *re*, &c. conçues comme Quartes ou comme Quintes, ou comme Douziemes, soit en montant, soit en descendant, est une série de *Lu*.

Cette série, poussée jusqu'au nombre de douze *Lu*, comme, *si*, *mi*, *la*, *re*, *sol*, *ut*, *fa*, *si* ♭, *mi* ♭, *la* ♭, *re* ♭, *sol* ♭, ou *fa*, *ut*, *sol*, *re*, *la*, *mi*, *si*, *fa* ※, *ut* ※, *sol* ※, *re* ※, *la* ※, forme cette regle invariable du son ; ce modele, & pour ainsi dire cette *mesure* qui doit le constituer ton musical.

Les tuyaux qu'on suppose rendre ces sons ainsi déterminés, sont également appellés *Lu* ; ainsi le son *re*, par exemple, conçu dans certaines proportions, relativement à la série de consonances dont il fait partie, ou bien le tuyau qui rend ce même *re*, sont l'un & l'autre la regle, le *Lu*, le modele d'intonation pour tous les *re* qu'on peut former, soit à la voix, soit sur des instrumens. Il en

DES CHINOIS.

De tout tems encore ces mêmes Chinois ont diſtingué huit eſpeces différentes de ſons, & ont penſé que, pour les produire, la nature avoit formé huit ſortes de corps ſonores, ſous leſquelles tous les autres pouvoient ſe claſſer. Ces huit ſortes de corps ſonores ſont : la peau tannée des animaux, la pierre, le métal, la terre cuite, la ſoie, le bois, le bambou & la calebaſſe. Cette diviſion, diſent les Chinois, n'eſt point arbitraire; on la trouve dans la nature quand on veut ſe donner la peine de l'etudier. Elle découle comme naturellement, ajoutentils, de la doctrine des trigrammes de *Fou-hi* (*b*). Ainſi que ces trigrammes elle a ſon principe dans le nombre 3, qui déſigne ici les trois principaux regnes de la nature : l'animal, le végétal & le minéral; & elle eſt limitée par le nombre 8, nombre qui compoſe auſſi la totalité des trigrammes. Comme tout ce qui eſt dans la nature, diſent encore les Chinois, tient aux trigrammes, de même chacune des huit eſpeces de ſons eſt engendrée par un trigramme particulier, & eſt analogue à tout ce que ce trigramme repréſente. *Voyez dans les Planches la figure 1 & ſon explication.*

C'eſt ainſi qu'en voulant tout rapporter aux trigrammes, & tout expliquer par leur moyen, les Chinois plus modernes ont tellement obſcurci les principes de la Muſique, qu'il ſeroit difficile d'en retrouver les traces, ſi une certaine claſſe de Lettrés, par un attachement inviolable pour tout ce qui venoit des anciens, ne nous eût conſervé ces mêmes principes ſous leur premiere forme.

eſt de même des autres *Lu*, qui ſont toujours le type des intonations préciſes de chaque intervalle muſical, ſoit ton, ſoit demi-ton, ſoit tierce, &c.

(*b*) Ces trigrammes ſont compoſés, comme leur nom le porte, de trois caracteres ou ſignes, qui ne conſiſtent qu'en de ſimples barres, ſoit entieres, comme ══ , ſoit coupées, ═ ═ , dont on verra l'uſage dans la ſeconde Partie de cet Ouvrage.

Le désordre général que firent naître dans l'Empire les guerres presque continuelles dont il fut agité pendant près de quatre siecles, après l'extinction des *Han ;* les mœurs des Tartares que ces mêmes guerres introduisirent dans les Provinces les plus voisines de ces Peuples, & la préférence qu'on y donnoit aux armes sur les Lettres, firent négliger l'étude des anciens principes de la Musique. Mais dans les Provinces méridionales quelques Lettrés du premier rang s'attacherent à conserver les anciens usages dans toute leur pureté ; & comme la Musique tenoit à la plupart de ces usages, ils la conserverent pareillement telle qu'ils l'avoient reçue de leurs ancêtres. Ils ne changerent rien aux Instrumens : ils s'appliquerent au contraire à développer la méthode suivant laquelle ils etoient construits ; & en les comparant avec ce qui en est dit dans les Livres les plus authentiques, avec les descriptions faites dans les premiers tems, & avec ce qu'une tradition non interrompue leur assuroit avoir eté déterminé par *Hoang-ty* lui-même, ils se convainquirent qu'en fait de Musique, comme en toute autre chose, ce qui leur venoit des anciens etoit préférable à ce qu'introduisoient chaque jour les modernes. Si, en fouillant dans les Livres & dans les Mémoires particuliers qui traitoient des *lu*, ils n'y découvrirent point encore ce principe qui en est la base & sur lequel les premiers inventeurs avoient appuyé tout l'édifice musical, ils mirent du moins, par leurs ecrits, ceux qui devoient venir après eux dans la voie qui pouvoit les conduire à cette découverte.

Après l'extinction de toutes ces petites dynasties qui régnerent depuis l'an de Jesus-Christ 265, jusqu'à l'an 618, l'Empire réuni sous la domination d'un seul Souverain, sembla vouloir reprendre son ancienne splendeur. Les illustres Princes de la race des *Tang*, en accordant aux Lettres une protection dont elles avoient eté privées pendant les quatre siecles précédens, les firent renaître, pour ainsi dire, en les tirant de cette espece d'oubli dans lequel elles etoient comme ensevelies. Parmi les Lettrés qui s'appliquerent à débrouiller le chaos de l'antiquité, deux savans, *Sou-sieou-sun* & *Tchang-ouen-cheou*, s'occuperent de Musique. Ils donnerent par extrait ce qu'il y avoit de plus essentiel dans les ouvrages des Auteurs qui les avoient précédés, & en particulier de *King-fang*, qui florissoit vers l'an 48 de l'ere chrétienne, & de *Lin-tcheou-kieou*, contemporain & ami de Confucius.

Sous les cinq petites dynasties postérieures qui gouvernerent l'Empire après les *Tang*, c'est-à-dire depuis l'an 907 jusqu'à l'an 960, la Chine redevint guerriere; & la Musique se corrompit ainsi que les mœurs.

Vinrent ensuite les *Soung*. Sous les Empereurs de cette illustre race les sciences reprirent une nouvelle vigueur. On ecrivit sur tous les genres, mais selon les faux principes qu'on s'étoit faits. La plupart des Lettrés rejetterent tout ce qu'ils n'entendoient pas, ou dédaignerent ce qui leur paroissoit trop simple parmi les découvertes & les travaux des anciens. Pour faire parade d'érudition, quelques Auteurs parlerent avec emphase de divers Instrumens des anciens, mais sans toucher à rien qui eût trait aux principes sur lesquels ces Instrumens avoient eté construits. D'autres ont décrit fort au long les dimensions des divers *lu*; mais tout ce qu'ils en ont dit ne sauroit faire connoître le principe de ces dimensions, le principe des *lu*. Aussi ont-ils passé sous silence ce qui concerne le son, considéré comme ton musical, comme circonscrit dans telles ou telles limites, par le principe des *lu*.

Laissant à part ce principe, ce tronc du grand système, je veux dire, la progression triple poussée jusqu'à douze termes (*c*), ils ne s'attacherent qu'à des petites branches séparées, à des systêmes particuliers, & même à des parties de systêmes, parce qu'ils pouvoient en déduire avec plus de facilité tous les rapports qu'ils croyoient devoir se trouver entre les trigrammes de *Fou-hi* & tout ce qui est dans la nature. C'est ainsi qu'en voulant faire honneur aux anciens de leurs propres idées, ils travaillerent, sans le savoir, à leur ravir la gloire d'avoir trouvé le vrai systême de la Musique.

Quelques Lettrés se préserverent de la contagion, & laissant aux anciens leurs combinaisons, leurs allégories, non seulement ils ne leur en supposerent pas de nouvelles, mais ils prouverent que celles dont les anciens avoient fait usage, n'etoient, à l'égard des principes, que des accessoires & des objets de surérogation. C'est à ce petit nombre de Savans que la postérité est redevable de plusieurs monumens antiques qui ont eté conservés sans altération : tels sont en particulier quelques Livres sur la Musique, qu'ils ont arrachés à la faulx du tems, en les faisant réimprimer tels qu'ils etoient, sans vouloir s'en faire accroire, en les interprétant à leur maniere.

C'est dans ces sources, ainsi que dans les Livres classiques & dans les Mémoires qui ont servi pour la composition de

---

(*c*) La progression triple poussée jusqu'à douze termes, comme 1, 3, 9, 27, &c. est l'expression numérique d'une série de consonnances, appellées *Douziemes*, dont la Quinte & la Quarte sont l'image. Voyez ci-devant note *a*. Ainsi l'on peut dire que la regle d'une série de douze termes en progression triple, la regle des *Lu*, ou la regle d'une suite de sons à la quarte, à la quinte ou à la douzieme l'un de l'autre, sont une seule & même regle, un seul & même principe, sous des formes différentes. Or, ce principe, pour achever de le bien faire connoître dès à présent, n'est jamais autre chose, de quelque maniere qu'on le représente, qu'un assemblage de consonnances de même genre, de même nature, & d'une egalité inaltérable de proportions. C'est-là la base du systême des anciens Chinois, qu'il faut bien distinguer dans ce Mémoire, des principes, ou pour mieux dire, des erreurs des Chinois modernes.

l'histoire

l'hiſtoire des trois premieres dynaſties, que l'illuſtre Prince *Tſai-yu*, de la famille Impériale des *Ming*, aidé des plus habiles Lettrés de ſon tems, puiſa le vrai ſyſtême de l'ancienne Muſique Chinoiſe, qu'il a développé dans un ouvrage ſur les *lu* (2). C'eſt de ces mêmes ſources que le célebre *Ly-koang-ty* a tiré les lumieres qui l'ont eclairé dans la compoſition de l'ouvrage qui fut publié, ſous le regne de *Kang-hi*, ſur le même ſujet (*d*); & c'eſt dans les écrits de ces deux ſavans Auteurs que j'ai pris moi-même une partie des matériaux dont j'ai compoſé ce Mémoire. Je n'ai pas vérifié leurs citations, parce qu'il m'eût fallu recourir à des Livres qui ne ſe trouvent guere que dans la Bibliotheque Impériale ; mais on peut s'en rapporter à la fidélité & à l'exactitude de ces deux Auteurs.

J'ai trouvé dans leurs ouvrages & dans tous ceux qui parlent de Muſique, que du tems même de *Yao* & de *Chun* on diſtinguoit huit ſortes de ſons, produits par autant de corps ſonores différens, & qu'on avoit des Inſtrumens particuliers, deſtinés à faire entendre ces huit ſortes de ſons. J'y ai trouvé encore que dès ce même tems on avoit fait des recherches pour obtenir le ton propre de chacun de ces huit corps ſonores, afin de pouvoir en tirer ces modulations raviſſantes, ſeules capables de charmer tout-à-la-fois & l'oreille & le cœur.

---

(2) Cet Ouvrage eſt intitulé *Lu-lu-tſing-y*, c'eſt-à-dire, *explication claire ſur ce qui concerne les* Lu. Le Prince *Tſai-yu* le préſenta à l'Empereur *Ouan-ly*, à la troiſieme lune de l'année *Ping-chen*, trente-troiſieme du cycle, & la vingt-quatrieme du regne de cet Empereur, c'eſt-à-dire, l'an 1596.

(*d*) L'Ouvrage de *Ly-koang-ty* a paru en 1727. Voyez note *n* du Diſcours Préliminaire, page 12. Le manuſcrit qui contient la traduction de cet Ouvrage, faite par le P. Amiot, m'a eté confié en 1770. J'en ai cité divers paſſages dans une Lettre touchant la diviſion du Zodiaque, inſérée dans le Journal des Beaux-Arts & des Sciences, par M. l'Abbé Aubert, mois de Novembre 1770. Voyez cette même Lettre, imprimée à part, p. 7 ou pag. 203 du Journal.

E

Les Chinois font perfuadés en général que, quoiqu'on puiſſe tirer de chaque corps ſonore tous les tons de la Muſique, il eſt cependant, pour chaque corps particulier, un ton plus analogue aux parties qui le compoſent, un ton propre que la nature, dans la diſtribution des choſes pour le concours de l'harmonie univerſelle, lui a aſſigné elle-même, en combinant ces parties.

Cependant, comme les ſentimens ſont partagés ſur la fixation de ce ton propre, je n'entrerai point ici dans une diſcuſſion néceſſairement longue, & qui ne me conduiroit à rien d'utile pour l'objet que je me propoſe. Il me ſuffit d'obſerver que l'ordre le plus anciennement aſſigné aux huit corps ſonores qui rendent les huit ſortes de ſons, eſt 1°. le métal, 2°. la pierre, 3°. la ſoie, 4°. le bambou, 5°. la calebaſſe, 6°. la terre cuite, 7°. la peau tannée des animaux, 8°. le bois. Cet ordre a eté renverſé, dans la ſuite des tems, par ceux d'entre les Lettrés qui ont voulu faire accorder à leur maniere les huit trigrammes de *Fou-hi* avec les huit ſortes de ſons; mais cet arrangement ne remonte pas plus haut que les *Soung* (*e*).

Les anciens, comme je l'ai dit, avoient des Inſtrumens particuliers, qui faiſoient entendre le ſon propre de chaque corps ſonore. Je vais enoncer ici ces Inſtrumens, en préſentant l'ordre plus moderne que les Chinois donnent aux huit ſortes de ſons.

1°. Le ſon de la peau etoit rendu par les tambours; 2°. le ſon de la pierre par les *king*; 3°. celui du métal, par les cloches; 4°. celui de la terre cuite, par les *hiuen*; 5°. celui de la ſoie, par les *kin* & les *ché*; 6°. celui du bois, par les *yu* & les *tchou*; 7°. celui du bambou, par les différentes flûtes & les

---

(*e*) La Dynaſtie des *Soung* a commencé en 960, & a fini en 1279, ſelon une remarque du P. Amiot, dans ſa traduction de l'Ouvrage de *Ly-koang-ty*, Cahier B, n°. 14, page 41, note 124.

koan ; 8º. celui de la calebasse, par les *cheng.* Tel est l'ordre représenté à la premiere figure de la Planche I ; & c'est cet ordre que je vais suivre dans autant d'articles particuliers qui termineront cette premiere Partie. Voyez figure 1.

ARTICLE SECOND.
DU SON DE LA PEAU.

DÈs les premiers tems de la Monarchie Chinoise, avec la peau tannée de quelques quadrupedes, on construisoit divers Instrumens, que je ne saurois désigner en François que par le nom général de *tambour.* Ces Instrumens etoient de plusieurs especes, & différoient les uns des autres tant par leur forme que par leurs dimensions.

Le plus ancien tambour qu'on connoisse est le *tou-kou* de *chen-noung.* On l'appelloit *tou-kou*, qui signifie *tambour de terre*, parce que ce qui en formoit la caisse etoit en effet de terre cuite, & l'on tendoit sur ses deux extrémités la peau dont on devoit tirer le son.

Un Instrument aussi fragile etoit encore nécessairement lourd & difficile à manier, pour peu qu'il fût gros. Aussi ne tarda-t-on pas de substituer le bois à la terre cuite. L'on construisit des tambours dont on varia la grosseur & la forme suivant les différens usages auxquels on les destinoit.

Les anciens n'ont rien laissé par écrit sur l'espece de bois qu'on employoit dans les premiers tems pour la construction des tambours ; mais on sait par tradition, que dans les Provinces du Midi, le cedre, le sandal & tous les bois odoriférants etoient choisis de préférence à tous les autres, & que dans les Provinces du Nord on faisoit usage du mûrier ou de quelque autre bois semblable.

Comme on ne trouve aucun monument authentique touchant la forme des premiers tambours, je ne parlerai ici que de ceux qui ont eté employés, soit dans la Musique, soit dans les cérémonies, sous les trois premieres dynasties, depuis *Yu* le grand, jusqu'aux *Tcheou* inclusivement, c'est-à-dire, depuis le regne de Pharaon Apophis, dans la basse Egypte, jusque vers le tems où les Héraclides s'établirent à Lacédémone & dans le Péloponese; ou si l'on veut, depuis le tems du Patriarche Jacob, jusqu'à l'établissement des Rois Saül & David. L'un des objets que je me suis proposé en composant ce Mémoire, etant de prouver que *les Chinois n'ont emprunté leurs sciences & leurs arts d'aucun autre Peuple*, je dois, quand l'occasion s'en présente, les rapprocher des plus anciens Peuples connus, afin qu'on puisse comparer les uns & les autres entre eux, & ne pas refuser l'honneur de l'invention à ceux qui le méritent à juste titre. Je n'avancerai rien dont je ne puisse fournir les preuves; & ces preuves je les tirerai des Livres Chinois les plus authentiques & dont l'autorité ne sauroit être révoquée en doute.

Comme le *Chou-king*, le *Ché-king*, le *Ly-ki* & autres anciens Livres classiques ne font aucune mention des tambours des premiers siecles, je me bornerai, comme je l'ai déjà annoncé, à ne parler ici que des tambours en usage sous les trois dynasties *Hia*, *Chang* & *Tcheou*, les seuls dont parlent ces Livres classiques.

On compte huit especes de ces tambours, ou pour mieux dire, on donnoit huit noms différens à des tambours construits à peu près de même, mais qui différoient en quelque chose soit dans leurs formes particulieres, soit dans leurs dimensions. Ceux du tems des *Hia*, dont le fondateur fut associé à l'Empire par *Chun*, l'an avant Jesus-Christ 2224, etoient appellés *Tsou-kou*; leur forme etoit à peu près semblable à celle de nos barils. Une piece de bois ayant un pied fait en forme de croix, fans aucun ornement, traverfoit, par le milieu, le corps de l'Inftrument pour le foutenir. Voyez figure 2.

Cette forte de tambour portoit encore le nom de *pen-kou*, comme qui diroit *tambour lourd*, & c'eft fous cette dénomination qu'il en eft parlé dans le *Ché-king*.

Après l'extinction de la dynaftie des *Hia*, c'eft-à-dire, vers ce tems où le Peuple de Dieu, tombé dans l'anarchie pour la troifieme fois, fut de nouveau réduit en fervitude, fous les Moabites, l'an 1756 avant l'ere chrétienne, fuivant le P. Pezron, la dynaftie des *Chang* monta fur le trône de la Chine. Cette dynaftie fit quelques changemens aux cérémonies; & comme les tambours fervoient dans les cérémonies, elle changea auffi quelque chofe à leur forme. On les appella *Yn-kou*, & on ne parla plus des *Tfou-kou* fous cette dynaftie.

L'*yn-kou* etoit, comme le *tfou-kou*, traverfé par une piece de bois equarrie, mais cette piece de bois etoit fans pied; on l'enfonçoit dans la terre affez profondément pour que le tambour ne pût vaciller lorfqu'on le frappoit. Cette forte de tambour portoit encore le nom de *kao-kou*, & c'eft fous cette dénomination qu'il en eft parlé dans le *Ché-king*. Voyez fig. 3.

L'an 1122 avant l'ere chrétienne, *Ou-ouang* fe trouva, par la mort de *Tcheou-fin*, feul maître de l'Empire, & fonda la troifieme dynaftie, dite des *Tcheou*. Il laiffa fubfifter l'ufage de l'*yn-kou*; mais le tambour employé dans les cérémonies particulieres de fa dynaftie fut le *hiuen-kou* : fa forme etoit à peu près la même que celle du *tfou-kou* des *Hia*, on y avoit joint deux petits tambours fufpendus à fes côtés. Voyez fig. 4.

Ces deux petits tambours avoient des noms différens fuivant qu'ils etoient placés à l'eft ou à l'oueft, c'eft-à-dire, à la droite ou à la gauche de celui qui devoit en tirer le fon. Les uns s'appelloient *cho-yng*, les autres *eulh-pi*; mais ils etoient compris sous le nom du *hiuen-kou*, dont ils formoient l'accompagnement.

Le *kin-kou*, à peu près semblable au *tsou-kou*, avoit différens noms : il s'appelloit *kien-kou* quand il etoit sans aucun ornement extérieur, & on lui donnoit les noms de *lei-kou*, de *ling-kou* & de *lou-kou*, selon ce que représentoient les peintures qui décoroient sa circonférence. Voyez fig. 6.

Le *tao-kou* etoit distingué en grand & petit. Voyez fig. 7. Le grand *tao-kou* servoit à donner le signal pour commencer le chant; & le petit *tao-kou* etoit pour avertir quand une stance, une strophe, ou une partie de la piece qu'on chantoit étoit finie.

Le *ya-kou* & le *po-fou*, l'un fait en forme de baril, l'autre fait en cylindre, voyez les figures 10 & 11, avoient cela de particulier qu'ils etoient remplis de son de riz, c'est-à-dire, de cette enveloppe que quitte le riz quand on le monde. La peau tendue sur ces tambours, devoit non seulement être tannée, mais il falloit encore qu'on l'eût fait bouillir dans une eau sans mélange. Le son de ces deux Instrumens etoit doux. L'*ya-kou* etoit placé hors de la salle des cérémonies, & celui qui en jouoit se tenoit debout. Au lieu que le *po-fou* devoit être dans la salle même : il servoit à accompagner les voix, & celui qui en jouoit étoit assis, tenant le *po-fou* sur ses genoux. Il le remettoit ensuite sur la table qui servoit de support à cet Instrument, lorsque la musique etoit finie. Le nom de *po-fou* donné à cette sorte de tambour, désigne plutôt la maniere dont on le frappoit, que le tambour lui-même : il s'appelloit *po* lorsqu'on le frappoit de droite à gauche, & *fou* quand on le frappoit de gauche à droite ; ou si l'on veut, *po* c'étoit le frapper de la main droite, & *fou*, de la gauche.

Au reste, ce qu'on a avancé dans quelques ouvrages, touchant les tambours à quatre, six & huit faces, ne mérite pas qu'on y faſſe attention. Il n'y a jamais eu de tambours à plus de deux faces. Voici ce que penſe à ce ſujet un excellent Auteur, dont j'ai actuellement l'ouvrage ſous les yeux : *Quand, à l'occaſion des tambours, il eſt parlé, dans les anciens monumens, de quatre, ſix ou huit faces, cela ſignifie ſeulement qu'il y avoit quatre, ſix, ou huit tambours de même eſpece ſur une même face, c'eſt-à-dire, ſur un même rang.*

C'eſt-là à peu près tout ce que je trouve de plus eſſentiel à dire ſur les Inſtrumens conſtruits pour faire entendre *le ſon propre de la peau.*

Si les détails dans leſquels je viens d'entrer paroiſſent trop minutieux, on doit faire attention que ce n'eſt que par ces détails même que je puis mettre ſous les yeux du Lecteur les occupations des hommes dans ces tems heureux où la race humaine étoit pour ainſi dire encore dans ſon enfance. Or cette enfance, loin d'avoir rien de puérile pour les Philoſophes, fera pour eux un ſujet de réflexions.

ARTICLE TROISIEME.

DU SON DE LA PIERRE.

L'ART de faire ſervir les pierres même à l'uſage de la Muſique, eſt, je penſe, un art particulier aux Chinois; du moins je n'ai lu nulle part que les Grecs, les Egyptiens, les Chaldéens, les Arabes, ni aucun des anciens Peuples connus l'aient pratiqué, ou en aient eu ſeulement l'idée. Il falloit, pour l'inventer, un peuple naturellement philoſophe, ſi je puis parler ainſi, un peuple curieux de connoître les productions de la nature, accoutumé à les contempler, & aſſez induſtrieux pour en tirer parti. Tel a été cet ancien peuple qui, dès les premiers siecles du monde, vint habiter la Chine.

Nous lisons dans le *Chou-king* que du tems même d'*Yao* & de *Chun*, les Chinois avoient déjà observé que parmi les différentes sortes de pierres il s'en trouvoit qui rendoient un son propre à la mélodie ; que ce son tenoit un milieu entre le son du métal & celui du bois ; qu'il etoit moins sec & moins aigre que le premier, plus eclatant que le second, plus brillant & plus doux que l'un & l'autre ; que déjà ils avoient taillé ces pierres suivant les regles des *lu*, pour leur faire rendre de véritables tons, & en avoient fait des Instrumens qu'ils appelloient *kieou*, & auxquels on donne aujourd'hui le nom de *king*. Voyez fig. 13.

Nous trouvons encore dans le *Chou-king* que vers ce même tems d'*Yao* & de *Chun*, c'est-à-dire, plus de 2200 ans avant l'ere chrétienne, les différentes pierres sonores propres à faire les *king*, sont spécifiées parmi les tributs qu'*Yu* le grand avoit déterminés pour chaque Province. Celle de *Su-tcheou* devoit fournir les pierres dont on feroit les *fou-king* (*). La Province de *Yu-tcheou* celle pour les *king-tsouo*, c'est-à-dire, ces *king* de grandeur indéterminée, grands ou petits, suivant le ton sur lequel on devoit les mettre. Enfin la Province de *Leang-tcheou* devoit fournir les pierres nommées de *Yu* dont on faisoit les *nio-king* (**).

(*) Ces pierres sonores se trouvent sur la superficie de la terre, près des bords de la riviere *Sée*. Les Physiciens Chinois qui ont interprété le *Chou-king*, disent que *ces pierres exposées au soleil & à toutes les variations de l'air, acquiérent une dureté qui fait qu'elles rendent un son plus clair, plus net & plus terminé. C'est pourquoi*, ajoutent-ils, *on leur donnoit la préfé-rence sur les autres pierres sonores qui se trouvent dans le sein de la terre ou dans le fond des eaux, soit qu'elles y soient isolées, ou qu'elles soient en bloc, ou par couches dans les carrieres.* (Extrait du texte du P. Amiot.)

(**) Il faut remarquer, dit *Linché*, que lorsqu'il est parlé, dans les anciens Livres, du *Nio-king* & du *Kieou-king*, on entend les King faits de pierre de *yu*, & que

Sous

Sous le regne de *Tcheng-ty*, dixieme Empereur de la dynastie des premiers *Han*, vers l'an 32 avant Jesus-Christ, on trouva dans le fond d'un etang un ancien *king* composé de seize pierres.

L'an 247 de l'ere chrétienne on présenta à l'Empereur un *yu-king*, c'est-à-dire, un *king* fait de pierres de *Yu*, composé de seize pierres. Cet Instrument fut trouvé près de *Hiué-tcheng*, dans le district de *Su-tcheou*. Les Docteurs les plus habiles de ce tems-là convinrent tous que *sa forme etoit celle des plus anciens* king. Ils reconnurent qu'*il donnoit quatre sons au-dessus des douze* lu, & que *tous ses tons etoient de la derniere justesse* (*f*). Ils servirent de modele à *Tcheng-ché* lorsqu'il voulut fixer les *lu* supérieurs.

Sous le nom général de *king* on distingue le *tsé-king* & le *pien-king*. Le *tsé-king* consistoit en une seule pierre sonore, qui ne rendoit par conséquent qu'un seul ton : il servoit, ainsi que le gros tambour & la grande cloche, à donner le signal pour commencer ou pour finir. Le *pien-king* est un assortiment de seize pierres, formant le système de sons qu'employoient ces *King* ne pouvoient être employés que dans la musique qui se faisoit chez l'Empereur. Dans celle qui se faisoit chez les Princes, les *King* etoient d'une pierre sonore, moins précieuse que le *yu*. (Extrait du texte du P. Amiot.)

(*f*) La justesse de ce *King* prouve encore son antiquité, puisque les anciens Chinois se régloient par la progression triple pour obtenir des tons & des demi-tons, tels que les donne la suite des consonnances, représentée par cette progression triple. Au lieu que les Chinois plus modernes, comme on le verra à la seconde Partie de ce Mémoire, sont tombés dans les fausses intonations qui résultent du système absurde de confondre le demi-ton chromatique avec le demi-ton diatonique (*la-dièse* avec *si-bémol*, &c.), pour avoir, ainsi que nos Facteurs d'instrumens à touches, des demi-tons à-peu-près egaux entr'eux, des demi-tons de fantaisie, à la place de ceux qu'exige la loi immuable des consonnances, la regle invariable des *Lu*. Voyez les notes *a* & *c*, pag. 28 & 32.

les anciens Chinois dans leur Musique, tel que celui de la figure 13.

Les anciens avoient encore le *cheng-king* & le *foung-king*. Voyez fig. 14 & son explication.

Quelques Auteurs ont prétendu que le *tsé-king*, c'est-à-dire, le *king* isolé dont nous avons parlé en premier lieu, etoit anciennement employé pour marquer la mesure, & même chaque tems de la mesure, soit que l'on chantât, soit qu'on jouât des Instrumens, & que les *king* qui donnent tous les tons de la Musique ne commencerent que sous les *Chang*. Mais ces Auteurs ont eté réfutés par un excellent Critique, *Tsai-yuen-ting*, qui rapporte que tous les anciens fragmens ont toujours parlé de seize cloches, de seize *king*, de seize *pei-siao* (g); ce qui dépose en même tems contre les différentes opinions de quelques Ecrivains de la basse antiquité, qui ont composé l'assortiment du *pien-king*, les uns de douze pierres, les autres de vingt-quatre, & qui ont avancé que c'étoit-là la doctrine des anciens. Mais ce qui est rapporté, soit dans les usages du *Tay-tchang-sée*, soit dans les fragmens des anciens Livres, fait voir le faux de ces différentes opinions.

(g) Indépendamment des preuves tirées des anciens fragmens, il etoit aisé de démontrer à ces Auteurs que si, selon eux, les Anciens se servoient du *King* isolé pour marquer la mesure, il leur falloit nécessairement avoir plusieurs de ces *Kings* isolés, relativement aux divers tons sur lesquels on pouvoit exécuter de la musique. Un seul *King* n'ayant que son ton propre, & même un ton fixe, les Auteurs qui ont avancé l'opinion qu'on réfute ici, auroient dû prouver auparavant que tout ce qui se chantoit, ou tout ce qu'on jouoit autrefois, etoit sur un seul & même ton, ce qui ne peut même être supposé, sur-tout pour la Musique instrumentale.

Il résulte donc de cette observation qu'on ne peut contester aux Anciens l'usage de plusieurs *Kings*, c'est-à-dire, d'un assortiment composé d'un certain nombre de pierres sonores, quand même ce n'auroit eté que pour battre la mesure dans les divers tons sur lesquels on faisoit de la musique. Or, avec un tel assortiment, qu'est-ce qui empêche de jouer des airs, de suivre la voix ou les autres instrumens?

ARTICLE QUATRIEME.

Du son du Métal.

Le métal tient un rang diſtingué dans l'ordre que gardent entre elles les productions de la nature. C'eſt, ſuivant la phyſique des Chinois, l'un des cinq elémens que la nature emploie pour conſtituer l'eſſence des autres corps. L'art de mettre le métal en fuſion par le moyen du feu, de le purifier & de l'employer à divers uſages, eſt preſque auſſi ancien que le Monde; mais l'art de le faire ſervir à la Muſique n'a pas eté ſi-tôt connu chez les diverſes Nations. Les Chinois ſont peut-être le ſeul peuple de l'univers qui ſe ſoit aviſé de fondre d'abord une première cloche pour en tirer ce ſon fondamental ſur lequel ils devoient ſe régler pour avoir douze autres cloches qui rendiſſent exactement les douze ſémitons qui peuvent partager l'intervalle entre un ſon donné & celui qui en eſt la replique, l'image, c'eſt-à-dire, l'*octave*; & enfin, de former un aſſortiment de ſeize cloches pour en tirer tous les ſons du ſyſtême qu'ils avoient conçu, & ſervir d'Inſtrument de Muſique; car il ne faut pas croire qu'il s'agit ici de cloches comme celles qui ſont ſuſpendues à nos tours. Voyez la figure 16 & ſon explication.

On diſtingue, chez les anciens, trois ſortes de cloches; les *po-tchoung*, les *té-tchoung* & les *pien-tchoung*, c'eſt-à-dire, trois eſpeces déſignées par *po*, *té* & *pien*; car *tchoung* ſignifie *cloche*.

Les *po-tchoung* etoient des cloches iſolées ſur leſquelles on frappoit, ſoit pour donner quelque ſignal au commencement d'une Piece, ſoit pour avertir, pendant la Piece même, ou les danſeurs ou les joueurs d'Inſtrumens lorſqu'ils devoient commencer ou finir. Ces ſortes de cloches étoient les plus groſſes de toutes; on les appelloit encore du nom de *Young*, & c'est sous ce nom qu'il en est parlé dans le Dictionnaire *Eulh-ya*.

Les *té-tchoung* etoient de moyenne grosseur. On employoit ces cloches dans l'exécution de la musique, soit pour marquer la mesure, soit pour faire la partie qui leur etoit propre. Dans plusieurs Livres ou dans les monumens anciens elles sont connues sous le nom de *piao* : elles avoient la forme de celle qu'on voit à la figure 17.

Les cloches *pien-tchoung*, appellées autrement *tchan*, etoient les plus petites, & c'est sur-tout de celles-ci qu'on formoit un assortiment de seize cloches, pour joindre à l'assortiment des *king* ou pierres sonores. Voyez fig. 18.

Sans m'arrêter ici à décrire les proportions que doivent avoir les cloches pour qu'elles rendent des sons conformes aux regles des *lu* (*), je dirai seulement, pour ce qui regarde la matiere dont elles etoient composées, qu'un mêlange d'étain & de cuivre a eté de tout tems celle que les Chinois ont employée pour leurs cloches. *Sur six livres de cuivre rouge* (dit le *Tcheou-ly*), *il faut mettre une livre d'étain*. Quant à la forme, elle n'a pas toujours eté la même; les anciennes cloches n'étoient point rondes, mais applaties, & terminées en croissant dans leur partie inférieure.

La méthode de proportionner les cloches suivant les regles invariables des *lu*, fut exactement observée, depuis le regne de *Chun* jusque vers la fin de celui des *Tcheou*, c'est-à-dire, depuis l'an 2255 avant Jesus-Christ, jusque vers l'an 250 avant l'ere chrétienne.

(*) La maniere de faire les cloches, conformément aux regles des *Lu*, est expliquée en détail dans l'article *Kao-koung-ki*, inséré dans le *Tcheou-ly*, ou cérémonial des *Tcheou*. Je ne l'ai point rapportée ici, parce qu'elle m'auroit mené trop loin. (*Extrait du texte du* P. *Amiot.*)

A cette epoque tout prit une nouvelle forme dans l'Empire. Le barbare *Tsin-ché-hoang-ty* ne se contenta pas de faire, pour ainsi dire, la guerre aux Lettres, & d'abolir, autant qu'il lui fut possible, tous les monumens Littéraires, il voulut encore effacer jusqu'au souvenir de la vénérable antiquité, en détruisant tout ce qui pouvoit directement ou indirectement rappeller ce souvenir dans l'esprit de ceux qui viendroient après lui. Les Instrumens de musique, parmi lesquels les cloches tenoient un rang distingué, furent détruits. On en construisit de nouveaux par ses ordres & sur des principes différens de ceux que prescrivoit l'ancien cérémonial. Les cloches même du *Tay-tchang-sée*, c'est-à-dire, du tribunal qui présidoit à la Musique & aux Rits, furent remises en fonte, & pour qu'aucune des anciennes cloches ne pût déposer contre les principes arbitraires, & peut-être faux, qu'on avoit suivis à l'égard des nouvelles, sous prétexte que le Prince avoit besoin de matiere pour les statues colossales qu'il vouloit faire placer à l'entrée de son Palais, on enleva des différentes villes de l'Empire autant de cloches que l'on put trouver.

Cependant il fut plus facile aux Musiciens de conserver leurs Instrumens qu'il ne le fut aux Lettrés de conserver leurs Livres. Ils etoient en bien plus petit nombre que les Lettrés; aussi furent-ils recherchés moins rigoureusement; & ils s'en prévalurent pour cacher plusieurs assortimens de cloches, qu'on a découverts dans la suite des tems, tantôt dans des jardins au milieu des villes, tantôt dans la campagne, soit en creusant des puits, soit en labourant les terres.

Sous le regne des *Tsin*, & long-tems après cette dynastie, *on négligea la méthode de faire le* koung *primitif avec chacun des douze* lu (*h*). *Contens de tirer de leurs Instrumens les sept*

(*h*) Faire le *Koung* primitif avec chacun des douze *Lu*, c'est établir une modulation sur chacun des douze sons fondamentaux qui for-

modulations communes (*i*), *les Muſiciens ſe perſuaderent peu à peu qu'il etoit impoſſible d'en tirer d'autres, & ne ſe mirent point en peine de ce qui avoit eté pratiqué par les anciens.*

Sous les *Han* Orientaux, vers l'an 60 de l'ere chrétienne, *Pao-yé*, Préſident du tribunal des Rits, fit tous ſes efforts pour réformer la Muſique de ſon tems. Il compoſa un ouvrage très-ſavant, dans lequel il développa toute la doctrine des anciens ſur la Muſique. Les Lettrés accueillirent cet ouvrage avec tranſport; mais les Muſiciens, accoutumés à leur routine, firent naître une foule de difficultés qui empêcherent que la réforme n'eût lieu. La Muſique reſta dans l'état d'imperfection où elle etoit alors, juſqu'au tems des *Soui*, c'eſt-à-dire, juſqu'au ſixieme ſiecle de l'ere chrétienne. On découvrit quelques aſſortimens d'anciennes cloches, & l'Empereur les fit mettre entre les mains des Officiers qui préſidoient à la Muſique de ſon Palais, avec ordre de s'en ſervir: *mais comme l'ancienne méthode etoit ignorée, les Muſiciens ne firent uſage que de ſept cloches dans un même aſſortiment; les cinq cloches reſtantes furent appellées les cloches muettes.*

Vers l'an 640, le grand *Tay-tſoung*, de la dynaſtie des *Tang*, fit faire des recherches ſur l'ancienne Muſique. Il ordonna que tout ce qu'on pourroit trouver ſur cette matiere importante, tant en Livres qu'en Inſtrumens, fût envoyé à la Cour. Une foule de Mémoires & de fragmens d'ouvrages, tant imprimés

ment les douze *Lu*, ou, comme l'entendent aujourd'hui les Chinois, ſur chacun des douze demitons qui diviſent une octave, & qui ne ſont qu'une combinaiſon des douze ſons primitifs à la quarte ou à la quinte l'un de l'autre. C'eſt à cette combinaiſon, à cet ordre de demi-tons, que les Chinois plus modernes ont attaché l'idée de *Lu*, comme on le verra dans la ſeconde Partie de ce Mémoire.

(*i*) Par les ſept modulations communes, il faut entendre ici les ſept degrés ordinaires d'une gamme quelconque. J'expliquerai plus en détail, dans la note ſuivante, ce que les Chinois entendent par *modulation*.

que manuscrits, lui furent adressés. Il les livra au corps des Savans pour être examinés & comparés avec ce qu'on avoit déjà dans les *king* & dans l'Histoire. *Tsou-siao-sun* & *Tchang-ouen-cheou* rédigerent le tout, & démontrerent *que les anciens faisoient usage dans leur Musique de 84 modulations* (*k*). *Ils firent exécuter eux-mêmes en présence de Sa Majesté les 84 modulations sur les anciennes cloches & les anciens* king *de pierres sonores qu'on avoit déterrés depuis peu. Après cette découverte les gens de Lettres prodiguerent à l'envi les éloges les plus brillans au grand* Tay-tsoung, *& crurent devoir le comparer aux cinq* Ty (*c'est-à-dire à* Fou-hi, Chen-noung, Hoang-ty, Yao *&* Chun). *Rien en effet ne rapproche plus* Tang-tay-tsoung *des premiers fondateurs de la Monarchie que les soins qu'il se donna pour le rétablissement de la bonne Musique.*

Sur la fin de cette dynastie des *Tang*, lors de la révolte de *Ngan-lou-chan* & de *Ché-sée-ming*, l'Empereur s'étant enfui de sa Capitale, le Palais fut pillé; les Instrumens de musique, par-

---

(*k*) Les Chinois n'ont pas plus de modulations que nous ; mais ils entendent par *modulation*, ce que nous appellerions, à l'égard d'un son, sa position, sa *maniere d'être* dans un ton déterminé. Un *ut*, par exemple, dans nos principes, peut être *tonique* dans son propre mode, *seconde-note* dans le mode de *si-bémol*, *médiante* dans celui de *la-bémol*, &c. Ainsi ces manieres d'être, que j'appellerai *degrés*, sont au nombre de sept, savoir : premier degré, deuxieme, troisieme, quatrieme, cinquieme, sixieme & septieme. Or chacun des douze *Lu* des Chinois pouvant être considéré sous l'idée de cha- cun de ces sept degrés, ou, ce qui est la même chose, chacun des douze *Lu* devant contenir les sept degrés qui constituent sa gamme, il est clair que 12 fois ces 7 degrés font 84 rapports ou manieres d'être sous lesquels les *Lu* peuvent être considérés.

Au reste, ces 84 rapports ou *modulations* supposent l'octave divisée en douze demi-tons egaux entr'eux, comme on le verra dans la suite de cet Ouvrage. Erreur dont l'ancienneté chez les Chinois prouve, pour le dire en passant, la haute antiquité des vrais principes de la Musique.

tie disperfés, partie emportés en Tartarie, ne purent plus être raffemblés. On en fit de nouveaux; mais on ne garda, dans leur conftruction, ni les regles des *lu*, ni celles de l'harmonie. Les Officiers qui préfidoient aux cérémonies s'en plaignirent. On fit rechercher les anciens Inftrumens, & fur-tout les cloches. On offrit aux Tartares des fommes immenfes pour racheter celles dont ils etoient en poffeffion; il ne fut jamais poffible de les retirer d'entre leurs mains. Ils alléguerent d'abord différens prétextes; ils répondirent à la fin qu'ils ne favoient pas ce qu'elles étoient devenues.

Les cinq petites dynafties qui régnerent fucceffivement après celle des *Tang*, ne s'embarrafferent guere de Mufique, & la laifferent dans l'état où elle etoit. Après ces dynafties vinrent les *Soung*, qui remirent en vigueur la Littérature, firent fleurir les Arts, & n'oublierent rien de ce qui pouvoit contribuer à rendre à l'Empire fon ancien eclat. Mais les Lettrés donnerent dans une extrémité oppofée à celle de la barbarie d'où ils fortoient : ils prétendirent qu'on trouvoit tout dans les ecrits des anciens, mais en les expliquant à leur maniere, & fans s'appercevoir des erreurs dans lefquelles les jettoient leurs fauffes explications. Les expériences qu'ils firent fur les cloches faillirent à replonger la Mufique dans l'état de barbarie d'où les *Tang* l'avoient tirée. Ils fondirent d'abord douze cloches, croyant y avoir obfervé les regles des *lu*, & en fuivant les inftructions détaillées dans le *Tcheou-ly* de la maniere qu'ils les entendoient. Ils firent enfuite un certain nombre d'autres cloches pour avoir les octaves, tant aiguës que graves, de leurs douze premieres. Ils furent fi contens de leurs opérations, qu'ils n'héfiterent point à préférer leurs cloches à toutes celles qui avoient eté faites depuis les *Tcheou*, puifqu'ils les croyoient conformes aux inftructions du *Tcheou-ly*. Sur cette idée, &

fur

sur le rapport des Lettrés de sa Cour, l'Empereur donna ordre qu'on remît en fonte les cloches de sa musique pour leur en substituer de semblables à celles qu'on venoit de faire.

Mais les Musiciens ne jugerent pas des nouvelles cloches aussi favorablement que l'Empereur ; ils furent très-mortifiés qu'on les contraignît de se servir d'instrumens dont ils trouvoient tous les tons faux, & qui ne ressembloient aux instrumens des Anciens que par leur forme. En obéissant aux ordres de l'Empereur, ils eurent cependant la consolation de sauver l'assortiment complet d'anciennes cloches qui etoit dans le Tribunal du *Tay-tchang-see* (Tribunal de la Musique & des Rits). Ils gagnerent les bas-Officiers de ce Tribunal, lesquels, du consentement tacite de leurs Supérieurs, enterrerent de nuit, dans une des cours du Palais, ces mêmes cloches qu'il etoit ordonné de livrer aux Fondeurs : elles ont eté déterrées depuis, & on s'en est servi comme de modeles pour en faire de semblables.

ARTICLE CINQUIEME.

DU SON DE LA TERRE CUITE.

LES hommes n'eurent pas plutôt trouvé l'art de durcir la terre, par le moyen du feu, qu'ils découvrirent dans cette terre, ainsi durcie, des qualités qu'on croyoit auparavant lui être absolument etrangeres. Celle qui la rend propre à l'harmonie fut observée en particulier par les Chinois. Ce sage peuple qui n'employa d'abord la Musique que pour rendre hommage au *Chang-ty* (l'Etre suprême), & honorer les Ancêtres, crut devoir faire concourir toute la nature à la perfection d'un art, au moyen duquel il remplissoit ce double objet. La terre desséchée & durcie au feu, ne rendit d'abord que des

G

sons trop bruyans, dans son choc avec quelqu'autre corps dur. On modéra peu à peu l'eclat de ces sons, soit en tendant une peau tannée sur quelque vase de terre cuite, soit en façonnant diversement ces mêmes vases pour les mettre à l'unisson, pour ainsi dire, de quelqu'autre instrument.

Tous ces essais n'avoient abouti qu'à faire un instrument monotone, dont le son n'avoit ni la douceur, ni le brillant de ceux que rendoient les autres corps sonores, & l'on vouloit que la terre qui renferme elle-même dans son sein les principes des autres corps, figurât dans la Musique d'une maniere qui ne fût pas indigne de sa qualité de mere commune de toutes choses : l'on vouloit qu'elle pût composer un instrument, dont les sons renfermassent eminemment toutes les qualités des autres sons, & qui par sa matiere fût l'allégorie des bienfaits dont cette mere commune comble les hommes.

Après bien des tâtonnemens on parvint à faire un instrument à vent, qui, dans son principe, dans sa matiere, dans sa forme, dans son action & dans ses effets, remplissoit toute l'étendue de ce qu'on s'etoit proposé. On prit une certaine quantité de terre, la plus fine qu'on pût trouver ; on la raffina encore en la lavant dans plusieurs eaux, & on lui laissa prendre la consistance d'une boue encore liquide : voilà la matiere. Pour ce qui est de la forme, deux œufs, l'un d'oie, l'autre de poule, furent le modele de l'instrument. L'œuf de poule donnoit les dimensions de sa surface intérieure ; celui d'oie donnoit celles de sa surface extérieure ; & l'espace entre l'œuf de poule & celui d'oie, en les supposant l'un dans l'autre, faisoit l'epaisseur de l'instrument. On fit une ouverture à la pointe de cette sorte d'œuf de terre, on souffla dans l'ouverture, & il en résulta un son mélodieux & assez grave, qui fut le *koung* de *hoang-tchoung*, c'est-à-dire, le ton fondamental, le principe des autres tons.

DES CHINOIS.

Pour obtenir ces autres tons, on perça cinq trous, c'est-à-dire, trois sur la partie de l'instrument qui devoit être en devant, & deux sur la partie opposée, qui devoit être en derriere. Les trois de devant formoient un triangle renversé, c'est-à-dire, ayant la pointe en bas ; ceux de derriere etoient en ligne horizontale, & diamétralement opposés aux deux qui formoient la base du triangle. Par cet arrangement on eut cinq sons différens ; & pour qu'ils formassent les cinq tons *koung, chang, kio, tché, yu* (*fa, sol, la, ut, re*), on ne fit qu'agrandir ou retrécir les trous, suivant qu'il falloit hausser ou baisser les sons pour leur donner la justesse requise (*l*).

Cette opération finie, on mit l'instrument dans un fourneau, & on l'y laissa jusqu'à ce qu'entiérement pénétré par le feu, il eût acquis la solidité qui lui etoit nécessaire. C'est cet instrument qu'on connoît aujourd'hui sous le nom de *Hiuen*. Son antiquité le rend respectable aux yeux des Chinois, il date de plus d'un siecle avant le regne de *Hoang-ty*, dont la soixante-unieme année, comme je l'ai déja dit, est fixée à l'an 2637 avant l'ere chrétienne ; sa forme & tout ce qu'il représente symboliquement le font admirer des Antiquaires.

Cet instrument fut perfectionné ensuite sous les *Tcheou* ; il

(*l*) Il paroît que les Auteurs Chinois qu'a suivis ici le P. Amiot, ont oublié que l'instrument sans trous donnoit déja, comme on l'a vu, le *Koung* de *Hoang-tchoung*, c'est-à-dire, *fa*. Or, le premier trou ouvert, pour suivre ici l'ordre des cinq tons des Chinois, doit donner *sol* ; le second trou, *la* ; le troisieme, *ut* ; le quatrieme, *re*, & il reste encore le cinquieme trou qui peut donner, ou l'octave de *fa*, ou un nouveau son hors la classe des cinq tons *fa, sol, la, ut, re*, comme seroit *si* ou *si-bémol*, entre *la* & *ut*, ou *mi*, au-dessus de *re*. Mais comme il n'est fait mention ici que des cinq tons, il faut croire que ce cinquieme trou donnoit l'octave du *Koung*, c'est-à-dire, de *fa*, & qu'on n'avoit pas encore trouvé alors le moyen d'obtenir cette octave en rebouchant tous les trous, & soufflant plus fort, comme on le fait sur la flûte, & comme l'ont fait dans la suite les Chinois eux-mêmes sur les leurs.

G ij

y en avoit de deux sortes, le grand & le petit *Hiuen*, & l'un & l'autre etoit percé de six trous, sans compter l'embouchure. *Le grand HIUEN, dit l'Eulh-ya, est comme un œuf d'oie, & le petit HIUEN comme un œuf de poule ; sa figure est comme le poids de la balance, il a six trous pour les tons, & un septieme trou pour l'embouchure,* &c. Le *Tcheou-ly*, le *Ouen-hien-toung-kao*, & le *Fong-sou-toung* parlent egalement du *Hiuen* comme d'un instrument à six trous, parce qu'ils ne font mention que du *Hiuen* perfectionné par les *Tcheou* (m). Ceux des Anciens n'avoient que cinq trous. Voyez les figures 19 & 20.

ARTICLE SIXIEME.

DU SON DE LA SOIE.

AVANT que les Chinois eussent inventé l'art de travailler la soie & de l'employer à la fabrication des etoffes, ils avoient trouvé le secret de la faire servir à leur Musique, & d'en tirer les plus doux & les plus tendres des sons. Du tems même de *Fou-hi*, ils firent un instrument qui ne consistoit qu'en une simple planche d'un bois sec & léger, sur laquelle ils avoient tendu plusieurs cordes, faites de fils de soie, qu'on avoit joints ensemble en les tordant entre les doigts. Peu-à-peu ils façonnerent la planche ; elle fut courbée en voûte, & on y observa certaines dimensions. Les cordes furent filées plus exactement

---

(*m*) Ces *Hiuen* à six trous viennent à l'appui de ce que j'ai observé dans la note précédente. Avec ces six trous & le son grave que donne l'instrument, tous les trous etant bouchés, on a les sept sons différens qui constituent une gamme, & qui forment un systême complet. Par exemple, si le son grave est *fa* ; le premier trou donnera *sol* ; le second, *la* ; le troisieme, *si* ou *si-bémol* ; le quatrieme, *ut* ; le cinquieme, *re* ; le sixieme, *mi* ; & en rebouchant tous les trous, & soufflant plus fort, on aura l'octave de *fa*.

& avec plus d'art ; les fils de foie qui les compofoient furent comptés, & l'on en détermina le nombre felon les différentes groffeurs qu'on vouloit avoir. Ces cordes, pincées légérement, rendirent ainfi tous les tons, graves, aigus ou moyens, felon le degré de tenfion qu'on leur donnoit, & le nombre des fils dont elles etoient compofées.

Telle eft en fubftance l'origine du *Kin* & du *Ché*. Je joins ces deux inftrumens, parce qu'ils font de même date, de même nature, & qu'ils rendent l'un & l'autre le fon propre de la foie. On en attribue l'invention à *Fou-hi*. Voyez les figures 21, 22.

A l'égard du *Kin*, *Fou-hi*, *dit le Che-pen, employa le* TOUNG-MOU (*forte de bois*), *& en fit l'inftrument de Mufique, que nous appellons aujourd'hui* KIN. *Il l'arrondit fur fa partie fupérieure pour repréfenter le Ciel ; il l'applanit dans fa partie du deffous pour repréfenter la terre. Il fixa à huit pouces la demeure du dragon* (3) *pour repréfenter les huit aires de vent, & donna quatre pouces au nid du* FOUNG-HOANG, *pour repréfenter les quatre faifons de l'année. Il le garnit de cinq cordes, pour repréfenter les cinq planetes & les cinq elémens, & détermina fa longueur totale à fept pieds deux pouces, pour repréfenter l'univerfalité des chofes.*

---

(3) *La demeure du dragon*, & *le nid du foung-hoang*, dont il va être parlé dans ce paffage, font des expreffions qui défignent différentes parties du *Kin*. Voyez la figure 21. La *demeure du dragon* défigne la partie fupérieure depuis le chevalet, en la prenant dans fa largeur; le *nid du foung-hoang* défigne la même partie en la prenant dans fa hauteur. En général on reconnoît trois parties dans le *Kin* : la tête, le corps & la queue. La tête comprend tout le haut jufqu'au chevalet; le corps, depuis le chevalet jufqu'au trou par où paffent les cordes; & la queue, depuis le morceau de pierre de *yu* fur lequel appuient les cordes, immédiatement au-deffus du trou, jufqu'au bout de l'inftrument. Les échancrures qui font aux deux côtés repréfentent les nuages, &c.

Au moyen de cet inſtrument, *il régla d'abord ſon propre cœur, & renferma ſes paſſions dans de juſtes bornes: il travailla enſuite à civiliſer les hommes; il les rendit capables d'obéir aux loix, de faire des actions dignes de récompenſe, & de cultiver en paix l'induſtrie, d'où naquirent les arts.*

Voici ce que dit du *Ché* le *Koang-yun-chou*, Ouvrage très-eſtimé des Antiquaires.

Le CHÉ (fig. 22) *eſt une eſpece de KIN; il a eté inventé par PAO-HI-CHÉ* (4). *Il eſt long de ſept pieds deux pouces, & large d'un pied huit pouces. Originairement il etoit monté de cinquante cordes; mais dans la ſuite le nombre des cordes fut réduit à la moitié.*

Il n'eſt guere de Lettrés d'un certain ordre qui n'ait parlé du *Kin* & du *Ché*, ſoit dans des Ouvrages faits exprès pour cela, ſoit par occaſion ou dans des notes particulieres ſur d'autres Ouvrages. Mais la plupart, ſelon que le remarque l'illuſtre Prince *Tſai-yu*, dont je lis actuellement l'Ouvrage (5), n'ont avancé que des abſurdités, tant ſur le nombre des cordes du *Kin* & du *Ché*, que ſur la nature même de ces inſtrumens, & en particulier du *Kin*. Pluſieurs ont avancé que cet inſtrument n'avoit originairement que cinq cordes, & que *Ouen-ouang* & *Ou-ouang* l'augmenterent chacun d'une corde; qu'ainſi le *Kin* n'a eté monté de ſept cordes que depuis le tems des *Tcheou*.

Le Kin, dit le Prince *Tſai-yu*, *a toujours eu ſept cordes; on l'accordoit ſur deux modes différens* (n), *dans l'un deſquels*

---

(4) *Pao-hi-ché* eſt un des noms qu'on donne à *Fou-hi*.

(5) *Tſai-yu* etoit fils d'un Prince tributaire, de la famille Impériale des *Ming*, à qui l'Empereur *Ouan-ly* avoit donné le titre de *Tcheng-ouang*. L'Ouvrage du Prince ſon fils fut imprimé la trente-troiſieme année du cycle, c'eſt-à-dire, en 1596, la même année que cet Ouvrage avoit eté préſenté à l'Empereur. Voyez note 2, pag. 33.

(n) Par le mot *mode*, il faut entendre, dans ce paſſage, un ſyſon ne faifoit ufage que des cinq tons KOUNG, CHANG, KIO, TCHÉ, YU. On donnoit à ce mode le nom de KIN à cinq cordes ; & au mode, dans lequel, outre les cinq tons pleins, on faifoit ufage des deux demi-tons, qu'on appelloit alors CHAO, & qu'on a appellé enfuite PIEN (*), on donnoit le nom de KIN à fept cordes.

A l'egard des deux cordes que quelques Auteurs ont cru avoir eté ajoutées au Kin par Ouen-ouang & Ou-ouang : fi ces Auteurs, ajoute le Prince Tfai-yu, avoient eté au fait de l'ancienne Mufique, & fur-tout de la Mufique du tems des TCHEOU, ils auroient fu que la corde, appellée LA CORDE DE OUEN-OUANG, n'etoit ainfi nommée que parce qu'elle donnoit le ton au mode tendre & doux qui fert à exprimer les avantages que l'on retire de la paix & de l'etude des Lettres ; car OUEN-OUANG fignifie PRINCE PACIFIQUE, AMATEUR DES LETTRES, &c. Ils auroient fu encore que la corde qui portoit le nom de OU-OUANG, n'etoit ainfi nommée, que parce qu'elle donnoit le ton au mode brillant, qui exprime les qualités guerrieres ; OU-OUANG fignifie PRINCE GUERRIER.... En un mot, le Kin, tel que nous le tenons de FOU-HI, a toujours eu fept cordes (o). Ceux qui ofent affurer le contraire font dans l'erreur.

tême d'un nombre indéterminé de fons, parce qu'il ne s'agit pas ici de ce que nous appellons un *mode*, mais feulement d'un fyftême particulier de cinq ou de fept fons.

(*) *Chao* fignifie *diminué, petit, moindre*, &c. ; & *Pien* fignifie *qui paffe de l'etat de poffibilité à celui d'exiftence*, &c. (Extrait du texte du P. Amiot.)

(o) Ces fept cordes, comme on le verra à l'article 4 de la troifieme Partie, préfentent, tantôt le fyftême de fons *ut, re, fa, fol, la, ut, re*, dans lequel il n'y a que cinq fons différens, puifque l'*ut* & le *re* etant répétés à l'octave, ne forment pas de nouveaux fons ; tantôt ces fept cordes préfentent fept fons réellement différens entr'eûx, comme, *fa, fol, la, fi, ut, re, mi*. En confondant fous la même idée, du moins fous la même expreffion, la corde & le fon, il a eté aifé aux Muficiens Chinois de parler de *Kin à cinq cordes*, & aux

Comme je ne parle du *Kin* qu'à l'occasion du son propre de la soie, qui est le sujet de cet article, je n'entrerai pas dans un plus grand détail sur cet instrument. Je me propose d'en parler plus au long dans la troisieme Partie, où je traiterai, à l'article 4, de la maniere d'accorder le *Kin*, soit dans le systême de cinq cordes, soit dans celui de sept cordes. Il me suffit de dire, pour le présent, que cet instrument est l'un des plus anciens que l'on connoisse ; que dès le tems de *Fou-hi*, c'est-à-dire, plus d'un siecle avant la soixante-unieme année du regne de *Hoang-ty*, fixée à l'an 2637 avant l'ere chrétienne, il servoit à l'accompagnement d'un Hymne, en l'honneur du *Chang-ty* ; qu'on montoit ses cordes, qui etoient de soie, sur le ton du *Cheng*, instrument à vent, dont je donnerai la description à l'article 9 ; que depuis l'antiquité la plus reculée, jusqu'au tems des *Soui*, c'est-à-dire, jusque vers l'an 600 de l'ere chrétienne, on faisoit sur le *Kin* sept octaves, dont on tiroit quatre-vingt-quatre modulations ; & qu'enfin, au moyen du seul *Kin*, on a pu de tout tems représenter tout le systême musical.

Les Chinois, tant anciens que modernes, ont donné les eloges les plus pompeux à cet admirable instrument. Le haut, le bas, le dessus, le dessous, les côtés, les sept cordes dont il est monté, les trois octaves qu'on peut tirer de chacune de ces cordes, les treize points qui indiquent les principales divisions de ces mêmes cordes pour en tirer les sons des trois octaves, l'arrangement que ces divisions conservent entr'elles ; ce point seul qui est au milieu, les deux placés de suite à chacun de ses côtés, les quatre qui occupent l'une & l'autre des deux extrémités, formant la proportion 1, 2, 4 ; en un mot, la construction du *Kin*, sa forme, disent les Chinois, tout en lui est doctrine,

Lettrés qui n'etoient pas Musiciens, de croire qu'il y ait eu des *Kin* qui n'avoient que cinq cordes.

tout

DES CHINOIS.

tout y eſt repréſentation ou ſymbole. Les ſons qu'on en tire, ajoutent-ils, diſſipent les ténebres de l'entendement, & rendent le calme aux paſſions ; mais pour en recueillir ces précieux fruits, il faut être avancé dans l'etude de la ſageſſe. Les ſeuls ſages doivent toucher le *Kin*, les perſonnes ordinaires doivent ſe contenter de le regarder dans un profond ſilence & avec le plus grand reſpect.

Sous les *Tcheou*, les regles du *Kin* etoient gravées dans la partie creuſe de l'inſtrument même (c'eſt-à-dire, ſur la partie de deſſous), & les Muſiciens chargés du *Kin* devoient ſavoir ces regles par cœur ; elles etoient exprimées par 260 caracteres. Les treize points qui marquent, ſur la table de l'inſtrument, les principales diviſions des cordes etoient autant de clous d'or fin, pris de la riviere *Ly-choui ;* la partie qui termine la longueur des cordes, du côté oppoſé au chevalet, etoit une pierre de *yu*, de l'eſpece la plus précieuſe ; le corps de l'inſtrument etoit d'un bois appellé *toung-mou ;* & l'arbre dont on tiroit ce bois, devoit être de ceux qui croiſſent ſur le penchant des montagnes, du côté expoſé au midi.

Pour accorder le *Kin*, on prenoit, ou le ton du *Cheng*, comme on l'a vu ci-devant, ou celui de la cloche & du tambour, ſelon que ces divers inſtrumens devoient accompagner la voix, conjointement avec le *Kin. Ceux qui veulent en tirer des ſons capables de charmer*, diſent les Auteurs Chinois, en parlant du Kin, *doivent avoir une contenance grave, & un intérieur bien réglé ; ils doivent le pincer légérement, & le monter ſur un ton, qui ne ſoit ni trop haut, ni trop bas.* On ne ſait pas au juſte la vraie grandeur de l'ancien KIN ; mais on connoît toutes ſes dimenſions relativement aux LU (*).

(*) On pourra voir cet inſtrument dans le cabinet de M. Bertin, Miniſtre & Secrétaire d'Etat, à qui je me propoſe d'en envoyer

Pour ce qui eſt du *Ché*, c'eſt, comme je l'ai déja dit, une eſpece de *Kin*. Je l'appellerois volontiers le premier & le plus parfait des inſtrumens chinois, parce qu'il repréſente ſeul toute l'etendue de leur ſyſtême muſical. Son origine eſt auſſi ancienne & auſſi noble que celle du *Kin*; il la doit au Fondateur de la nation, à *Fou-hi*, comme je l'ai dit ci-devant.

Fou-hi-ché, diſent d'un commun accord & les Hiſtoriens & les Savans & tous les gens de Lettres, *Fou-hi-ché prit du bois, nommé* TOUNG-MOU, *ou du bois appellé* SANG (c'eſt le mûrier), *& en fit l'inſtrument auquel il donna le nom de merveilleux, & que nous appellons* CHÉ. L'intérieur de cet inſtrument etoit creux; *Fou-hi* le monta de 50 cordes, mais *Chennoung*, ſelon les Auteurs Chinois, *réduiſit le* CHÉ *à la moitié, en ſupprimant les 25 cordes les plus graves.*

Il n'y avoit que trois eſpeces de *Kin*, le grand, le moyen & le petit; mais il y avoit quatre eſpeces de *Ché*, qui ſont le grand *Ché*, le *Ché* moyen, le petit *Ché*, & un quatrieme plus petit encore que le petit *Ché*. Ils etoient tous montés d'un egal nombre de cordes, c'eſt-à-dire, de 25, & ces cordes formoient entr'elles deux *kiun*, c'eſt-à-dire, tous les ſons qui ſont renfermés dans l'intervalle de deux octaves (*q*). Chaque corde

un, calqué ſur le modele des plus anciens *Kin* qu'on connoiſſe (*p*); car c'eſt cette eſpece en particulier qui fait les plus cheres délices des Amateurs de l'antiquité. Notre Empereur lui-même n'a pas dédaigné de ſe faire peindre pluſieurs fois dans l'attitude d'un homme profondément occupé à tirer des ſons d'un inſtrument, qui paſſe dans ſon Empire pour être dévolu de droit à ceux qui font leur principale etude de la littérature & de la ſageſſe. (*Extrait du texte du P. Amiot.*)

(*p*) Ce *Kin* a eté envoyé; il eſt dans le cabinet de M. Bertin.

(*q*) Il faut entendre ici l'octave diviſée en douze ſemi-tons, comme le déſigne l'expreſſion du P. Amiot: *tous les ſons qui ſont renfermés*, &c. Le *Kiun* n'eſt pas proprement une *octave*, mais l'aſſemblage de treize ſons à un demi-ton l'un de l'autre. Ainſi, en comptant par demi-tons, on trouvera que 25

avoit fon appui ou chevalet particulier, elevé fur la furface du *Ché*, de deux pouces fept lignes. Ces chevalets, entre eux tous, repréfentoient les cinq couleurs. Les cinq premiers etoient bleus, les cinq qui fuivoient etoient rouges, les cinq du troifieme rang etoient jaunes, les cinq du quatrieme etoient blancs, & les cinq derniers etoient noirs.

Du refte, tous ces chevalets etoient mobiles, afin de pouvoir rendre les cordes *plus longues ou plus courtes*, fuivant qu'il etoit néceffaire, car il paroît que les cordes du *Ché*, depuis le tems de *Fou-hi* jufqu'aux *Tcheou*, etoient toutes compofées de 81 fils de foie crue, fans qu'il y eût par conféquent aucune différence entr'elles de groffes & de petites.

La plupart des Auteurs qui ont ecrit fur l'antiquité, n'ont pas manqué de faire mention du *Ché*, comme d'un inftrument auffi ancien que la Monarchie, puifqu'il doit fon origine à *Fou-hi*; mais plufieurs de ces Auteurs en ont parlé d'une maniere qui n'eft rien moins qu'exacte. Les uns difent que parmi les différens *Ché*, il y en avoit qui n'etoient montés que de cinq cordes; d'autres prétendent que le grand *Ché* de *Fou-hi* fut réduit par *Chen-noung*, à 27 ou à 23 cordes, & le petit *Ché* à 15, &c, &c.

Ces Auteurs, *peu inftruits dans la Mufique*, felon le Prince *Tfaï-yu*, dont j'emprunte ici les paroles, *n'ont pas compris les expreffions des anciens, quand ils ont lu que pour tel* YA, *pour tel* SOUNG, *pour telle autre piece, il y avoit accompagnement du Ché à 5, 15, 19, 23 cordes, &c ; ils ont cru bonnement qu'il s'agiffoit d'un* CHÉ *de 5, de 15, 19 ou 23 cor-*

cordes ne font que deux *Kiun*, tandis que ce que nous appellons une octave, ne contenant que 8 degrés, il ne faut que 15 de ces degrés pour former deux de nos octaves. Au refte, quoique le P. Amiot ne dife pas que les 25 cordes du *Ché* etoient accordées à un demi-ton l'une de l'autre, la maniere dont il s'exprime & ce que j'obferve ici, doivent le faire conclure.

des, tandis qu'il n'etoit queſtion que du nombre des cordes employées pour l'accompagnement de tel YA, de tel SOUNG, ou de telle autre piece qu'on chantoit dans les cérémonies publiques. En un mot, ajoute le Prince, *il n'y a jamais eu de* CHÉ *à* 5, 15, 19, 23 *&* 27 *cordes. Depuis* FOU-HI *juſqu'à* HOANG-TY, *le* CHÉ *fut monté de* 50 *cordes; & depuis* HOANG-TY *juſqu'au tems préſent, il a eté monté de* 25 *cordes ſeulement. L'eloge & les regles du* CHÉ *etoient ecrits anciennement ſur la ſurface inférieure de l'inſtrument même. On y employoit* 1189 *caractères, dont chacun renfermoit un ſens très-profond. Ceux qui veulent jouer du* CHÉ, *diſoient les Anciens, doivent avoir les paſſions mortifiées, & l'amour de la vertu gravé dans le cœur; ſans cela, ils n'en tireront que des ſons ſtériles qui ne produiront aucun fruit.*

Je ne prétends pas adopter les idées Chinoiſes ſur la perfection du *Ché;* mais j'oſe aſſurer que nous n'avons en Europe aucun inſtrument de Muſique qui mérite de lui être préféré. Je n'en excepte pas même notre Clavecin, parce que les ſons aigres des cordes de métal, & le bruit que font quelquefois les touches & les ſauteraux, affectent déſagréablement une oreille un peu délicate.

Les dimenſions réelles du *Ché* n'ont pas toujours eté les mêmes, parce que les meſures ont varié. Le pied a eté tantôt plus long, tantôt plus court. Néanmoins la plupart des antiquaires conviennent que ſous les trois premieres dynaſties la longueur totale de cet inſtrument etoit de neuf pieds; que ſa tête, c'eſt-à-dire, cette partie qui eſt au-deſſus du chevalet fixe, avoit en hauteur neuf pouces, & que la queue, c'eſt-à-dire, cette partie inférieure de l'inſtrument où vont aboutir les cordes, avoit en longueur un pied huit pouces. Cependant on employoit des *Ché* qui avoient d'autres dimenſions ſelon les différentes circonſtances.

ARTICLE SEPTIEME.

DU SON DU BOIS.

LE bois eſt une des productions de la nature, dont l'homme retire les plus grands avantages. C'eſt un préſent du ciel, diſent les Auteurs Chinois, qui exige de notre part les actions de graces les plus ſinceres, & ce ne fut que pour laiſſer un monument eternel de ſa reconnoiſſance, que le ſaint homme (*Fou-hi*) détermina que dans la muſique en l'honneur du ciel, il y auroit toujours quelques inſtrumens propres à rappeller le ſouvenir de cet inſigne bienfait.

Ces inſtrumens ſont le *Tchou*, le *Ou* & le *Tchoung-tou*. Voyez les figures 23, 24, 25 & 26.

Le *Tchou* repréſente les avantages que les hommes ſe procurent les uns aux autres, depuis qu'ils ſont unis entre eux par les liens de la ſociété. Cet inſtrument a eu de toute antiquité la forme de cette ſorte de boiſſeau qui ſert à meſurer les denrées qui nous font vivre, & au moyen deſquelles nous prenons notre accroiſſement. Il etoit placé au Nord-Eſt des autres inſtrumens, & on le jouoit en commençant la muſique.

Le *Ou* a la forme d'un tigre couché qui ſe repoſe, il eſt par cette attitude, le ſymbole de l'empire que les hommes ont ſur tous les êtres qui jouiſſent comme eux de la vie. Il etoit placé au Nord-Oueſt des autres inſtrumens, & on le jouoit en finiſſant la muſique. Anciennement on tiroit du *Ou* juſqu'à ſix tons pleins, au moyen des chevilles qu'il a ſur ſon dos : on ne frappoit pas ſur la tête, comme on l'a fait dans la ſuite, ſous les *Tang* & les *Soung*, on ſe contentoit de racler légérement les chevilles avec le *Tchen*, ou baguette : on faiſoit trois fois cette cérémonie en finiſſant la muſique.

Le *Tchoung-tou*, ou les Planchettes, tiennent un rang diftingué parmi les inftrumens repréfentatifs, moins parce qu'on en tire le fon du bois, que parce qu'à leur occafion on rappelle le fouvenir de l'invention merveilleufe au moyen de laquelle les hommes fe font communiqué mutuellement leurs idées fans le fecours de la parole.

Avant qu'on eût trouvé l'art de faire le papier, on ecrivoit fur des planchettes comme fur autant de feuilles; on les joignoit les unes aux autres en les liant enfemble, & l'on en compofoit les Livres. Cet ufage qui eft de tems immémorial en Chine, n'a ceffé d'avoir lieu que du tems des *Han*. Les Auteurs ne font pas d'accord fur la matiere dont on faifoit les Planchettes dans leur premiere inftitution. Les uns croient qu'elles etoient uniquement de Bambou, les autres affurent qu'elles étoient indifféremment ou de Bambou, ou de quelque efpece de bois que ce fût. Quoi qu'il en foit, l'ufage d'admettre les Planchettes dans la Mufique eft très-ancien, puifqu'il eft dit dans le *Tcheou-ly*, que *le Maître du* CHENG *doit l'être auffi du* TCHOUNG-TOU.

Les Planchettes ont eu différens noms fuivant leurs differentes formes & leur deftination. On appelloit *Tfé*, celles fur lefquelles on ecrivoit des ouvrages d'une certaine importance; elles etoient liées les unes aux autres, avec une courroie, en forme de Livre (voyez la figure 26), & on écrivoit fur la premiere de ces Planchettes les premiers mots de l'ouvrage, ou le fujet, ou fimplement le titre. Ces Planchettes avoient de longueur deux pieds quatre pouces.

On appelloit *Tou*, les Planchettes fur lefquelles on ecrivoit de petites pieces fugitives, ou tel autre ouvrage qui ne demandoit pas beaucoup de paroles; elles n'avoient qu'un pied deux pouces de longueur.

Celles qui etoient etroites & fur lefquelles on ne pouvoit ecrire qu'un rang de caracteres, portoient le nom de *Kien*,

Elles etoient indifféremment longues ou courtes, fuivant le nombre de caracteres qu'elles devoient contenir.

Les *King*, c'eft-à-dire, les livres facrés de la nation, etoient ecrits fur les Planchettes, dites *Tfé*, dont la longueur etoit, comme je l'ai dit, de deux pieds quatre pouces. Dans la fuite, on fit l'honneur au *Tchun-tfieou* de Confucius de l'ecrire comme les *King*, c'eft-à-dire fur des Planchettes de pareille longueur. Les premiers Empereurs des *Han*, faifoient ecrire leurs Edits, & tout ce qui emanoit de leur autorité fuprême, fur des Planchettes dont la longueur n'etoit que de deux pieds, ne voulant pas qu'elles fuffent au niveau, pour ainfi dire, de celles fur lefquelles on avoit ecrit les *King*.

Le *Tchoung-tou*, ou les Planchettes à l'ufage de la Mufique, etoient anciennement de la longueur d'un pied deux pouces, & larges d'un pouce. Cet inftrument etoit compofé de douze Planchettes, pour repréfenter les douze *Lu*, fondement de la Mufique. Elles etoient liées enfemble, comme on l'a vu, figure 26, & on s'en fervoit pour battre la mefure, en les tenant de la main droite & les heurtant doucement contre la paume de la main gauche.

ARTICLE HUITIEME.
DU SON DU BAMBOU.
§. I.
Des *Koan-tfee*.

IL paroît d'abord que le bambou, qui eft une efpece de rofeau, ne devroit pas être diftingué du bois. Il y a cependant, felon les Chinois, une très-grande différence entre le bambou & le bois. Le bambou, difent-ils, n'eft proprement ni un arbre, ni une fimple plante; mais il peut être regardé comme etant l'un & l'autre tout à la fois. C'eft un végétal singulier & unique dans son espece, qui réunit en soi les principales propriétés des arbres & des plantes : c'est celui de tous les végétaux que l'homme peut employer à un plus grand nombre de besoins, & qui est, en général, d'une utilité plus universelle pour les différens usages de la vie civile ; mais il semble que la nature en le produisant, l'a destiné en particulier à l'usage de la Musique. Le vuide qui se trouve dans l'intérieur d'un nœud à l'autre ; la distance & la proportion entre ces nœuds ; cette dureté & cette espece d'incorruptibilité qui assurent au bambou une si longue durée ; tout, en un mot, semble inviter l'homme à essayer si en soufflant dans des tuyaux que la nature elle-même a pris soin de préparer, il ne pourroit pas en tirer des sons propres à l'harmonie. C'est ce que firent les premiers habitans de la Chine, & ce qui les conduisit à l'invention de leur Musique.

Quelques hommes plus eclairés que les autres, s'apperçurent que plus le tuyau dans lequel on souffloit etoit long, plus le son qu'on en tiroit etoit grave ; mais que quand les longueurs de divers tuyaux de même calibre, etoient ou doubles, ou la moitié les unes des autres, les sons se confondoient de maniere qu'ils paroissoient ne faire entr'eux qu'un seul & même son, & n'etoient en effet que la représentation, l'image, & proprement la répétition à l'aigu ou au grave les uns des autres.

Dans des forêts de bambous, ils couperent des tuyaux de toutes les longueurs, ils comparerent les uns aux autres tous les sons qu'ils en tiroient, & après plusieurs expériences, ils trouverent que tous les sons intermédiaires, depuis un son donné jusqu'à celui qui en etoit la répétition au grave ou à l'aigu, & que nous nommons octave, se réduisoient au nombre de douze (*r*), comme celui qui donnoit le plus exactement

---

(*r*) D'un son donné à son octave, il y a treize sons, & il n'y en a que onze d'intermédiaires entre ce premier son donné, & celui
tous

tous les intervalles fenfibles (s). Ils choifirent des tuyaux pour exprimer ces intervalles, & leur donnerent le nom de *Koan-*

qui en eſt l'octave ; mais il faut entendre ici les douze fons *différens*, contenus dans une octave divifée par demi-tons. Voyez ci-après note *b*, de la feconde Partie.

(*s*) Cette réduction d'intervalles, au nombre de 12, eſt bien plutôt une idée moderne, que le procédé des premiers Inſtituteurs de la Muſique. Je dis une idée moderne, parce qu'en effet une telle opération eſt, ou trop favante, ou trop erronée pour le tems & la circonſtance où l'on fuppofe ici les anciens Chinois. Elle eſt trop favante, fi les intonations intermédiaires, entre un fon donné & fa replique, font conçues comme des demi-tons juſtes, tels que feroient les divers demi-tons, apotome & limma, ou limma & apotome, que forment les chants *fa*, *fa-dieſe*, *ſol*, &c., ou *fa*, *ſol-bémol*, *ſol*, &c., ces chants n'ayant pu être imaginés, ni même foupçonnés avant l'établiſſement des douze *Lu*, c'eſt-à-dire, des douze fons fondamentaux à la quinte l'un de l'autre, dont ils font le réſultat (Voyez note *a*, p. 28). Ou bien cette opération eſt trop erronée, trop abfurde, fi les demi-tons qu'on peut concevoir, entre un fon & fa replique, font fuppofés egaux entr'eux, c'eſt-à-dire, font fuppofés n'être, ni des apotome, ni des limma, & par conféquent ne former, ni l'un, ni l'autre des deux chants que je viens d'apporter en exemple ; ce qui, dans ce cas, ne feroit plus qu'un chant idéal, un chant compofé d'intervalles factices, un chant en un mot qui n'en eſt pas un, puifqu'il ne feroit que la maniere de détonner, de chanter faux, dans l'un ou l'autre fyſtême de demi-tons, *fa*, *fa-dieſe*, *ſol*, &c., ou *fa*, *ſol-bémol*, *ſol*, &c., que j'ai donnés pour exemple. Or, d'un fon à fa replique, à fon octave, il y a bien plus de douze manieres de détonner, bien plus de douze intervalles fenfibles, puifqu'Ariſtoxene, chez les Grecs, outre fes moitiés de ton, y voyoit encore des tiers de ton, des quarts, &c. Mais il faut remarquer que du tems d'Ariſtoxene, la Muſique, loin d'être à fa naiſſance, marchoit au contraire, & l'on peut dire, à grands pas, vers la décadence, comme le prouve l'idée même d'Ariſtoxene, qui n'eût pu être propofée dans un tems où les principes etoient en vigueur. Je reviendrai fur cet objet à l'occaſion des *Lu*, dans la feconde Partie de ce Mémoire, & en particulier dans la troifieme Obſervation qu'on trouvera à la fin, où je ferai voir ce qui a pu conduire, foit les Chinois, foit Ariſtoxene, à vouloir fe donner, contre le fentiment de l'oreille, des demitons factices, & qui ne fuſſent décidément, ni le limma, ni l'apotome.

I

tſee, avant qu'ils leur euſſent donné celui des *Lu* qu'ils repréſentoient. Voyez figure 27.

Les *Koan-tſee*, ou tuyaux, furent rangés ſous trois claſſes, compoſées chacune de douze tuyaux. Ceux de la premiere claſſe, donnoient les ſons graves ; ceux de la ſeconde, les ſons moyens, & ceux de la troiſieme, les ſons aigus. Chaque claſſe avoit ſes douze tuyaux, liés les uns aux autres avec une ſimple ficelle, & de la maniere qu'on le voit à la figure 27.

Cependant, comme ces douze tuyaux ne différoient l'un de l'autre que d'un demi-ton, on trouva quelque difficulté à s'en ſervir pour l'accompagnement des paroles qu'on chantoit en l'honneur du ciel ou des ancêtres. Le chant procédant par des tons, il falloit que l'accompagnateur donnât ſur le champ le ton requis avec quelqu'un de ſes *Koan-tſee*, & il n'etoit pas rare, ſur un inſtrument dont les tuyaux etoient rangés par demi-tons, que cet accompagnateur prît un tuyau pour l'autre, & occaſionnât une cacophonie inſupportable.

Pour parer à cet inconvénient, on s'aviſa de ſéparer les tuyaux & de les ranger de maniere que de l'un à l'autre il y eût l'intervalle d'un ton entier. Les ſix qui correſpondoient aux nombres impairs ; c'eſt-à-dire, le premier, le troiſieme, le cinquieme, le ſeptieme, le neuvieme & le onzieme, furent placés de ſuite, & les ſix autres qui correſpondoient aux nombres pairs, c'eſt-à-dire, le ſecond, le quatrieme, le ſixieme, le huitieme, le dixieme & le douzieme, furent pareillement placés de ſuite ; ce qui conſtitua deux ordres de tuyaux, dont le premier fut appellé *Yang*, c'eſt-à-dire, *du premier ordre, Parfait,* &c. ; & le ſecond *Yn*, c'eſt-à-dire, *du ſecond ordre, Imparfait*, &c. (*t*). On lia les uns aux autres

---

(*t*) Le texte du P. Amiot, porte ici : *Yang*, c'eſt-à-dire, *majeur, parfait*, &c. ; *yn*, c'eſt-à-dire, *mineur, imparfait*, &c. ; & c'eſt depuis

DES CHINOIS.

les six tuyaux de chaque ordre ; & ces deux ordres de tuyaux furent comme deux instrumens particuliers, dont on tira, pour les premiers manuscrits sur la Musique des Chinois, que le P. Amiot se sert des termes de *majeur* & de *mineur*, pour rendre le sens de l'*yang* & de l'*yn* des Chinois. Voyez dans les *Variétés Littéraires*, tome 2, pag. 318, la note sur les *Lu*.

J'ai cru devoir substituer ici, & dans tout le cours de cet Ouvrage, l'expression de *premier ordre*, *second ordre*, aux termes de *majeur* & de *mineur*. D'abord pour plus de clarté ; en second lieu, pour deux raisons qui m'ont paru assez importantes. La premiere, parce que les termes de majeur & de mineur présentent parmi nous des idées dont il n'est nullement question dans cet Ouvrage ; la seconde, parce que les dénominations chinoises ne sont pas proprement relatives aux *Lu*, pris en eux-mêmes, mais seulement aux qualités que les Chinois attribuent aux nombres auxquels ces *Lu* correspondent : l'*yang*, comme on l'a vu, répondant aux nombres impairs, & l'*yn* aux nombres pairs ; les uns regardés comme *parfaits*, les autres comme *imparfaits*, ou si l'on veut, l'*yang* représentant le mâle, l'*yn* la femelle ; idées que Pythagore a su s'approprier dans sa doctrine sur les nombres. Or les *Lu*, soit qu'ils soient disposés par des consonnances ou par des demi-tons, comme *fa*, *ut*, *sol*, *re*, *la*, *mi*, &c., ou *fa*, *fa-diese*, *sol*, *sol-diese*, *la*, *la-diese*, &c., n'ont, en les prenant de deux en deux, aucune supériorité, aucune prééminence réélle les uns sur les autres. Dans le système des consonnances, on aura, en prenant ceux de nombre impair, les tons consécutifs *fa*, *sol*, *la*, &c. ; & en prenant les nombres pairs, on aura les tons *ut*, *re*, *mi*, &c. De même, dans le système des demi-tons, on aura également, d'un côté, *fa*, *sol*, *la*, &c. ; de l'autre, *fa-diese*, *sol-diese*, *la-diese*, &c., entre lesquels il y a toujours même intervalle, même intonation ; en un mot, un même chant, procédant par tons. On voit par-là combien les termes de majeur & de mineur, appliqués à ces différentes séries de tons, auroient pu nous éloigner de l'idée que nous devons nous former des *lu* ou sons *yang*, & des *lu* ou sons *yn*, entre lesquels il n'y a, comme je l'ai dit, nulle prééminence réélle, nulle autre particularité, si ce n'est celle d'être le premier ou le second, le troisieme ou le quatrieme, &c., de l'ordre à-peu-près arbitraire dans lequel ils sont exposés, ce qui sans doute n'a rien de commun avec l'idée que nous nous formons de *majeur* & de *mineur*.

Au reste, pour mieux faire comprendre ce que c'est que l'*yang* & l'*yn* des Chinois, je rapporterai ici ce qu'en dit le P. Amiot lui-même, dans les Préliminaires des manuscrits envoyés autrefois à

I ij

l'accompagnement, tous les tons qui sont renfermés entre les bornes de l'octave.

On ne fut pas long-tems sans s'appercevoir que ces deux especes d'inſtrumens étoient trop incommodes & trop bornés. On tâcha d'en corriger l'imperfection : on les rendit plus commodes en les joignant l'un à l'autre, non plus avec une ſimple ficelle comme auparavant, mais en les aſſujétiſſant entre deux ais. On en augmenta l'étendue en ajoutant quatre tuyaux. Ainſi, au lieu de deux inſtrumens, on eut un ſeul & même inſtrument, compoſé de ſeize tuyaux, auquel on donna le nom de *Siao*.

A l'imitation de ce nouvel inſtrument, on en fit un plus petit, dont tous les tuyaux ſonnoient l'octave aiguë du premier. On appella ce premier, grand *Siao* ; & l'autre, petit *Siao* ; Voyez la figure 34. Le tuyau qui donnoit le *Hoang-tchoung*, ſon le plus grave du grand *Siao*, avoit deux pieds de longueur, & le *Hoang-tchoung* du petit *Siao* n'étoit que d'un pied.

Deux Muſiciens étoient ci-devant chargés des tuyaux liés avec une ficelle. L'un ſouffloit dans les tuyaux *Yang*, ou du

---

M. de Bougainville, cahier A, page 7.

« Le ciel eſt *yang*, la terre eſt *yn* : le ſoleil eſt *yang*, la lune eſt *yn* : l'homme eſt *yang*, la femme eſt *yn* : le haut eſt *yang*, le bas eſt *yn* : le deſſus eſt *yang*, le deſſous eſt *yn*; en un mot, tout ce qu'il y a de plus parfait dans les eſpeces, tout ce qu'il y a de plus accompli, eſt *yang*; le moins parfait eſt *yn*. La matiere en mouvement eſt *yang*, la matiere en repos eſt *yn*, &c. »

On voit par-là que n'y ayant aucune différence réelle entre les *Lu* du premier ordre & ceux du ſecond, les termes d'*yang* & d'*yn* n'ont pu leur être appliqués que pour indiquer la claſſe à laquelle ils appartiennent; l'*yang* déſignant celle des nombres *parfaits* ou impairs, & l'*yn* déſignant celle des nombres *imparfaits* ou pairs; claſſes que j'ai appellées premier & ſecond ordre, d'autant que le P. Amiot vient de parler lui-même de deux *ordres* de tuyaux, & qu'il emploie la même expreſſion immédiatement après ce paſſage.

premier ordre, l'autre dans les tuyaux *Yn*, ou du second ordre : deux Muficiens encore furent chargés des *Siao*; l'un du grand *Siao*, pour les tons graves, & l'autre du petit, pour les tons aigus.

§. II.

Du *Yo*.

Il n'étoit pas encore venu en penfée aux Chinois, qu'on pouvoit avec un feul tuyau, donner tous les tons qu'on obtenoit avec les douze ou les feize tuyaux des deux fortes d'inftrumens dont nous venons de parler, ils l'imaginerent enfin, & comprirent qu'un tuyau qu'on perceroit à différentes diftances, donneroit différens fons, & repréfenteroit ainfi autant de tuyaux qu'il y auroit de trous dans une partie de fa longueur. Ils firent l'inftrument auquel ils donnerent le nom de *Yo*. Voyez la figure 36, A.

Cet inftrument fut percé, non pour moduler indifféremment fur tous les tons, mais pour un ton fixe & déterminé. On fit le premier *Yo* fur la mefure du *Hoang-tchoung*; ainfi le fon fondamental qu'il fit entendre, tous les trous étant bouchés, fut le *Koung*, que je traduis par *fa*, & non par *ut*, pour des raifons que je dirai dans la fuite en parlant des tons. En foufflant plus fort, au lieu du *Koung*, le tuyau fit entendre le *Tché*, c'eft-à-dire, *ut*, quinte au-deffus de *fa* (*u*).

(*u*) Le P. Amiot conjecture ici, avec beaucoup de raifon, que cet *ut*, au-deffus de *fa*, eft *apparemment la douzieme du Koung*; c'eft fon expreffion. Cette conjecture eft fondée fur ce que tout corps fonore donne, parmi fes harmoniques, la douzieme, & non la quinte. Mais il s'agit ici d'un fait; & après avoir vérifié la chofe, j'ai cru devoir fubftituer à la conjecture du P. Amiot, les mots très-pofitifs, *quinte au-deffus de* FA. Voici ce qui décide pour la quinte.

Nous avons en Provence un inftrument de même genre que le *yo*, & qui n'a egalement que trois trous : c'eft le *Flutet*, très-connu

Dès-lors, trois trous suffirent pour donner tous les autres tons. Voici comment l'explique le Prince *Tfai-yu*, après en avoir fait l'expérience par lui-même.

Tous les trous etant bouchés, l'inftrument donnoit le KOUNG (fa). En ouvrant le premier trou, & en foufflant modérément, on eut le CHANG (fol); en foufflant plus fort, on entendit réfonner le YU (re). En ouvrant enfemble le premier & le fecond trou, on eut le KIO (la), en foufflant modérément, & le HO (mi), en foufflant plus fort. En fermant le trou du milieu, les deux trous extrêmes étant ouverts, on fit réfonner le Tchoung (fi), en foufflant modérément, & l'on eut ainfi tous les tons (x).

fur-tout à Marfeille & à Aix. Cet inftrument, dont le fon grave eft communément *re*, ne donne, par fa conftruction, que quatre fons confécutifs, qui font, *re*, *mi*, *fa*✲, *fol*✲. Or, pour obtenir les autres fons qui doivent completter la gamme de cet inftrument, c'eft-à-dire, les fons *la*, *fi*, *ut*✲, il faut, en foufflant un peu plus fort, faire *quinter* l'inftrument. Ainfi le *re*, par ce moyen, donne fa quinte *la*; le *mi* donne *fi*, & le *fa*✲ donne *ut*✲. Quant aux octaves, on les obtient en foufflant encore plus fort que pour la quinte.

J'ai confulté fur cela M. Chateauminois, Muficien, & excellent Maître de Flutet, à Paris. Il a eu la bonté de me donner tous les eclairciffemens que je lui ai demandés. En embouchant moi-même le Flutet, j'ai eté furpris de l'extrême facilité avec laquelle, en fortifiant tant foit peu le fouffle, on obtient la quinte de l'un des quatre premiers fons, felon les trous qu'on tient ouverts ou fermés. Si l'on fouffle un peu plus fort, on obtient l'octave; & enfin la douzieme par un fouffle beaucoup plus fort. Ainfi, après un fon grave donné, le premier fon obtenu par la différence du fouffle, eft la quinte; vient enfuite l'octave, & en dernier lieu la douzieme. C'eft à quoi fe réduit la gamme du Flutet, que M. Chateauminois a bien voulu me donner par ecrit. Cette gamme eft pour un Flutet en *mi-bémol*, mais c'eft toujours le même phénomene pour le Flutet en *re*. La différence du fon fondamental ne change en rien l'opération de la nature, comme on le voit d'ailleurs par le *yo*, dont le fon grave eft *fa*.

(*x*) Il réfulte de ce paffage, que le *yo* donne, en premier lieu, & par la maniere dont il eft percé, les quatre fons confécutifs, *fa*, *fol*, *la*, *fi*; qu'enfuite les trois premiers de ces fons, *fa*, *fol* & *la*,

DES CHINOIS.

Les sentimens sont partagés sur le nombre des trous dont on perça l'ancien *Yo*. Les uns, & c'est le plus grand nombre, croient qu'il n'avoit que trois trous au moyen desquels on obtenoit différens tons ; les autres, au contraire, prétendent qu'il avoit six trous pour former les douze *Lu* : *mais cela revient au même*, dit le Prince Tsai-yu ; *car en ajoutant un trou entre le premier & le second, entre le second & le troisieme, & un autre plus bas que le premier, on a les six trous qui donnent les douze Lu, ou les douze demi-tons de l'octave, de la maniere que je vais dire* (*y*), &c. Voyez la figure 36, B.

en faisant entendre leurs quintes, par la seule différence du souffle, achevent de completter la gamme chinoise, *fa, sol, la, si, ut, re, mi*. Or, le Flutet dont j'ai parlé à la note précédente, en suivant le même procédé, a encore cela de remarquable, que ses quatre premieres notes forment exactement les mêmes intervalles, les mêmes trois tons consécutifs que le *yo*; celui-ci disant *fa, sol, la, si*, & le Flutet *re, mi, fa*✻, *sol*✻, d'où résulte, par la différence du souffle, une gamme semblable à celle du *yo*. Cette intonation de notre instrument provençal paroîtra sans doute singuliere, soit en elle-même, soit par sa conformité à celle de l'instrument chinois ; mais il faut observer que le ton propre du Flutet n'est pas celui du son le plus grave de l'instrument, mais celui de la quinte de ce son grave ; qu'ainsi le Flutet, dont le son grave est *re*, est percé pour le ton de *la*, & que celui dont le son grave est *mi-bémol*, a pour ton propre *si-bémol*. Il est aisé d'ailleurs de don-

ner sur cet instrument la quarte juste du son grave : le troisieme trou étant par-dessous, on le ferme à moitié avec l'extrémité du pouce ; & cette quarte redevient triton, si on laisse le trou entiérement ouvert ; mais il est aisé de remarquer que cette action de fermer à moitié le troisieme trou, est un artifice, & que la nature du Flutet est de donner, comme le *yo*, trois tons consécutifs, un triton, résultat d'une opération très-naturelle, dont je parlerai à la note *aa*.

(*y*) Il paroît assez, par ce passage, que le *yo* à six trous n'est qu'une supposition des Chinois modernes, conçue d'après l'idée qui fait consister l'etablissement des principes de la Musique dans une division de l'octave en douze demi-tons egaux, ou à-peu-près egaux entr'eux (Voyez note *s*, pag. 65). Mais le phénomene du *yo*, si l'on y fait attention, démontre bien évidemment l'absurdité de cette idée, puisque les quintes justes que fait entendre cet instrument, ne peuvent donner des

DE LA MUSIQUE

On voit par-là, ajoute Tſai-yu, *qu'on peut obtenir les mêmes tons du* Yo, *ſoit qu'il ait ſix trous, ſoit qu'il n'en ait que trois. Cependant, à dire ici ce que je penſe, les plus anciens* Yo *n'avoient que trois trous. J'en ai vu un moi-même, dont l'antiquité etoit ſans contredit avant les* Tcheou, *& qui etoit tel. D'ailleurs le* Tcheou-ly, *l'*Eulh-ya, *& ce qu'il y a de plus authentique parmi nos monumens, n'en parlent que comme d'un inſtrument à trois trous.* Mao-ché *eſt le premier que je ſache qui en ait parlé comme d'un inſtrument à ſix trous. Le torrent des Lettrés, ſans ſe donner la peine d'approfondir l'opinion de* Mao-ché, *ont été de ſon ſentiment*, &c.

Les Anciens, dit encore le Prince Tſai-yu, *faiſoient un très-grand cas du* Yo, *parce qu'ils avoient dans cet inſtrument les principes qui avoient ſervi aux premiers Inſtituteurs pour fixer les* Lu, *les poids & les dimenſions* (*z*). *L'ancien* Yo *etoit très-*

demi-tons egaux entr'eux. On va voir d'ailleurs ce que penſe le Prince *Tſai-yu* lui-même, du *yo* à ſix trous.

Au reſte, la maniere dont ſe forment les douze *lu*, par le *yo* à ſix trous, que décrit ici fort en détail le Prince *Tſai-yu*, ſe réduit à ce que ces ſix trous, répondant à *fa* ※, *ſol*, *ſol* ※, *la*, *la* ※, *ſi*, donnent chacun leur quinte, par la différence du ſouffle. J'ai ſupprimé cette deſcription, non-ſeulement comme inutile à la queſtion préſente, mais parce qu'elle eſt vicieuſe. Notre illuſtre Auteur, arrivé au cinquieme trou, qui eſt *la-dieſe*, dit que ce trou donne le *tchoung-lu* & le *hoang-tchoung*, c'eſt-à-dire, *la-dieſe* & *fa*, ce qui n'eſt pas. La quinte de *la-dieſe* eſt *mi-dieſe*, or *mi-dieſe* n'eſt pas *fa*, ou ce qui eſt la même choſe, la quinte de *la-dieſe* ne ſauroit s'accorder avec l'octave de *fa*, qu'elle ſurpaſſe de près d'un quart de ton; car la nature, dans le phénomene du *yo*, ne connoît pas le *tempérament* ou telle autre abſurdité, imaginée par les hommes. Voyez note *q* de la ſeconde Partie.

(*z*) Le phénomene que préſente le *yo*, en ce qu'il fait entendre ſa quinte par la ſeule différence du ſouffle, a dû ſuffire aux premiers Inſtituteurs pour fonder tout le ſyſtême muſical, qui n'eſt au fond qu'un aſſemblage, une ſuite de quintes, ou de conſonnances qui la repréſentent (Note *a*, pag. 28).

Un ſimple tuyau, dans lequel ces premiers Inſtituteurs auront découvert ce phénomene ſi ſingu-
difficile

DES CHINOIS.

difficile à jouer. Nos Muſiciens modernes auroient bien de la peine à l'accorder avec les inſtrumens dont on ſe ſert aujourd'hui (*aa*).

lier, & naturellement ſi remarquable, a pu les conduire à faire en même tems, de ce tuyau, un inſtrument complet, & une regle authentique pour la formation des *lu*.

Suppoſons que ce tuyau ait eté au ton de *fa*. Ce *fa*, comme on l'a vu à la page 69, donne ſa quinte *ut*, en ſoufflant un peu plus fort. Or, il n'a fallu que couper un ſecond tuyau à l'uniſſon de cet *ut*, pour avoir, par la différence du ſouffle, une nouvelle quinte, un *ſol*, qui a ſervi de modele, de regle d'intonation, pour le *ſol* que donne le premier trou percé ſur le *yo*.

Ce premier trou, par le même phénomene, donnant ſa quinte *re*, un troiſieme tuyau mis à l'uniſſon de ce *re*, a fourni ſa quinte *la*, modele du *la* que donne le ſecond trou du *yo*.

Ce ſecond trou, ce *la*, donnant, comme le premier, ſa quinte *mi*, il n'a plus fallu qu'un quatrieme tuyau, coupé à l'uniſſon de ce *mi*, pour en obtenir, par la différence du ſouffle, ſa quinte *ſi*, modele de ce *ſi* qui paroît choquer ſur le troiſieme trou du *yo*, quand on n'a que des gammes dans la tête.

On a donc par cette opération les huit ſons fondamentaux *fa*, *ut*, *ſol*, *re*, *la*, *mi*, *ſi*, *fa* ※ que donne le *yo*; car le trou qui ſonne *ſi*, fournit comme les autres ſa propre quinte *fa-dieſe*. D'où il eſt aiſé de conclure qu'en formant ſeulement un nouvel *yo* à l'octave au-deſſous de ce *fa-dieſe*, ou bien d'autres *yo* au ton des trous *ſol*, *la* & *ſi* du premier, il n'aura pas eté difficile aux Inſtituteurs d'obtenir plus de ſons fondamentaux que n'en emploient aujourd'hui les Chinois dans leur ſyſtême, qu'ils bornent à douze *lu*, pris individuellement depuis *fa*, comme on le verra à la ſeconde Partie de ce Mémoire. On peut croire, au reſte, que c'eſt la perte ou le non uſage du *yo* qui a jetté les Chinois modernes dans ces proportions factices, que la réduction du ſyſtême muſical, à douze ſons déterminés, entraîne néceſſairement. Je traiterai de cet objet dans la troiſieme obſervation, à la fin de ce Mémoire.

(*aa*) Ce dernier paſſage mérite la plus grande attention ; il renverſe totalement la doctrine des proportions factices des Chinois modernes. En effet, l'ancien *yo*, comme on l'a vu ci-devant, donne, dans ſa longueur totale, *fa*. Les trois trous dont il eſt percé rendent les trois ſons *ſol*, *la* & *ſi* ; c'eſt-là l'opération de l'homme, c'eſt l'intonation qu'il a voulu mettre ſur cet inſtrument ; mais l'intonation des trois autres ſons de la gamme du *yo*, ſavoir, l'intonation d'*ut*, de *re* & de *mi*, ne dépend plus de lui. En jouant *fa* il n'a qu'à ſouffler un peu plus fort, la nature lui fait entendre elle-

K.

Le *yo* etoit au rang des inftrumens ftables ; on ne pouvoit s'en fervir pour moduler indifféremment fur divers tons. Il avoit,

même un *ut*, quinte de fon *fa* ; de même, en jouant *fol* & *la*, s'il fouffle un peu plus fort, la nature lui fournira *re* & *mi*, quintes juftes de fon *fol* & de fon *la*. Quintes qui ne fauroient fe foumettre à aucun fyftême de *tempérament*, à aucune de ces intonations affoiblies que l'homme imagine pour fe donner des demi-tons egaux ou à-peu-près egaux entr'eux.

Or, ce font ces quintes naturelles, obtenues par la feule différence du fouffle, qui ont guidé les anciens Chinois pour la place & la jufte proportion des trous du *yo*; foit qu'ils aient eu recours à d'autres tuyaux, comme je l'ai expofé à la note précédente, foit qu'ils fe foient conduits comme je vais le fuppofer.

La premiere quinte entendue, l'*ut* au-deffus de *fa*, a indiqué l'intonation de fa propre quinte, l'intonation de *fol*; & l'on a percé le premier trou, pour donner l'octave au-deffous de ce *fol*. La quinte de *fol*, c'eft-à dire, *re*, en indiquant également fa propre quinte, qui eft *la*, a fait fentir où il falloit placer le fecond trou pour avoir l'octave au-deffous de ce *la*. Enfin, *mi*, obtenu par la différence du fouffle, en jouant *la*, a indiqué, comme les autres, fa propre quinte, c'eft-à-dire, *fi*, & voilà pourquoi l'inftrument chinois, ainfi que le Flutet dont j'ai parlé aux notes *u* & *x*, fonne le triton ou quarte fuperflue, contre le fon, donné par la longueur totale de l'inftrument, au lieu d'une quarte jufte. Car les hommes, en perçant l'un ou l'autre de ces deux inftrumens, ne fe font pas guidés par des divifions arbitraires de tons ou de demi-tons, mais par des quintes, comme on en fera convaincu, fi l'on fait bien attention à tout ce que j'ai déja dit au fujet du *yo*, & fur-tout à ce triton *fa fi*, entre le fon grave & le troifieme trou, réfultat jufte d'une férie de quintes, & réfultat abfurde, fi l'on fuppofe une férie de tons. Revenons au procédé que je viens de décrire.

On a donc par ce procédé la férie de quintes :

fa ut fol re la mi fi,

les unes (*ut*, *re* & *mi*) données directement par la nature, les autres (*fol*, *la* & *fi*) feulement indiquées. Or ceci explique la propofition du Prince *Tfai-yu*, fur laquelle j'ai fait cette note : *nos Muficiens modernes auroient bien de la peine à l'accorder* (l'ancien *yo*) *avec les inftrumens dont on fe fert aujourd'hui*. En effet, comment accorder cet ancien *yo*, tel que nous l'avons vu fe former, avec des inftrumens dont les quintes, ou du moins plufieurs quintes, font altérées & mifes hors de leurs proportions, uniquement pour leur faire rendre ces demi-tons factices, ces demi-tons de fantaifie, par lefquels les Chinois modernes ont voulu divifer l'octave à

comme je l'ai dit, un ton fixe & déterminé, dont il ne fortoit jamais ; & ce ton, ainfi qu'on l'a vu ci-devant, fut d'abord celui du *Hoang-tchoung* (le premier des *lu*). On fit enfuite autant de *yo* qu'il y avoit de *lu*, afin de pouvoir employer cet inftrument dans toute forte de Mufique, fur quelque ton qu'elle fût. L'on donna à ces différens *yo*, & le nom & les dimenfions des *lu* qu'ils repréfentoient.

Pour ne pas décider la queftion entre ceux qui prétendent que l'ancien *yo* n'avoit que trois trous, & ceux qui veulent qu'il en ait eu jufqu'à fix ; j'ai mis l'un & l'autre fous la figure 36.

Le *yo*, tel que je l'ai décrit, etoit un fimple tuyau d'une longueur déterminée, ouvert dans fes deux extrémités, & percé dans fa partie inférieure de trois ou de fix trous. Il n'etoit pas aifé d'en attraper l'embouchure, de maniere à en tirer des fons clairs & nets. Cette difficulté fit imaginer l'inftrument fuivant.

§. III.
Du *Ty*.

Le *Ty* n'eft autre chofe qu'un *yo*, à l'extrémité fupérieure duquel on mit un tampon. On fit à ce tampon une ouverture d'une demi-ligne, & l'on echancra d'autant le bout du tuyau. Voyez la figure 39, A. Par ce moyen l'on eut une embouchure plus aifée à trouver, & il ne fallut pas une fi grande dépenfe de fouffle. Voilà au vrai ce que c'etoit que l'ancien *Ty*. Cependant tous les Antiquaires ne conviennent pas entr'eux fur le nombre de trous dont etoit percé cet ancien *Ty*. Les uns lui en

---

Cette obfervation vient à l'appui de ce que j'ai déjà infinué à la note (*s*), favoir, que c'eft d'une férie de quintes juftes que font formés, & les demi-tons, & les divers intervalles muficaux, loin qu'une férie de demi-tons egaux entr'eux, & par conféquent faux, puiffe jamais donner, ni quinte, ni quarte, ni aucun autre intervalle jufte.

donnent trois, les autres quatre, quelques-uns cinq, & d'autres jusqu'à sept. Mais il est evident que ces Auteurs, ne parlant de cet instrument que par occasion & sans le connoître, ils l'ont confondu avec le *Ty* moderne. Celui-ci, quoique perfectionné par degrés, s'est toujours joué transversalement, ce qui n'a jamais eté de l'ancien *Ty*, qui ne différoit du *yo*, comme je l'ai dit, que par l'embouchure qu'on avoit perfectionnée.

§. IV.
Du *Tché.*

Parmi les différens instrumens dont se servoient les anciens Chinois, pour avoir le son propre du Bambou, il n'y en a point qui soit construit d'une façon plus singuliere que celui auquel ils ont donné le nom de *Tché*; c'est une espece de flûte traversiere, fermée dans ses deux bouts, ayant l'embouchure dans le milieu de sa longueur, & trois trous à chacun des côtés de l'embouchure. Voyez la figure 42.

On tiroit trois tons différens de chaque trou. *Cet instrument,* dit le Prince Tsai-yu, *a eté sur-tout en usage sous les trois premieres dynasties; il est d'une grande difficulté à jouer. J'en ai vu un entre les mains d'un Antiquaire, qui en faisoit plus de cas que de tous ses autres trésors. Ne pouvant pas m'en procurer la possession, j'ai obtenu du moins de pouvoir le considérer à loisir, & j'en ai pris exactement la figure & toutes les dimensions. Avec un fil de Bambou, j'en ai mesuré le contour, & j'ai trouvé que sa circonférence etoit la même que celle des monnoies de cuivre qui portent l'empreinte des deux caracteres* KAI-YUEN (7). *Quatorze de ces pieces de monnoie, placées de suite*

_____

(7) *Kai-yuen* est le nom que Ming-hoang-ty, autrement dit, Hiuen-tsoung, sixieme Empereur des *Tang*, donna aux années de son regne, depuis l'an de Jesus-Christ 713, jusqu'à l'an 741 inclusivement. *Hiuen-tsoung* est un des plus grands Princes qui ait occupé le Trône Chinois.

l'une contre l'autre, donnoient exactement sa longueur. Tout le monde sait que le diametre des monnoies inscrites KAI-YUEN, etoit d'un pouce, de l'ancien pied; par conséquent la longueur de l'ancien TCHÉ etoit de quatorze pouces, ou d'un pied quatre pouces, ce qui revient au même. L'epaisseur du Bambou etoit d'une ligne & demie ; le diametre de son embouchure de trois lignes. Sur la partie inférieure de l'instrument etoient gravés trois caracteres anciens des plus extraordinaires. Ces caracteres se lisent : HOANG-TCHOUNG-TCHÉ, c'est-à-dire, TCHÉ du HOANG-TCHOUNG. Du reste, je suis sûr, autant qu'on peut l'être, que le TCHÉ que j'ai eu entre les mains, & que j'ai examiné avec soin, est véritablement un antique. Il est conforme à toutes les descriptions que j'ai lues, & dans le TCHEOU-LY, & dans des fragmens plus anciens encore.

Je me suis trop etendu sans doute sur ce qui regarde les instrumens qui donnent le son du Bambou ; mais on doit faire attention que ces sortes d'instrumens ayant contribué plus que tous les autres à l'etablissement des regles de la Musique, j'ai dû entrer dans quelques détails à cet egard. En effet, c'est au moyen des tuyaux de Bambou, que *Ling-lun* vint à bout, selon les Auteurs Chinois, de trouver les douze demi-tons qui sont renfermés dans les limites d'une octave, & qu'on appelle les douze *Lu*. Or ce *Ling-lun* etoit un des Grands de la Cour de *Hoang-ty*, & la soixante-unieme année du regne de *Hoang-ty* répond à l'an 2637 avant l'ere chrétienne. Qu'on juge par cette epoque de l'ancienneté de la Musique chez les Chinois.

ARTICLE NEUVIEME.

Du son de la Calebasse.

JE l'ai déja dit, & je le répete avec plaisir, les anciens Chinois, ces hommes qui les premiers donnerent des loix dans cette portion de la terre, qu'on appelle la Chine, ont eté les inventeurs de cette Musique, qui a eu cours de tout tems chez la nation qu'ils formerent. Le premier usage qu'ils en firent fut pour chanter des Hymnes en l'honneur du Ciel & en l'honneur des Ancêtres. Ces deux sortes de cultes, quoique très-différens entr'eux, & rendus dans des lieux séparés, n'ont jamais eté à la Chine l'un sans l'autre. Par le premier, les anciens Chinois rendoient grace au Ciel de tous les bienfaits dont il ne cessoit de les combler; & par le second, ils remercioient leurs Ancêtres de leur avoir donné la vie, & les avoir mis ainsi en etat de pouvoir jouir de tous les dons du Ciel. En s'acquittant de ce double devoir, ils vouloient, dans la Musique qui accompagnoit l'une & l'autre cérémonie, avoir sous leurs yeux les différentes matieres qui pouvoient exciter leur reconnoissance, en leur rappellant le souvenir de ce qui servoit à leur nourriture, à leur entretien, & à leur bien-être dans l'usage ordinaire de la vie.

Déja, dans leurs instrumens de musique, ils employoient la peau & la soie, comme un signe de leur supériorité sur les animaux, & de leur prééminence sur ce qu'il y a de plus précieux dans la nature. Déja d'autres instrumens de terre, de pierre & de métal, etoient l'emblême, & de la terre qu'ils habitoient, & de l'usage qui leur avoit eté accordé de tout ce que cette même terre contient sur sa surface, ou de ce qu'elle renferme dans son sein. Déja le son des instrumens de bois,

DES CHINOIS.

& celui des tuyaux de Bambou, leur rappelloient les avantages sans nombre qu'ils retiroient de toutes les productions des forêts & de la campagne. Il leur manquoit un huitieme son pour completter le nombre, qui, selon eux, est fixé par la nature, & que désignent les huit *koa* ou trigrammes de *Fou-hi*. Sans s'ecarter de leurs habitations, ils le trouverent, ce son particulier, dans l'enceinte de leurs jardins.

Parmi ces plantes annuelles qui pourvoient aux besoins de la vie, il en est une de la classe des courges, dont le fruit a une ecorce mince, lisse & dure, qui par la direction, l'arrangement & le tissu des fibres qui la composent, nous fait assez connoître que la nature ne l'a ainsi travaillée, que pour la mettre au rang des corps sonores. Ce fruit, auquel nous donnons, en françois, le nom de calebasse, est appellé *Pao* par les Chinois; sa figure est comme celle de nos gourdes de Pélerins. C'est cette espece que choisirent les anciens Chinois pour représenter dans leur Musique les légumes & les herbages dont le Ciel a accordé à l'homme la connoissance & l'usage libre; & c'etoit pour accompagner les Hymnes qu'on chantoit en reconnoissance d'un pareil bienfait, qu'ils se servoient d'un instrument, dont la partie principale etoit faite avec le *Pao*, c'est-à-dire, la calebasse.

Cette partie etoit le corps même de l'instrument; différens tuyaux de Bambou etoient adhérens à ce corps, & c'est ce corps même qui, recevant immédiatement le souffle de l'homme, le distribuoit aux tuyaux, & leur faisoit produire divers tons, selon les regles des *Lu*. J'ose le dire, les anciens Egyptiens, avec leurs hiéroglyphes, n'ont eté que des enfans, en comparaison des anciens Chinois. Dans le seul instrument dont il s'agit ici, que de merveilles n'aurions-nous pas à découvrir! Son origine, son antiquité, sa matiere, sa forme, son usage, tout est allégorie, tout est mystere en lui. Que ne puis-je entrer dans quelque détail à ce fujet ! mais, continuons.

Dans l'intention de faire entrer dans leur Mufique des grandes cérémonies, un inftrument qui pût repréfenter, pour la nombreufe claffe des légumes, les Inftituteurs Chinois imaginerent un moyen qui ne leur réuffit pas d'abord, mais qui les mit fur la voie qui devoit leur faire trouver ce qu'ils fouhaitoient ; ils prirent une calebaffe de médiocre groffeur, la percerent à cette partie par où elle tient à la plante, pour avoir une embouchure, & ils firent un certain nombre de trous dans différens points de fa panfe pour avoir les différens tons. Le fon fourd & mat qu'ils tirerent de ce nouvel inftrument, le leur fit abandonner ; ils penferent à un autre expédient, ils couperent toute la partie fupérieure qui forme le cou de la calebaffe, & en ne réfervant que la partie inférieure, de maniere à pouvoir y adapter un couvercle de bois, ils percerent ce couvercle d'autant de trous qu'ils vouloient avoir de fons différens. Ils placerent dans chaque trou un tuyau de Bambou, plus ou moins long, felon le ton qu'il devoit donner.

La conftruction de ces tuyaux fut toute différente de celle des tuyaux dont j'ai parlé dans les articles précédens. Ceux-là rendoient leur fon propre, lorfqu'on fouffloit à travers l'echancrure du bout fupérieur, au lieu que les nouveaux tuyaux ne devant être que comme le canal du fon de la calebaffe, ne fervoient qu'à modifier ce fon par leurs différentes longueurs, de maniere à lui faire rendre tel ou tel ton. Le bout inférieur de ces mêmes tuyaux, celui qui entroit dans le corps de la calebaffe etoit exactement fermé avec un tampon ; mais une echancrure d'environ cinq ou fix lignes de long, fur trois ou quatre de large, faite à quelque diftance du tampon, tenoit lieu d'ouverture. On y avoit appliqué une feuille très-mince d'or fin battu, au milieu de laquelle etoit découpée une languette de la longueur d'un peu plus des deux tiers de celle de la feuille. Cette languette, ne tenant à la feuille très-mince, dont elle faisoit partie, que par l'une de ses extrémités, pouvoit être agitée en tout sens par le moindre souffle, & laissoit un passage libre à l'air, soit qu'on voulût le pousser ou l'attirer à soi par le moyen d'un tuyau de bois qui avoit la forme du cou d'une oie, & qu'on avoit adapté au corps même de la calebasse pour servir d'embouchure. Voyez la figure 45.

Les Chinois, comme on peut bien le penser, ne manquent pas de raisons très-mystiques touchant la figure de ce tuyau ; mais comme elles ne sont pas à mon sujet, je me contenterai de dire, pour ne pas frustrer en entier la curiosité du Lecteur, que cet instrument, plus parfait qu'aucun autre, sorti jusqu'alors de la main des hommes, en ce qu'il pouvoit lui seul rendre, de la maniere la plus exacte, tous les *Lu* & tous les tons, devoit encore exprimer allégoriquement les divers sons que fournit la nature dans les principales productions de ses trois regnes, l'animal, le végétal & le minéral. C'est ce que fait cet instrument, au moyen des différentes matieres qui le composent, & par la maniere dont il est construit. Le cou d'oie représente, pour le regne animal; le bois, le Bambou & la courge, pour le végétal; & la languette d'or fin battu, pour le minéral.

L'instrument ainsi construit par les premiers Chinois, pour rendre le son propre de la calebasse, n'a pas toujours porté le même nom. Les Lettrés les plus versés dans l'antiquité, prétendent que le plus ancien nom qu'il ait eu est celui de *Yu*, & que les noms de *Tchao*, de *Ho* & de *Cheng*, ne lui ont eté donnés que successivement, à mesure qu'on changeoit quelque chose, soit à sa matiere, soit à sa forme. D'autres Lettrés, & c'est aujourd'hui le plus grand nombre, disent qu'il y en avoit de trois ordres différens; que dans le premier ordre etoient les *Yu* & les *Tchao*; dans le second, les *Ho*; & dans le troisieme,

L

les *Cheng*. Ils ajoutent que les *Yu* & les *Tchao* etoient composés de 24 tuyaux, les *Ho* de 19, & les *Cheng* de 13 seulement. Voyez l'explication de la figure 45, pour les *Cheng* à 19 & à 13 tuyaux.

Un troisieme sentiment est que les anciens ne connoissoient en général que deux especes d'instrumens à vent, qui donnassent le son propre de la calebasse ; qu'ils appelloient l'une *la grande* espece, & l'autre *la petite* ; que les instrumens de la premiere espece avoient 36 tuyaux, & ceux de la petite espece 17.

Je vais rapporter ici les paroles du Dictionnaire *Eulh-ya*, aux articles *yu & ho*, pour que le Lecteur puisse se décider en quelque façon. *Je crois*, dit l'Auteur de cet ancien Livre, *que ce qu'on appelle aujourd'hui le grand Cheng à dix-neuf languettes* (ou tuyaux), *est le vrai* YU *des Anciens ; & que notre Cheng ordinaire, à treize languettes, est ce qu'on appelloit autrefois* HO *& petit* YU.

Le *cheng* à treize tuyaux, ou petit *yu*, ne donne que les *lu*, dits naturels, c'est-à-dire, les douze demi-tons de l'octave moyenne ; le treizieme tuyau est pour completter cette octave par la réplique du premier son.

Je dois faire observer, avant de finir, que les anciens Chinois se servirent de tuyaux & de cordes pour régler les proportions des douze *Lu*. Ils appellerent les instrumens qui représentoient ces *Lu* dans leur juste proportion, *Lu-tchun*, qui signifie *regle ou mesure des Lu*. Le *Lu-tchun* à vent etoit composé de treize tuyaux ; & le *Lu-tchun* à cordes, de treize cordes, mais celui-ci se régloit sur l'autre, comme etant un instrument fixe, & dont les intonations etoient permanentes. Aussi les différentes sortes de *cheng*, c'est-à-dire, le *yu*, le *tchao*, le *ho*, & le *cheng* proprement dit, tiennent-ils après la cloche & la pierre sonore, le premier rang parmi les instrumens de musique. C'est sur le *cheng* que se reglent les autres instrumens ; & le Maître du *cheng*, dans l'ancien cérémonial, etoit un de ceux qui recevoient immédiatement leurs ordres du *Tay-tchang-see*, c'est-à-dire, du Grand-Maître ou Président du Tribunal des Rits.

L'ancien *cheng*, tel que je l'ai décrit, m'a paru n'être pas tout-à-fait indigne des regards de nos François. Un Antiquaire Chinois m'en a procuré des deux especes (le *grand* & le *petit cheng*), qui sont, au nombre des tuyaux près, exactement conformes aux *yu* & aux *ho* des Anciens ; je les envoie à M. Bertin (*bb*). Ce digne Ministre, ami zélé des Arts, leur donnera sans doute une place dans son cabinet des curiosités chinoises, où les Savans & les curieux pourront les aller voir & les examiner à loisir. J'en envoie une paire de chaque espece, car ces instrumens vont toujours par paires, & j'aurois manqué essentiellement au cérémonial des Chinois, si je m'etois avisé de les isoler.

L'on pourra en démonter un de chaque espece, en ôter les tuyaux, pour voir comment ces instrumens sont construits. Si on les fait sonner, on n'aura pas besoin de recourir à des juges etrangers, & quelquefois suspects, pour décider sur quel ton est la musique chinoise d'aujourd'hui ; car dans les musiques ordinaires, le *cheng* est l'instrument fixe sur lequel, comme je l'ai dit, tous les autres doivent se régler. S'il me reste assez de tems, j'en donnerai la tablature à la suite de celle du *Kin*, à la fin de ce Mémoire (*cc*).

Voilà, sur les différentes sortes de sons, un très-petit abrégé

(*bb*) Ces *cheng* ont été envoyés. Ils sont dans le cabinet de M. Bertin.

(*cc*) Les travaux multipliés de notre illustre Missionnaire l'ont empêché sans doute de donner cette tablature. On ne la trouve, ni dans le Manuscrit de M. Bertin, ni dans celui de la Bibliotheque du Roi. Celle du *Kin* est à la troisieme Partie, article 4.

de ce qui fe trouve très au long & féparément dans une multitude de Livres, difficiles à débrouiller, plus difficiles encore à analyfer. Cette premiere Partie de mon Mémoire, qui, pour parler le langage Chinois, ne traite que *des fons non encore circonfcrits dans les limites du ton*, n'eft intéreffante qu'autant qu'elle met fous les yeux la maniere tout-à-fait finguliere dont on envifage les objets dans cette contrée du monde. Cette fingularité feule eft une preuve que les Chinois font auteurs d'un fyftême qu'aucun autre peuple n'a traité comme eux. On pourroit encore en conclure, que puifqu'elle a eu lieu dès les premiers tems de leur Monarchie, ils font les inventeurs encore d'une foule d'autres Arts, fans lefquels ils ne fuffent jamais venus à bout de tirer, des différentes productions de la nature, les huit fortes de fons auxquels ils croient que tous les autres fe rapportent. En effet, combien de connoiffances ne falloit-il pas que ceux qui les premiers ont fait les inftrumens dont j'ai parlé, euffent déja acquifes!

Quoi qu'il en foit, fi l'on a quelque peine à tirer cette derniere conféquence fur ce que j'ai déja dit dans cette premiere Partie, on y fera peut-être forcé, après qu'on aura lu ce qui me refte à dire.

Jufqu'à préfent, avec un peu de patience, le Lecteur a pu me comprendre ; mais pour les matieres qui me reftent à traiter, outre la patience, je lui demande une attention plus qu'ordinaire, & je le prie de vouloir bien, en fe dépouillant de tout préjugé, ne voir les objets que dans le point de vue convenable, & de ne former de jugement qu'après avoir tout vu.

Fin de la premiere Partie.

SECONDE PARTIE.
DES LU.

ARTICLE PREMIER.
DES LU EN GÉNÉRAL.

LES Inventeurs de la Musique, chez les Chinois, ne penserent pas d'abord que l'Art qu'ils venoient d'inventer pouvoit être elevé à la dignité de Science, de Science proprement dite, & dans toute la rigueur du terme. Contens d'avoir su tirer, des diverses productions de la nature, différentes sortes de sons qu'ils pouvoient marier avec ceux de leur voix, lorsqu'ils chantoient des Hymnes & des Cantiques en l'honneur du Ciel & des Ancêtres, ils ne fussent peut-être pas allé plus loin, si la difficulté de renouveller les instrumens dont ils tiroient ces sons ne les eût comme forcés de chercher quelque moyen facile & sûr qui les dispensât des tâtonnemens, & des essais multipliés qu'il avoit fallu faire pour la construction des premiers instrumens.

L'oreille avoit eté jusqu'alors leur seul guide. Mais, tout le monde a-t-il de l'oreille ? & ceux qui en ont possedent-ils toujours cette adresse, ces talens nécessaires, sans lesquels il est difficile de travailler avec succès ? Les Chinois comprirent enfin qu'il n'etoit pas impossible de trouver quelque méthode, quelque regle infaillible, qui pût suppléer les secours de l'oreille.

Hoang-ti venoit de conquérir l'Empire, & de mettre sous le joug tous ceux qui s'etoient rangés sous les étendarts de

Tché-yeou. N'ayant plus d'ennemis à combattre, il s'appliqua de toutes ſes forces à rendre ſes ſujets heureux. Il régla leurs mœurs par de ſages loix ; & par l'invention de la plupart des Arts utiles & agréables, il leur procura les avantages & tous les agrémens qu'on peut goûter dans la vie civile. Que ne puis-je, ſans m'ecarter trop de mon ſujet, tracer dans le détail toute la conduite de ce ſage Légiſlateur ! Tout ce que l'hiſtoire profane nous raconte des Légiſlateurs des autres nations, n'approche pas ſans doute de ce que je pourrois dire, avec vérité, du Légiſlateur des Chinois. Mais je ne dois rapporter ici de lui que ce qui concerne le ſujet que je traite.

Hoang-ty, dit l'Hiſtoire, *ordonna à* LYNG-LUN *de travailler à régler la Muſique*. Lyng-lun ſe tranſporta dans le pays de *Si-joung*, dont la poſition eſt au nord-oueſt de la Chine. Là eſt une haute montagne, au nord de laquelle croiſſent des bambous d'une très-belle venue. Chaque bambou eſt partagé, dans ſa longueur, par pluſieurs nœuds qui, ſéparés les uns des autres, forment chacun un tuyau particulier (*a*).

(*a*) Je ſupprime ici diverſes fables que racontent les Chinois, ſavoir, que *Lyng-lun* prit l'un de ces tuyaux, le coupa entre deux nœuds, en ôta la moëlle, ſouffla dans le tuyau, & qu'il en ſortit un ſon qui n'etoit, *ni plus haut, ni plus bas que le ton qu'il prenoit lui-même, lorſqu'il parloit, ſans être affecté d'aucune paſſion* ; effet bien plus que merveilleux, puiſque dans un tuyau ainſi ouvert & auſſi court qu'on le ſuppoſe (etant coupé entre deux nœuds), le ſouffle doit paſſer de part en part ſans rendre aucun ſon. Quoi qu'il en ſoit, non loin de-là, la ſource du fleuve *Hoang-ho*, ſortant de terre avec bouillonnement, rend un ſon, & ce ſon etoit préciſément ſur le ton du tuyau ouvert par ſes deux bouts. Voilà le premier ſon, le ſon fondamental des *Lu*, bien etabli. Mais voici tous les douze *Lu*.

Le *foung-hoang* (oiſeau comme notre phénix), accompagné de ſa femelle, vient tout-à-coup ſe percher ſur un arbre voiſin ; le mâle donne ſix ſons différens, & la femelle ſix autres : voilà bien les ſix lu *yang*, & les ſix lu *yn* (Voyez note *t* de la premiere Partie, page 66). Enfin le premier ſon que donne le *foung-hoang* mâle ſe trouve, comme cela devoit

DES CHINOIS, II. Part. 87

Lyng-lun, muni d'un bon nombre de ces tuyaux, de différentes longueurs, vint les etaler devant son Souverain, en présence de tous les Sages qui composoient sa Cour. Il avoit déja fait la découverte, que l'intervalle que nous nommons *octave* etoit divisible, d'une maniere sensible, en douze demi-tons ; il sépara des autres tuyaux ceux qui donnoient ces demi-tons (*b*), les fit sonner l'un après l'autre, & reçut les applaudissemens qu'il méritoit.

être (quoique le texte dise, *par un bonheur inespéré*), sur le même ton du tuyau ouvert par ses deux bouts, & du son rendu par le bouillonnement de la source du *Hoang-ho*, son qui ne peut cependant être qu'un bruit. Néanmoins, d'après toutes ces indications, *Lyng-lun* coupe douze tuyaux, les prépare, & après les avoir accordés, dit le P. Amiot, avec les douze sons du chant de l'un & l'autre *foung-hoang*, *de la maniere*, ajoute-t-il avec raison, *que tout le monde peut bien imaginer*, il s'en retourna vers l'Empereur pour lui rendre compte de sa découverte. *Dépouillons ce récit*, continue le P. Amiot, *de tout ce qu'il peut avoir de fabuleux*, &c. C'est ici que j'ai repris son texte.

Au reste, les Chinois ne sont pas le seul peuple, dont les Ecrivains qui n'entendoient rien à la science des sons, aient inventé des fables, pour honorer, à leur maniere, les instituteurs des principes de la Musique. Voyez dans mon *Mémoire sur la Musique des Anciens*, la note *a* de l'avant-propos, page 2, & la note 37, page 221.

(*b*) Le P. Amiot, en suivant toujours les Auteurs Chinois, dit ici : *Il sépara des autres les douze tuyaux qui donnoient tous les sons de l'octave*. J'ai eté obligé de changer cet endroit, parce que pour avoir *tous les sons* d'une octave, divisée par demi-tons, il faut treize tuyaux. J'aurois pu substituer le mot *treize* à celui de *douze*, si le plan de cet article, comme on l'a déja vu à la note précédente, n'etoit de trouver, dans douze objets, l'origine des douze *lu*. Il est certain qu'il ne faut que douze tuyaux pour former douze *lu*, mais il en faut treize pour avoir douze demi-tons, parce qu'un *lu*, un son quelconque, n'est, ni un ton, ni un demi-ton. Ce qu'on appelle *ton* ou *demi-ton*, est l'intervalle entre un *lu* & un autre *lu*, entre un son & un autre son. Par exemple, l'intervalle entre *ut* & *re*, est un ton ; l'intervalle entre *mi* & *fa*, est un demi-ton. Mais, ni l'*ut*, ni le *mi*, dans ce cas, ne sont, ni un ton, ni un demi-ton, bien que plusieurs personnes l'entendent ainsi. On pourroit néanmoins soutenir à ces personnes, d'après leurs idées mêmes, que l'*ut* n'est qu'un demi-ton, & que le *mi* est un ton ;

Il falloit donner un nom à chacun de ces tuyaux; il falloit en fixer les proportions réciproques; il falloit en mesurer toutes les dimensions. La fécondité de son génie lui fournit un expédient facile pour venir à bout de tout cela.

Parmi les différentes sortes de grains que la nature produit pour la nourriture & les autres besoins de l'homme, il en est d'une espece, qui presque tous semblables entr'eux & par leur forme, & par leur poids, & par leurs dimensions, sont désignés par un caractere qui se lit, *chou*. Je crois que nous pourrions l'appeller du nom de *gros millet*; mais laissons-lui son nom chinois pour ne pas nous tromper. C'est aux grains de *chou* que s'attacha *Lyng-lun* pour exécuter ce qu'il avoit imaginé.

Il s'en fit apporter de toutes les couleurs; car il y en a de jaunes, de noirs, de cendrés, & de presque rouges. Il choisit les noirs préférablement aux autres, parce qu'ils lui parurent en général d'une figure plus réguliere, plus uniformes entre eux, plus durs & moins sujets à être altérés, soit par les

---

il n'y auroit pour cela qu'à faire une autre supposition que la leur; c'est de monter d'*ut* à *re-bémol*, & de *mi* à *fa-diese*. On voit par-là qu'un *ut*, un *re*, un *mi*, un son quelconque, en un mot, n'est pas plus un ton qu'un demi-ton, ou bien il est ce qu'on veut, si on prend la chose dans un sens absurde.

Cette remarque seroit peut-être trop minutieuse par-tout ailleurs; mais elle ne l'est point ici, parce que les Chinois, comme on le verra dans cet Ouvrage, ont euxmêmes cinq tons, savoir, *fa*, *sol*, *la*, *ut*, *re*, & deux *pien* ou demitons, *si* & *mi*; ensorte que dans

les sept notes conjointes, *fa*, *sol*, *la*, *si*, *ut*, *re*, *mi*, ils ont cinq tons & deux demi-tons. Or, il est aisé de voir, par ma remarque, que pour bien entendre ce que veulent dire les Chinois par leurs *tons* & leurs *demi-tons*, il faut, sous ces expressions, n'envisager autre chose que des sons. En effet, dans leurs cinq tons, par exemple, *fa*, *sol*, *la*, *ut*, *re*, il n'y a réellement que trois tons, *fa sol*, *sol la*, *ut re*, & une tierce *la ut*, bien qu'il y ait cinq notes ou sons; de même, dans *fa*, *sol*, *la*, *si*, *ut*, *re*, *mi*, il n'y a que cinq tons & un demi-ton, quoiqu'il y ait sept sons.

infectes,

infectes, foit par les variations & les intempéries de l'air. Il en rangea l'un contre l'autre, & fe touchant par le plus petit diametre, autant qu'il fut néceffaire pour egaler la longueur du tuyau, dont il avoit tiré le fon primitif & fondamental ; il les compta, & trouva que le nombre etoit exactement de cent.

Il les rangea enfuite dans un autre fens, de maniere qu'ils fe touchoient par leur plus grand diametre, & il ne lui fallut plus que quatre-vingt-un grains pour egaler la longueur des cent, rangés dans le premier fens. Il s'en tint à ce nombre de quatre-vingt-un pour fixer la longueur du tuyau qui donnoit le fon primitif. Il falloit donner un nom à ce fon primitif, il fut conclu qu'on l'appelleroit *Koung*. Ce mot, pris dans le fens littéral, fignifie *Palais impérial, Maifon royale*, &c. ; mais dans le fens figuré, il fignifie *le foyer dans lequel fe réuniffent tous les rayons de lumiere qui eclairent le gouvernement, & le point central de toutes les forces qui le font agir*, &c. Par conféquent le nom de *Koung*, donné au premier des fons, exprime, dans le fens figuré, *le fon fur lequel eft fondé tout le fyftéme mufical*.

Il falloit encore donner un nom au tuyau dont on tiroit ce fon primitif; on l'appella *Hoang-tchoung*, nom qui veut dire, à la lettre, *cloche jaune*, mais qui dans le fens figuré fignifie : *Principe inaltérable de tous les inftrumens dont on peut tirer les différens fons*. Le *hoang-tchoung* fut ainfi nommé, difent ceux qui ont glofé fur l'Hiftoire, *par allufion à la couleur jaune de cette terre primitive, qui eft l'un des principes de tous les corps, & à la qualité invariable de la matiere qu'on fait entrer dans la compofition de la cloche* (c).

(c) On peut penfer que ces Gloffateurs ne voient pas, dans le mot *hoang*, tout ce qu'il faut y voir. La couleur jaune, défignée par ce mot, etant la premiere des cinq couleurs des Chinois, il y a

Après avoir donné un nom au tuyau fondamental, & déterminé sa longueur, il restoit encore à en mesurer le diametre, & à connoître sa capacité. Les grains de *chou* servirent encore pour ces deux opérations. Trois de ces grains, rangés de suite, l'un touchant l'autre, dans le même sens que lorsqu'ils mesuroient la longueur, mesurerent exactement le diametre (*d*); & 1200, qui furent le nombre juste de ceux qui remplirent tout le vuide du tuyau, en déterminerent la capacité.

✻ Pour fixer les idées on donna le nom de *fen* à l'espace qu'occupoit un grain de *chou*, pris dans sa longueur, & l'on appella *yo* tout vase qui contenoit 1200 de ces mêmes grains. Ainsi, le *fen* & le *yo* furent dès-lors les deux termes d'où l'on partit pour fixer les mesures dans les deux genres; & le nombre 9 fut celui qu'on employa d'abord pour la progression des mesures, plus grandes ou plus petites; mais l'on ne fut pas long-tems sans s'appercevoir que cette maniere de procéder par 9, renfermoit des difficultés pour le commun des hommes, dans le commerce ordinaire de la vie civile. Les cinq doigts de chaque main, les nombres cinq & dix qui sont au centre de la figure *ho-tou*, dont *Fou-hi* avoit vu l'empreinte sur le dragon-cheval, tournerent les idées du côté de la progression décuple; on

apparence que le mot *hoang* est pris ici dans le sens ordinal, & qu'il signifie tout simplement *premier*, *primitif*, sans qu'il soit plus nécessaire de rechercher du jaune dans *hoang-tchoung*, que dans le *foung-hoang*, ou autres objets, auxquels les Chinois appliquent le mot ou caractere *hoang*, dans le même sens.

(*d*) Nous avons vu ci-dessus, page 89, le *hoang-tchoung* mesuré de deux manieres : dans l'une les grains de *chou* se touchoient par leur plus petit diametre, & dans l'autre par leur plus grand. Comme c'est dans ce dernier sens que la longueur du *hoang-tchoung* a été fixée au nombre de 81 grains, il paroît que c'est celui qu'il faut entendre ici pour les trois grains qui doivent mesurer le diametre. On verra d'ailleurs, à l'art. 3, p. 104, que c'est dans ce même sens que les grains de *chou* sont supposés être rangés, pour former les 81 lignes qui composent le pied musical.

l'employa, & toutes les difficultés difparurent. L'on dit dèslors, comme on a toujours dit depuis : le diametre d'un grain de *chou* ou gros millet, equivaut à un *fen*, ou une ligne ; dix *fen* ou lignes, egalent un *tfun* ou pouce ; dix *tfun* ou pouces, font la longueur d'un *tché* ou pied ; dix *tché* ou pieds, font un *tchang* ; & dix *tchang*, font un *yn*.

L'on procéda de la même maniere pour les mefures décroiffantes, c'eſt-à-dire, pour celles qui devoient défigner les fractions du *fen* ou ligne, & l'on dit : le diametre d'un grain de *chou*, eſt ce qu'on défigne par le mot *fen* (ou ligne). La dixieme partie de ce *fen* eſt un *ly*, la dixieme partie du *ly* eſt un *hao*, la dixieme partie du *hao* eſt un *fee*, la dixieme partie du *fee* eſt un *hou*, la dixieme partie du *hou* eſt un *ouei*, & la dixieme partie du *ouei* eſt un *kié*. Le *kié* eſt donc la dix-millionieme partie d'un *fen* ou ligne.

Après avoir fixé l'evaluation de l'etendue, on travailla à fixer celle de la capacité, pour l'autre genre de mefures. Les grains de *chou* furent encore employés, & le fon fondamental, le *hoang-tchoung*, fut auſſi le principe des nouvelles mefures. Le tuyau qui donne le ton de *hoang-tchoung*, contenant 1200 grains de *chou*, on donna à ce tuyau, pris pour mefure, le nom de *yo*, & l'on détermina que deux *yo* feroient un *ko* ; que dix *ko* feroient un *cheng* ; que dix *cheng* feroient un *teou*, & que dix *teou* feroient un *hou*.

Quelques Auteurs prétendent que du tems de *Hoang-ty* même, on avoit trouvé que le folide du *yo*, & par conféquent du tuyau qui fonne le *hoang-tchoung*, etoit de 982 *fen*, 92 *ly*, 750 *hao* ; que le folide du *ko* etoit d'un *tfun*, 964 *fen*, 182 *ly* & demi ; que le folide du *cheng* etoit d'un *tché*, 9 *tfun*, 641 *fen*, 855 *ly* ; que le folide du *teou* etoit de 196 *tfun*, 418 *fen*, 550 *ly* ; & enfin que le folide du *hou* etoit de

1964 *tfun*, 1'85 *fen* & demi. J'entrerai dans le détail de ces mesures, à l'article 10 de cette seconde Partie.

D'autres Auteurs assurent qu'outre les mesures dont je viens de parler, *Hoang-ty* en fixa quelques autres qui nous ont été conservées par les soins de *Ouen-ouang*, de *Tcheou-koung* son fils, & du sage *Tay-koung*.

Il résulte de tout ce que je viens d'exposer, que les Inventeurs de la Musique, chez les Chinois, donnerent, pour ainsi dire, un corps au son fondamental; qu'ils mesurerent ce corps dans toutes ses dimensions, & qu'ils firent de cette mesure le principe & le fondement de toutes les autres mesures. Ils allerent plus loin; par le moyen de ce même son fondamental, ils fixerent les poids & la balance.

Le tuyau qui rend ce son fondamental, le *hoang-tchoung*, comme on l'a vu, contient 1200 grains de *chou*. Ainsi il fut aisé de statuer que tout corps qui feroit equilibre avec ces 1200 grains, seroit dit avoir le poids d'un *yo*. Sur ce poids on fixa tous les autres : voici comme on raconte que procéderent les Sages de la Cour de *Hoang-ty*.

Les douze *lu*, dirent-ils, ou ce qui est la même chose, les douze demi-tons qui sont renfermés entre les bornes d'une octave, sont tous contenus dans le *hoang-tchoung*, comme dans leur principe (*e*); partageons le *hoang-tchoung* en douze

(*e*) Les douze Lu, *fa, ut, sol, re, la, mi, si, fa*※, *ut*※, *sol*※, *re*※, *la*※, etant rapprochés par les moindres intervalles possibles, donnent, en y ajoutant l'octave du premier son, la série des douze demi-tons suivans :

EXEMPLE.

FA *fa*※ *sol sol*※ *la la*※ *si ut ut*※ *re re*※ *mi fa*.

De quelque maniere que l'on conçoive l'ordre des *lu*, il est toujours vrai de dire, que le *hoang-tchoung*, qui est ici *fa*, est le principe des autres *lu*.

parties egales, & nous aurons cent grains pour chacune de ces parties. Le poids de ces cent grains aura le nom de *tchou*, & tout corps qui fera equilibre avec cent grains, fera dit avoir le poids d'un *tchou*. On conçoit aifément tout le refte de leur procédé pour la fixation des autres poids. Je me contenterai d'en mettre ici le réfultat, en commençant par le poids d'un grain de *chou*, qui eft le plus petit des poids ordinaires.

On compte un grain de *chou*, deux, trois, &c., jufqu'à neuf: enfuite dix grains font un *lei*; dix *lei* font un *tchou*; fix *tchou* font un *tfee*; quatre *tfee* font un *leang*, qui eft l'once. Ainfi le *yo*, mefure du fon fondamental du *hoang-tchoung*, & qui contient 1200 grains, pefe une demi-once. Un *yo* fait le demi-*leang* ou demi-once; deux *yo* ou 24 *tchou*, font un *leang* ou l'once; feize *leang* font un *kin*, c'eft la livre; trente *kin* ou livres font un *kiun*, & quatre *kiun* font un *tan*.

On voit par-là que le *lu* fondamental eft regardé comme un corps qu'on peut pefer & mefurer, qui peut fe compofer & fe décompofer, & dont toutes les parties peuvent être calculées.

Sous *Hoang-ty*, le *lu* générateur fut fixé, comme je l'ai dit plus haut, à neuf pouces de longueur. Ce nombre eft le dernier terme de la figure *lo-chou*. Neuf fois 9 egalent 81 ; ainfi *hoang-tchoung*, qui eft ce *lu* générateur, eft conftitué par 81 parties egales, dont on peut prendre tel nombre qu'on voudra pour former les autres *lu*.

Pour la facilité du calcul, on fubftitua, comme je l'ai dit, le nombre 10 à celui de 9, & l'on procéda par la progreffion décuple. Or 10 eft le dernier terme de la figure *ho-tou*; ainfi, en formant le *lu* générateur, fuivant cette figure, le *hoang-tchoung* aura 10 pouces de longueur, & le nombre de fes parties fera de 100, parce que dix fois 10 egalent 100 (le pouce etant de 10 lignes).

Pour bien faire, dit Tſai-yu, *il faut ſuivre la méthode des Anciens, & joindre les nombres impairs de la figure* LO-CHOU, *aux nombres pairs de la figure* HO-TOU (*f*). *Cette méthode n'eſt pas ſimplement l'ouvrage de l'homme ; elle a eté ſuggérée à l'homme par le Ciel lui-même, lorſqu'il lui montra les figures* LO-CHOU *&* HO-TOU *ſur la maiſon de la tortue myſtérieuſe, & ſur le corps du dragon-cheval.*

Ce qui eſt cauſe, continue TSAI-YU, *que les* LU *ſont depuis près de trois mille ans dans un etat d'imperfection qui eût révolté les Anciens* (*g*), *c'eſt que quand l'empire des* TCHEOU *commença à décheoir de ſon ancienne ſplendeur, l'on ne s'occupa plus que de guerre ; & la doctrine des* LU *fut entièrement négligée. Vinrent enſuite les* TSIN *qui bouleverſerent tout. Après les* TSIN, *les* HAN *mirent tous leurs ſoins à recouvrer tout ce qui s'etoit perdu de la vénérable antiquité ; mais* LIEOU-HING *&* PAN-KOU, *qui furent chargés de régler les* LU, *les calculerent mal, parce qu'ils n'entendoient pas bien tous les myſteres qui*

(*f*) Paſſage bien précieux, dont il ſeroit à ſouhaiter que les Chinois modernes n'euſſent pas perdu le ſens & l'application ! En effet, joignez, ſuivant la méthode des Anciens, les nombres pairs aux nombres impairs, c'eſt-à-dire, la progreſſion double, à la progreſſion triple, & vous aurez tout le ſyſtême muſical. Voyez dans mon *Mémoire ſur la Muſique des Anciens*, page 248, le tableau qui repréſente, par ces deux progreſſions, c'eſt-à-dire, par les nombres *pairs* & les nombres *impairs*, deux portions du ſyſtême général, donné par une ſérie de douze ſons fondamentaux.

(*g*) Aveu de la part du Prince *Tſai-yu*, qui confirme l'excellence de cette *méthode*, qu'il dit avoir eté *ſuggérée à l'homme par le Ciel lui-même*, mais dont il paroît à peine avoir ſenti tout le mérite, puiſqu'il conſeille, comme on le verra à l'article 5, à ceux qui voudroient travailler ſur les *Lu*, de ne pas tant s'attacher à ſuivre la progreſſion triple des Anciens, qu'ils n'en ajoutent quelqu'autre pour lui ſervir de ſupplément, & même de correctif dans certaines occaſions.

Nous verrons en ſon lieu (art. 13), que ce *ſupplément* & ce *correctif* ne donnent malheureuſement que des ſons irrationnels, des demi-tons de fantaiſie, pur ouvrage de l'homme, & non *ſuggérés par le Ciel*.

font renfermés dans les nombres des figures *LO-CHOU* & *HO-TOU*. Ceux qui font venus après eux les ont pris pour modeles, font entrés dans les routes qu'ils avoient tracées, & se font égarés comme eux, &c.

Suivons nous-mêmes le Prince *Tsai-yu* pas à pas. Voyons s'il a pris la route des Anciens, ou si, comme les autres, il ne s'est point egaré. Mais auparavant, il nous faut dire quelque chose de chacun des *Lu* en particulier ; c'est le sujet de l'article suivant.

Au reste, le commun des Lecteurs peut passer légérement sur certains détails où je vais entrer dans cet article. Mais ceux qui veulent que les Chinois soient redevables aux Egyptiens de leurs arts & de leurs sciences, doivent tout lire avec attention. Ce n'est qu'à ce prix qu'ils peuvent se mettre en etat de porter un jugement exempt de tout préjugé.

ARTICLE SECOND.

DES LU EN PARTICULIER.

LES *Lu* sont au nombre de douze, dont six sont *yang* ou parfaits, & les six autres *yn* ou imparfaits ; cela veut dire que parmi les douze demi-tons qui partagent l'octave (*h*), il y en

---

(*h*) Les douze demi-tons qu'on peut placer dans une octave, ne font qu'une combinaison des douze *lu*, rangés par quintes. Voyez ci-devant note *e*, page 92. C'est néanmoins cette combinaison que les Chinois modernes regardent comme l'ordre naturel des *lu*. Les tuyaux qui représentent ces *lu*, & qui sont des *lu* eux-mêmes ; ces tuyaux, dis-je, rangés par ordre, selon leurs différentes longueurs, c'est-à-dire, par demi-tons, comme le sont les cordes de nos clavecins, ont pu jetter dès long-tems les Chinois dans cette erreur, & ils ont appliqué à cette suite de demi-tons, les noms que les anciens Chinois avoient imposés à une suite de consonnances, comme

a six qui répondent aux nombres impairs : premier, troisieme, cinquieme, &c., ce sont les *yang*; & six qui répondent aux nombres pairs : deuxieme, quatrieme, sixieme, &c., ce sont les *yn* (*i*).

Les Lu *yang* ou parfaits, gardent constamment le nom de *lu*; mais les Lu *yn* ou imparfaits, sont appellés indifféremment *yn-lu*, *see*, *toung*; & le caractere Chinois qui désigne l'*yn-lu* est tout différent de celui par lequel on exprime l'*yang-lu*.

Hoang-tchoung, *tay-tsou*, *kou-si*, *joui-pin*, *y-tsé* & *ou-y*, sont les noms qu'on a donnés aux six *yang-lu*, ou de nombre impair. *Ta-lu*, *kia-tchoung*, *tchoung-lu*, *lin-tchoung*, *nan-lu* & *yng-tchoung*, sont les noms qui désignent les six *yn-lu*, ou de nombre pair. Tous ces noms sont symboliques, & font allusion de près ou de loin aux différentes opérations de la nature, dans l'espace des douze lunaisons, dont une année commune est composée, parce que chaque *lu*, suivant la doctrine Chinoise, correspond à une lunaison, & lui donne son nom.

HOANG-TCHOUNG, qui est le principe, le pere & le générateur des autres *lu*, répond à la onzieme lune, parce que c'est à cette lune que se trouve le solstice d'hiver, que c'est à ce solstice que commence l'année astronomique, & que la onzieme lune est regardée comme le principe de toutes les autres. Aussi porte-t-elle le même nom que le lieu du zodiaque où se trouve alors le soleil, & s'appelle *tsee*. Ce nom est celui du premier des caracteres cycliques. Ainsi, lorsque par le caractere *tsee*, on désigne, & le *hoang-tchoung*, & la onzieme

on le verra dans la seconde Observation, à la fin du Mémoire. En attendant il faut se mettre au point où en sont les Chinois modernes, si l'on veut entendre leur doctrine sur divers objets.

(*i*) J'ai supprimé ici les mots de *majeur* & de *mineur*, par lesquels le P. Amiot désigne ces deux sortes de *lu*. Voyez les raisons que j'ai apportées à ce sujet, note *t* de la premiere Partie, page 66.

lune,

lune, & le point du ciel par où l'on commence pour régler l'année, l'on entend désigner celui des douze *lu* d'où dérivent tous les autres, celle des douze lunaisons qui donne commencement à l'année solaire, & le lieu d'où le soleil est censé partir pour commencer sa course annuelle.

Tay-tsou, le second des *yang-lu*, répond à la lune qui commence l'année civile, appellée communément premiere lune, & désignée par le caractere cyclique *yn*. Comme alors tout ce que doit produire la terre a déja pris racine, commence à prendre son accroissement, & est encore sans marque distinctive de ce qui, de sa nature, doit atteindre à la plus grande hauteur, ou de ce qui ne doit que ramper sur la terre, ou ne s'elever que très-peu, on a donné à cette lune, & à son *lu* correspondant, le nom de *tay-tsou*, qui signifie *la grande egalité*.

Kou-si, le troisieme des *yang-lu*, répond à la troisieme lune de l'année civile, désignée par le caractere cyclique *tchen*. Comme alors toute la nature semble reprendre une nouvelle vigueur, on voulut que cette lunaison & son *lu* correspondant, eussent le nom de *kou-si*, qui signifie *l'ancien renouvellé*.

Joui-pin, le quatrieme des *yang-lu*, répond à la cinquieme lune de l'année civile, désignée par le caractere cyclique *ou*. Cette lune & son *lu* correspondant portent le nom de *joui-pin*, qui signifie *peu nécessaire, dont on peut se passer*, &c.

Y-tsé, le cinquieme des *yang-lu*, répond à la septieme lune de l'année civile, désignée par le caractere cyclique *chen*. Cette lune & son *lu* correspondant, portent le nom de *y-tsé*. Y signifie *tuer, mettre à mort*, &c.; & *tsé, instrument de supplices*, &c. Ce *lu* & cette lunaison ont eté ainsi appellés, parce que c'est dans ce tems qu'on coupe les fruits, qui sont alors tous ou presque tous dans leur maturité.

Ou-y, le sixieme & le dernier des *yang-lu*, répond à la neuvieme lune de l'année civile, désignée par le caractere cyclique *fiu*. Cette lune & fon *lu* correfpondant, portent le nom de *ou-y*, qui fignifie *non encore fini*, parce que dans ce tems, qui eft celui de l'automne, la nature venant de donner fes productions, laiffe cependant appercevoir encore quelques reftes de cette vertu productrice qui anime tout.

Les *yn-lu* ont auffi leurs noms fignificatifs & fymboliques comme les *yang-lu* ; je vais en fuivre l'ordre comme j'ai fait de ceux-ci.

TA-LU, le premier des *yn-lu*, répond à la douzieme lune de l'année civile, défignée par le caractere cyclique *tcheou*. Cette lune & fon *lu* correfpondant, portent le nom de *ta-lu*, qui fignifie *grand coopérateur*, parce que les deux principes *yn* & *yang* concourent egalement alors à la production des chofes, en fourniffant l'un & l'autre les vertus qui leur font propres.

KIA-TCHOUNG, le fecond des *yn-lu*, répond à la feconde lune de l'année civile, défignée par le caractere cyclique *mao*. Cette lune & fon *lu* correfpondant, portent le nom de *kia-tchoung*, qui fignifie *cloche ferrée des deux côtés*, parce qu'alors tous les germes font encore enveloppés dans les pellicules qui les renferment ; mais comme les principes *yn* & *yang* agiffent conftamment fur eux, ils en reçoivent peu-à-peu la force de pouvoir fe développer quand il en fera tems.

TCHOUNG-LU, le troifieme des *yn-lu*, répond à la quatrieme lune de l'année civile, défignée par le caractere cyclique *fee*. Cette lune & fon *lu* correfpondant, portent le nom de *tchoung-lu*, qui fignifie *coopérateur moyen*, parce que c'eft alors que le principe inférieur (l'*yn*) femble, pour la feconde fois, reprendre toutes fes forces pour concourir, fuivant fa nature, à la production des chofes.

LIN-TCHOUNG, le quatrieme des *yn-lu*, répond à la fixieme lune de l'année civile, défignée par le caractere cyclique *ouei*.

Cette lune & fon *lu* correfpondant, portent le nom de *lin-tchoung*, qui fignifie *cloche des forêts*, parce que c'eft alors que les forêts font embellies de toute la verdure dont elles font fufceptibles, & qui fait leur principale beauté.

NAN-LU, le cinquieme des *yn-lu*, répond à la huitieme lune de l'année civile, défignée par le caractere cyclique *yeou*. Cette lune & fon *lu* correfpondant, portent le nom de *nan-lu*, qui fignifie *coopérateur du midi*, parce que c'eft alors que la terre eft chargée de fruits, & que ces fruits font l'ouvrage de l'*Yang-ki*, auquel l'*Yn-ki* a prêté fa coopération, pour la croiffance & la nutrition.

YNG-TCHOUNG, le fixieme & le dernier des *yn-lu*, répond à la dixieme lune de l'année civile, défignée par le caractere cyclique *hai*. Cette lune & fon *lu* correfpondant, portent le nom de *yng-tchoung*, qui fignifie *cloche d'attente*, parce qu'alors l'ouvrage commun des deux principes *yn* & *yang*, étant dans l'attente de fon développement, le principe *yang*, ou parfait, ceffe fes opérations, & jouit d'un repos qui doit lui faire acquérir de nouvelles forces pour recommencer quand il en fera tems.

ARTICLE TROISIEME.
DIMENSIONS DES LU.

LES *lu* font invariables, parce que n'etant par eux-mêmes que la repréfentation de l'etendue de l'octave, divifée en douze demi-tons, il eft evident qu'ils confervent toujours entr'eux la diftance qui leur a eté affignée par la nature. Les hommes ne peuvent rien contre cette loi éternelle; tout au plus ils peuvent donner des preuves de leurs talens ou de leur mal-adreffe, en affignant bien ou mal, ou par des calculs, ou au moyen de fimples inftrumens, les bornes de chaque divifion. C'eft-là précifément ce qui eft arrivé aux Chinois, dès les premiers tems de leur Monarchie.

La divifion de l'octave en douze demi-tons, fut trouvée fous *Hoang-ty*, leur Légiflateur. On a vu à l'article premier de cette feconde Partie, comment on s'y prit pour faire cette divifion. Douze tuyaux de même calibre, mais de différentes longueurs, furent les premiers moyens dont on fe fervit pour obtenir les douze *lu*. Le *lu* principal donna lieu à l'invention des mefures, & l'on employa les mefures pour affigner une proportion fixe à chacun des autres *lu*. Mais comme fous les trois premieres dynafties, les mefures ont varié, & que les *lu*, toujours les mêmes entr'eux, n'ont pu varier comme elles, on s'eft contenté de changer les dimenfions du *lu* primitif, du *hoang-tchoung*; & par une conféquence néceffaire, les dimenfions des autres *lu* ont dû être changées proportionnellement à celles de leur générateur. On ne s'attend pas fans doute que j'entre ici dans tous les détails des différentes opérations qui ont occupé en divers tems les Muficiens-Philofophes de la Chine, lorfqu'il a été queftion d'affigner à chaque *lu* fa véritable mefure. Je me contenterai de donner le réfultat de ce qui me paroîtra mériter le plus l'attention de nos Philofophes-Muficiens. Voyez la figure 1 de cette feconde Partie, & fon explication.

Sous *Hoang-ty* on commença par affigner, au *lu* primitif, des dimenfions par nombres impairs. Sa longueur fut de 81 parties egales, fa circonférence de 9, & fon diametre de 3. On fubftitua enfuite, comme je l'ai dit à l'article premier, la progreffion décuple à celle de 9; les nombres pairs eurent la préférence, & la longueur du *hoang-tchoung*, c'eft-à-dire, de ce *lu* primitif & fondamental, fut divifée en cent parties egales.

Le grand *Yu*, plus de quatre cens ans après *Hoang-ty*, reprit les nombres impairs, & redonna au *hoang-tchoung*, les mêmes dimenfions qu'on lui avoit affignées d'abord. Mais les Empereurs des *Hia*, c'eft-à-dire, ceux de la dynaftie, dont le grand *Yu* lui-même eft le chef & le fondateur, revinrent aux nombres pairs, & affignerent au *hoang-tchoung*, pour fa longueur 100 lignes, pour fon diametre extérieur 5 lignes, & pour fon diametre intérieur 3 lignes, cinq dixiemes, & trois centiemes de ligne.

Les *Chang*, qui fuccéderent aux *Hia*, l'an avant Jefus-Chrift 1783, fixerent la longueur du *hoang-tchoung* à 80 lignes, fon diametre extérieur à 4 lignes, & fon diametre intérieur à 2 lignes, huit dixiemes & deux centiemes de ligne.

Les *Tcheou*, en prenant la place des *Chang*, l'an avant Jefus-Chrift 1122, affignerent au *hoang-tchoung*, pour fa longueur, un pied 2 pouces 5 lignes, c'eft-à-dire, 125 lignes; pour fon diametre extérieur 6 lignes, deux dixiemes & cinq centiemes de ligne; & pour fon diametre intérieur 4 lignes, quatre dixiemes & un centieme de ligne.

Les *Tfin*, par qui les *Tcheou* furent détruits, bouleverferent tout. Sous cette dynaftie on fit tous les efforts poffibles pour abolir le fouvenir de la vénérable antiquité. La Mufique ne fut pas plus epargnée que les autres fciences, & l'on ne fit rien de nouveau alors, en ce genre, qui mérite d'être rapporté, fi l'on en excepte quelques Ouvrages publiés fous le nom de *Lu-ché*, pere de *Tfin-ché-hoang-ty*, parmi lefquels on compte le *Tfun-tfieou*, c'eft-à-dire, *le printems & l'automne*, où il eft parlé des *lu*, à la maniere des Anciens.

Les *Han* travaillerent de leur mieux, & firent tout leur poffible pour réparer les pertes littéraires qu'on avoit faites fous les *Tsin*. Ils n'oublierent rien en particulier pour faire revivre l'ancienne Musique. Calcul, géométrie, instrumens, tout fut mis en usage pour tâcher de perfectionner la méthode des *lu*, qui etoit fort altérée de leur tems. Ils fixerent, comme *Hoang-ty* l'avoit d'abord fait, la longueur du *hoang-tchoung* à 9 pouces, c'est-à-dire, 81 lignes, parce qu'ils composerent le pouce de 9 lignes, & donnerent au *hoang-tchoung* pour diametre intérieur 3 lignes, quatre dixiemes & six centiemes de ligne. Ce diametre fut le même pour tous les *lu*, dont ils proportionnerent les longueurs à celle du *hoang-tchoung*.

Depuis les *Han* jusqu'aux *Ming* exclusivement, c'est-à-dire, depuis environ l'an avant Jesus-Christ 179, jusqu'en 1573 de l'ere chrétienne, premiere année du regne de *Ouan-ly*, on gâta plutôt qu'on ne perfectionna la Musique. Les dimensions des *lu* etoient devenues comme arbitraires, & ceux qui les déterminoient ne manquoient pas de dire que c'etoit d'après les préceptes & la méthode des Anciens qu'ils avoient fait toutes leurs opérations.

Enfin, sous le même *Ouan-ly*, le Prince *Tsai-yu*, dont j'ai déja parlé si souvent, aidé de tout ce qu'il y avoit de plus habile dans l'Empire, entreprit de rendre à la Musique son ancien lustre, en la rétablissant dans l'etat où elle etoit lors de son origine sous *Hoang-ty*. Il préféra les mesures des *Hia* à toutes les autres, *par la raison*, selon lui, *que celles des* CHANG *etoient trop longues, & celles des* TCHEOU *trop courtes. Celles des* HIA, *dit-il encore, tiennent un milieu entre les unes & les autres; les* HIA *etoient d'ailleurs plus voisins du tems de* HOANG-TY, *& il est à présumer qu'ils n'avoient point encore oublié tout ce qui s'etoit fait sous ce grand Prince.*

Tsai-yu consulta tous ceux qui etoient en etat de l'instruire ou de l'eclairer. Il fouilla dans tout ce qu'il y avoit de plus ancien & de plus authentique en fait de monumens; & pour fruit de toutes ses recherches, il trouva que le pied dont se servoient les *Hia*, devoit être le même, quant à sa longueur absolue, que celui du tems de *Hoang-ty*, & que le pied employé sous *Hoang-ty* devoit être tel que celui dont il avoit trouvé la description dans des anciens fragmens de Livres, & dont il avoit vu l'empreinte sur quelques vieux monumens. Il en fit construire un semblable, & y employa tous les soins & toute l'exactitude dont il etoit capable. Voici en abrégé quelles furent ses opérations.

Au lieu d'or pur, dont se servoient les Anciens, & qui probablement fût employé par *Hoang-ty*, il prit six onces de cuivre rouge, auxquelles il ajouta une once d'etain fin, & mit le tout en fonte. Sur la surface du creuset s'eleva d'abord une vapeur noire ; à cette vapeur en succéda, quelque tems après, une autre, d'un jaune foncé ; vint ensuite une vapeur bleuâtre, & enfin une vapeur blanche qui ne changea plus. Il jugea que la matiere etoit suffisamment préparée, & la jetta en moule. Il en sortit le pied qui est représenté, dans sa grandeur naturelle, à la figure 4, *a*. Voyez cette figure.

Ce pied a quatre faces ou côtés, qui sont egaux entr'eux. L'intérieur est creux & parfaitement rond, il a 9 lignes de circonférence ; son diametre est celui du *hoang-tchoung*, & sa capacité est la mesure du *yo*, qui contient 1200 grains de *chou*, ou gros millet ; son poids est de 12 *tchou*. On insinue les grains de millet par l'ouverture *A*, qui est à l'un de ses bouts. En soufflant dans cette même ouverture, on obtient le *koung* du *hoang-tchoung*, c'est-à-dire, le ton fondamental, le premier & le générateur de tous les autres tons. Celui des côtés du pied, qui est inscrit *face de devant*, est la mesure du véritable pied musical, appellé en chinois *lu-tché*, ou pied de *lu*. Il est divisé en 9 pouces, & chaque pouce en 9 lignes, & contient par conséquent 81 lignes, nombre sous lequel on prétend que

Hoang-ty lui-même renferma tout le calcul des *lu*, & la méthode dont il voulut qu'on se servît pour les calculer.

Le côté inscrit *face de derriere*, est la mesure du pied de compte, c'est-à-dire, du pied dont on se sert pour l'usage ordinaire. Il est appellé en chinois *tou-tché*; il est divisé en 10 pouces, & chaque pouce en 10 lignes. Les grains de *chou*, ou gros millet, ont eté employés pour la division de ces deux sortes de pieds. Les lignes du pied musical sont l'espace que renferment 81 grains, rangés de suite, en se touchant l'un l'autre par leur plus long côté; & les lignes du pied ordinaire sont exactement l'espace que renferment cent de ces mêmes grains, se touchant l'un l'autre par leur plus court diametre, comme on voit au demi-pied représenté sous la figure 1.

Le côté inscrit *côté gauche*, contient trente-deux caracteres du genre de ceux qu'on employoit dans la haute antiquité. Le sens de ces caracteres est tel, & c'est du *lu-tché* qu'il s'agit : *Le pied du* LU *qui donne le* HOANG-TCHOUNG *& la mesure* YO, *a 9 lignes de circonférence; il est long de 9 pouces, & ces 9 pouces sont la mesure exacte du pied. Il contient 1200 grains de* CHOU, *& pese 12* TCHOU. *Il ne doit avoir ni plus, ni moins, pour être parfaitement juste.*

Enfin la quatrieme face, inscrite *côté droit*, contient egalement trente-deux caracteres de même genre que ceux qui se lisent sur le côté gauche; en voici le sens : *Comme l'unité est le principe de tout, de même le* HOANG-TCHOUNG *est l'origine de toutes sortes de mesures. On evitera toute erreur en se réglant sur le* HOANG-TCHOUNG. *Les huit sons, les sept principes, les cinq tons, le calcul, la mesure, la géométrie, la balance & les poids, tout se trouve réuni dans le pied & dans le* YO.

Le pied musical, ou *lu-tché*, disent les Savans qui ont travaillé sur cette matiere, est le pied qui fut employé par *Hoang-ty*; & le pied ordinaire, ou *tou-tché*, est le pied du
grand

grand *Yu* & de la dynastie *Hia*; c'est-à-dire, pour la mesure des choses ordinaires. Quoi qu'il en soit, c'est ce même *toutché*, divisé en dix pouces de dix lignes, qui a servi au Prince *Tsai-yu* pour déterminer la mesure des *lu*, de la maniere qui suit.

Pour s'accommoder à la portée des divers instrumens & des différentes voix, *Tsai-yu* a rangé les *lu* sous trois classes. Sous la premiere, il met les *lu*, qu'il appelle *doubles*, c'est-à-dire, ceux qui donnent les sons graves; sous la seconde, les *lu* moyens ou naturels; & sous la troisieme, ceux qu'il nomme les *moitiés de lu*, c'est-à-dire, les *lu* qui donnent l'octave au-dessus des *lu* moyens, par la raison qu'il a appellé *doubles*, ceux qui donnent l'octave au-dessous de ces mêmes *lu* moyens. Voici les dimensions qu'il donne à chacun des *lu* (k).

Dimensions des Lu, *suivant le pied ordinaire des* Hia, *dit* Tou-tché.

§. I.

Lu doubles, ou graves.

HOANG-TCHOUNG. Sa longueur est de 2 pieds, c'est-à-dire, de 20 pouces, ou de 200 lignes. Son diametre extérieur est de 7 lignes & sept centiemes de ligne. Son diametre intérieur est de 5 lignes.

(k) Il auroit été à souhaiter que le Prince *Tsai-yu*, qui a tant fait de recherches touchant la doctrine des Anciens sur la Musique, se fût apperçû que l'ordre qu'il suit ici pour les *lu* : *Hoang-tchoung*, *Ta-lu*, *Tay-tsou*, &c., etant relatif à celui des lunes, *Tsée*, *Tcheou*, *Yn*, *Mao*, &c., & à la progression triple, employée par les Anciens, n'eût pas appliqué à une pure combinaison des *lu*, à un ordre où ils se trouvent rangés par demi-tons, les noms etablis pour exprimer une série de consonnances. Quelle figure feroient en effet les nombres 1, 3, 9, 27, 81, &c., ou .... 81, 27, 9, 3, 1, à côté des sons *si*, *si* ♭, *la*, *la* ♭, *sol*, &c., ou *fa*, *fa* ✳, *sol*, *sol* ✳, *la*, &c. ? Voyez ci-devant note *h*, page 95.

O

TA-LU. Sa longueur est d'un pied, 8 pouces, 8 lignes, sept dixiemes & sept centiemes de ligne. Son diametre extérieur est de 6 lignes, six dixiemes & six centiemes de ligne. Son diametre intérieur est de 4 lignes, huit dixiemes & cinq centiemes de ligne.

TAY-TSOU. Sa longueur est d'un pied, 7 pouces, 8 lignes, $\frac{1}{10}$, $\frac{7}{100}$ de ligne. Son diametre extérieur est de 6 lignes, $\frac{6}{10}$, $\frac{7}{100}$ de ligne. Son diametre intérieur est de 4 lignes, $\frac{7}{10}$, $\frac{1}{100}$ de ligne.

KIA-TCHOUNG. Sa longueur est d'un pied, 6 pouces, 8 lignes, $\frac{1}{10}$, $\frac{7}{100}$ de ligne. Son diametre extérieur est de 6 lignes, $\frac{4}{10}$, $\frac{8}{100}$ de ligne. Son diametre intérieur est de 4 lignes $\frac{1}{10}$, $\frac{8}{100}$ de ligne.

KOU-SI. Sa longueur est d'un pied, 5 pouces, 8 lignes, $\frac{7}{10}$, $\frac{4}{100}$ de ligne. Son diametre extérieur est de 6 lignes, $\frac{2}{10}$, $\frac{2}{100}$ de ligne. Son diametre intérieur est de 4 lignes, $\frac{4}{10}$, $\frac{1}{100}$ de ligne.

TCHOUNG-LU. Sa longueur est d'un pied, 4 pouces, 9 lignes, $\frac{8}{10}$, $\frac{3}{100}$ de ligne. Son diametre extérieur est de 6 lignes, $\frac{1}{10}$, $\frac{2}{100}$ de ligne. Son diametre intérieur est de 4 lignes, $\frac{3}{10}$, $\frac{2}{100}$ de ligne.

JOUI-PIN. Sa longueur est d'un pied, 4 pouces, une ligne, $\frac{3}{10}$, $\frac{2}{100}$ de ligne. Son diametre extérieur est de 5 lignes, $\frac{9}{10}$, $\frac{4}{100}$ de ligne. Son diametre intérieur est de 4 lignes, $\frac{2}{10}$ de ligne.

LIN-TCHOUNG. Sa longueur est d'un pied, 3 pouces, 3 lignes, $\frac{4}{10}$, $\frac{8}{100}$ de ligne. Son diametre extérieur est de 5 lignes, $\frac{7}{10}$, $\frac{7}{100}$ de ligne. Son diametre intérieur est de 4 lignes, $\frac{8}{100}$ de ligne.

Y-TSÊ. Sa longueur est d'un pied, 2 pouces, 5 lignes, $\frac{9}{10}$, $\frac{9}{100}$ de ligne. Son diametre extérieur est de 5 lignes, $\frac{6}{10}$, $\frac{1}{100}$ de ligne. Son diametre intérieur est de 3 lignes, $\frac{9}{10}$, $\frac{6}{100}$ de ligne.

NAN-LU. Sa longueur eſt d'un pied, 1 pouce, 8 lignes, $\frac{9}{10}$, $\frac{2}{100}$ de ligne. Son diametre extérieur eſt de 5 lignes, $\frac{4}{10}$, $\frac{1}{100}$ de ligne. Son diametre intérieur eſt de 3 lignes, $\frac{8}{10}$, $\frac{1}{100}$ de ligne.

OU-Y. Sa longueur eſt d'un pied, 1 pouce, 2 lignes, $\frac{2}{10}$, $\frac{4}{100}$ de ligne. Son diametre extérieur eſt de 5 lignes, $\frac{2}{10}$, $\frac{9}{100}$ de ligne. Son diametre intérieur eſt de 3 lignes, $\frac{7}{10}$, $\frac{4}{100}$ de ligne.

YNG-TCHOUNG. Sa longueur eſt de 10 pouces, 5 lignes, $\frac{9}{10}$, $\frac{4}{100}$ de ligne. Son diametre extérieur eſt de 5 lignes, $\frac{1}{10}$, $\frac{4}{100}$ de ligne. Son diametre intérieur eſt de 3 lignes, $\frac{6}{10}$, $\frac{3}{100}$ de ligne.

§. II.

Lu moyens, ou naturels.

HOANG-TCHOUNG. Sa longueur eſt de 10 pouces, ou un pied. Son diametre extérieur eſt de 5 lignes. Son diametre intérieur eſt de 3 lignes, $\frac{1}{10}$, $\frac{3}{100}$ de ligne.

TA-LU. Sa longueur eſt de 9 pouces, 4 lignes, $\frac{3}{10}$, $\frac{8}{100}$ de ligne. Son diametre extérieur eſt de 4 lignes, $\frac{8}{10}$, $\frac{5}{100}$ de ligne. Son diametre intérieur eſt de 3 lignes, $\frac{4}{10}$, $\frac{1}{100}$ de ligne.

TAY-TSOU. Sa longueur eſt de 8 pouces, 9 lignes, $\frac{8}{100}$ de ligne. Son diametre extérieur eſt de 4 lignes, $\frac{5}{10}$, $\frac{8}{100}$ de ligne. Son diametre intérieur eſt de 3 lignes, $\frac{3}{10}$, $\frac{3}{100}$ de ligne.

KIA-TCHOUNG. Sa longueur eſt de 8 pouces, 4 lignes, $\frac{8}{100}$ de ligne. Son diametre extérieur eſt de 4 lignes, $\frac{1}{10}$, $\frac{8}{100}$ de ligne. Son diametre intérieur eſt de 3 lignes, $\frac{2}{10}$, $\frac{4}{100}$ de ligne.

KOU-SI. Sa longueur eſt de 7 pouces, 9 lignes, $\frac{3}{10}$, $\frac{7}{100}$ de ligne. Son diametre extérieur eſt de 4 lignes, $\frac{4}{10}$, $\frac{5}{100}$ de ligne. Son diametre intérieur eſt de 3 lignes, $\frac{1}{10}$, $\frac{4}{100}$ de ligne.

TCHOUNG-LU. Sa longueur est de 7 pouces, 4 lignes, $\frac{9}{10}$, $\frac{1}{100}$ de ligne. Son diametre extérieur est de 4 lignes, $\frac{3}{10}$, $\frac{2}{100}$ de ligne. Son diametre intérieur est de 3 lignes, $\frac{6}{100}$ de ligne.

JOUI-PIN. Sa longueur est de 7 pouces, $\frac{7}{10}$, $\frac{1}{100}$ de ligne. Son diametre extérieur est de 4 lignes, $\frac{2}{10}$ de ligne. Son diametre intérieur est de 2 lignes, $\frac{9}{10}$, $\frac{7}{100}$ de ligne.

LIN-TCHOUNG. Sa longueur est de 6 pouces, 6 lignes, $\frac{7}{10}$, $\frac{4}{100}$ de ligne. Son diametre extérieur est de 4 lignes, $\frac{8}{100}$ de ligne. Son diametre intérieur est de 2 lignes, $\frac{8}{10}$, $\frac{8}{100}$ de ligne.

Y-TSÊ. Sa longueur est de 6 pouces, 2 lignes, $\frac{9}{10}$, $\frac{9}{100}$ de ligne. Son diametre extérieur est de 3 lignes, $\frac{9}{10}$, $\frac{6}{100}$ de ligne. Son diametre intérieur est de 2 lignes, $\frac{8}{10}$ de ligne.

NAN-LU. Sa longueur est de 5 pouces, 9 lignes, $\frac{4}{10}$, $\frac{6}{100}$ de ligne. Son diametre extérieur est de 3 lignes, $\frac{8}{10}$, $\frac{1}{100}$ de ligne. Son diametre intérieur est de 2 lignes, $\frac{7}{10}$, $\frac{2}{100}$ de ligne.

OU-Y. Sa longueur est de 5 pouces, 6 lignes, $\frac{1}{10}$, $\frac{2}{100}$ de ligne. Son diametre extérieur est de 3 lignes, $\frac{7}{10}$, $\frac{4}{100}$ de ligne. Son diametre intérieur est de 2 lignes, $\frac{6}{10}$, $\frac{4}{100}$ de ligne.

YNG-TCHOUNG. Sa longueur est de 5 pouces, 2 lignes, $\frac{9}{10}$, $\frac{7}{100}$ de ligne. Son diametre extérieur est de 3 lignes, $\frac{6}{10}$, $\frac{3}{100}$ de ligne. Son diametre intérieur est de 2 lignes, $\frac{1}{10}$, $\frac{7}{100}$ de ligne.

§. III.

Lu aigus, ou demi-*lu*.

HOANG-TCHOUNG. Sa longueur est de 5 pouces, ou 50 lignes. Son diametre extérieur est de 3 lignes, $\frac{5}{10}$, $\frac{3}{100}$ de ligne. Son diametre intérieur est de 2 lignes, $\frac{5}{10}$ de ligne.

TA-LU. Sa longueur est de 4 pouces, 7 lignes, $\frac{1}{10}$, $\frac{9}{100}$ de ligne. Son diametre extérieur est de 3 lignes, $\frac{4}{10}$, $\frac{3}{100}$ de ligne. Son diametre intérieur est de 2 lignes, $\frac{4}{10}$, $\frac{2}{100}$ de ligne.

TAY-TSOU. Sa longueur est de 4 pouces, 4 lignes, $\frac{1}{10}$, $\frac{4}{100}$ de ligne. Son diametre extérieur est de 3 lignes, $\frac{3}{10}$, $\frac{3}{100}$ de ligne. Son diametre intérieur est de 2 lignes, $\frac{3}{10}$, $\frac{1}{100}$ de ligne.

KIA-TCHOUNG. Sa longueur est de 4 pouces, 2 lignes, $\frac{4}{100}$ de ligne. Son diametre extérieur est de 3 lignes, $\frac{2}{10}$, $\frac{4}{100}$ de ligne. Son diametre intérieur est de 2 lignes, $\frac{2}{10}$, $\frac{9}{100}$ de ligne.

KOU-SI. Sa longueur est de 3 pouces, 9 lignes, $\frac{6}{10}$, $\frac{8}{100}$ de ligne. Son diametre extérieur est de 3 lignes, $\frac{1}{10}$, $\frac{4}{100}$ de ligne. Son diametre intérieur est de 2 lignes, $\frac{2}{10}$, $\frac{2}{100}$ de ligne.

TCHOUNG-LU. Sa longueur est de 3 pouces, 7 lignes, $\frac{4}{10}$, $\frac{1}{100}$ de ligne. Son diametre extérieur est de 3 lignes, $\frac{6}{100}$ de ligne. Son diametre intérieur est de 2 lignes, $\frac{1}{10}$, $\frac{6}{100}$ de ligne.

JOUI-PIN. Sa longueur est de 3 pouces, 5 lignes, $\frac{3}{10}$, $\frac{1}{100}$ de ligne. Son diametre extérieur est de 2 lignes, $\frac{9}{10}$, $\frac{7}{100}$ de ligne. Son diametre intérieur est de 2 lignes, $\frac{1}{10}$ de ligne.

LIN-TCHOUNG. Sa longueur est de 3 pouces, 3 lignes, $\frac{3}{10}$, $\frac{7}{100}$ de ligne. Son diametre extérieur est de 2 lignes, $\frac{8}{10}$, $\frac{8}{100}$ de ligne. Son diametre intérieur est de 2 lignes, $\frac{4}{100}$ de ligne.

Y-TSÊ. Sa longueur est de 3 pouces, une ligne, $\frac{4}{10}$, $\frac{9}{100}$ de ligne. Son diametre extérieur est de 2 lignes, $\frac{8}{10}$ de ligne. Son diametre intérieur est d'une ligne, $\frac{9}{10}$, $\frac{8}{100}$ de ligne.

NAN-LU. Sa longueur est de 2 pouces, 9 lignes, $\frac{7}{10}$, $\frac{3}{100}$ de ligne. Son diametre extérieur est de 2 lignes, $\frac{7}{10}$, $\frac{2}{100}$ de ligne. Son diametre intérieur est de 1 ligne, $\frac{9}{10}$, $\frac{8}{100}$ de ligne.

OU-Y. Sa longueur est de 2 pouces, 8 lignes, $\frac{6}{100}$ de ligne. Son diametre extérieur est de 2 lignes, $\frac{6}{10}$, $\frac{4}{100}$ de ligne. Son diametre intérieur est de 1 ligne, $\frac{8}{10}$, $\frac{7}{100}$ de ligne.

YNG-TCHOUNG. Sa longueur est de 2 pouces, 6 lignes, $\frac{4}{10}$, $\frac{5}{100}$ de ligne. Son diametre extérieur est de 2 lignes, $\frac{1}{10}$, $\frac{7}{100}$ de ligne. Son diametre intérieur est de 1 ligne, $\frac{8}{10}$, $\frac{1}{100}$ de ligne.

Telles doivent être, selon *Tsai-yu*, les dimensions des trente-six tuyaux qui donnent les *lu* de trois octaves (*l*). Il prétend qu'avec ces dimensions on a au juste les véritables tons de la Musique des Anciens, & en particulier de celle qui etoit en usage du tems de *Hoang-ty*. Je n'oserois contredire ses prétentions; elles sont trop bien fondées (*m*). Il ajoute qu'il ne croit pas que les voix des Anciens pussent embrasser tout l'intervalle de ces trois octaves ; & que comme ils n'inventerent leur systême de musique qu'en le subordonnant à l'etendue de la voix humaine, dont les instrumens ne doivent être que les soutiens, les aides, ou les supplémens, il se regarde comme suffisamment autorisé à resserrer ce systême dans les bornes de deux octaves (*n*), de la maniere qu'il est représenté à la figure 4, *b*. Il fixe au nombre de six, tant les *lu* aigus que les *lu* graves, c'est-à-dire, ceux qui ne sont pas de l'octave moyenne ou naturelle. *Au-dessus du lu* Yng-tchoung, *qui est le plus haut des douze lu naturels*, dit-il, *la voix humaine ne monte, pour l'ordinaire,*

(*l*) C'est-à-dire, de trois fois les douze *lu*, qui font bien trente-six sons, mais non pas trois octaves. Pour avoir les *lu* de trois octaves, il faudroit, après *yng-tchoung*, dernier des sons aigus, ajouter encore la replique du *hoang-tchoung*, ou *fa*, qui seroit le trente-septieme son, & complette-roit les trois octaves. Voyez ci-devant note *b*, page 87.

(*m*) Les calculs du Prince *Tsai-yu* n'etant fondés que sur ce qu'il regarde comme des correctifs nécessaires à la progression triple (Voyez ci-après art. 5), on peut oser contredire ses prétentions, puisque les *véritables tons* des Anciens, n'etoient que le résultat d'une série de quintes justes, telles que les donne la progression triple. On verra d'ailleurs, à l'article 13 de cette seconde Partie, quel est le systême du Prince *Tsai-yu*.

(*n*) C'est-à-dire, de vingt-quatre *lu*; douze moyens, six aigus & six graves. Voyez la figure citée dans le texte. Les deux octaves ne sont pas complettes dans cette figure. Il faudroit, pour avoir deux octaves, supposer, du côté de l'aigu, la répétition du son le plus grave, c'est-à-dire, de *joui-pin*, ou *fi*, ou supposer au-dessous de ce son grave, la répétition du son le plus aigu, de *tchoung-lu*, ou *la-diese*.

que jusqu'au TCHOUNG-LU; & au-dessous du HOANG-TCHOUNG, elle ne sauroit descendre plus bas que le JOUI-PIN. Au-dessus ou au-dessous de ces deux termes, ce seroit un nouveau système.

C'est donc sur ces sons, & uniquement sur ces sons, selon le Prince *Tsai-yu*, qu'est fondé tout le système musical des anciens Chinois, comme on le verra bientôt.

Les Modernes l'ont un peu raccourci, en supprimant encore deux *lu* de chaque côté, c'est-à-dire, les deux *lu* les plus aigus, & les deux *lu* les plus graves du système des Anciens. *Au-dessus de Kia-tchoung*, disent les Chinois modernes pour leurs raisons, *la voix n'est plus naturelle; elle ne donne que le fausset: au-dessous de Y-TSÉ les sons qu'elle donne sont des especes de râlemens.*

Quoique le Prince *Tsai-yu* adopte lui-même ce retranchement des modernes, comme on le verra à l'article suivant, il me semble que la suppression des deux *lu*, de chacun des extrêmes, loin d'avoir perfectionné la Musique des Anciens, l'a entiérement défigurée. La suite de ce que j'ai extrait des Livres, tant anciens que modernes, mettra le Lecteur à portée de pouvoir juger.

ARTICLE QUATRIEME.

FORMATION DU SYSTÉME MUSICAL DES CHINOIS.

LES *lu*, ainsi que je l'ai déja dit, sont des sons qui ne different l'un de l'autre, en montant ou en descendant par degrés conjoints, que de l'intervalle que nous appellons un demi-ton. Ce fut d'abord avec ces demi-tons que les anciens Chinois formerent leur système. Ils ne notoient leurs airs, ils ne désignoient les intervalles, que par les noms des douze *lu*. Cette méthode;

toute facile, toute commode, toute exacte même qu'elle etoit, leur parut n'être pas suffisante pour embrasser toute l'etendue d'un syſtême accompli. Ils joignirent l'*yn* à l'*yang*, c'eſt-à-dire, l'imparfait au parfait, un *lu* du ſecond ordre, à un *lu* du premier ordre, & ces deux ſons réunis furent appellés tons.

Après avoir combiné de bien des manieres, pour pouvoir faire de ces tons un arrangement qui pût repréſenter l'ordre harmonique des *lu*, ils firent une echelle de cinq tons & de deux demi-tons (*o*). Ils donnerent aux tons les noms de *koung*,

(*o*) Pourquoi ces demi-tons, voudrois-je demander aux Chinois, qui penſent que les premiers elémens de la Muſique conſiſtent dans une ſérie de demi-tons, & ſur-tout de demi-tons egaux entr'eux, comme ils le ſuppoſent? Quelle raiſon auroient eue les Inſtituteurs, en combinant une ſuite de demi-tons, les accouplant deux à deux pour en tirer un ſyſtême tout différent, une echelle compoſée de tons; quelle raiſon, dis-je, auroient-ils eue de faire entrer auſſi des demi-tons dans cette echelle, d'y placer des ſons iſolés & non accouplés comme les autres? Pourquoi n'auroient-ils pas compoſé tout de ſuite leur echelle combinée, de ſept degrés, de *ſept tons*, comme *fa*, *ſol*, *la*, *ſi*, *ut*※, *re*※, *mi*※? car ce dernier *ton*, pour parler comme les Chinois, ce *mi-dieſe*, devra completter l'echelle, en ſonnant l'octave de *fa*, s'il eſt vrai que les demi-tons ſoient egaux entr'eux. Mais faites travailler les Inſtituteurs ſur un fond de conſonnances, donnez-leur, au lieu de demi-tons, les ſept LU, *fa*, *ut*, *ſol*, *re*, *la*, *mi*, *ſi*, que vous répéterez pluſieurs fois, ſi vous voulez, & ils n'auront plus à *combiner de bien des manieres*, ni à rechercher ſi des tons ſeuls peuvent former une echelle, ou s'il faut la mêlanger, & comment la mêlanger, de tons & de demi-tons.

EXEMPLE.

FA, *ut*, ſol, *re*, la, *mi*, ſi, *fa*, ut, *ſol*, re, *la*, mi, *ſi*, fa, *ut*, ſol, *re*, la, &c.

Prenez de deux en deux les ſons de cet Exemple, & vous aurez des echelles toutes faites, toutes aſſorties de leurs demi-tons, s'il en faut, ſans autre combinaiſon que celle de prendre, comme je le dis, les ſons de deux en deux : premier, troiſieme, cinquieme, &c., ou deuxieme, quatrieme, ſixieme, &c. Commencez par *fa*, vous aurez l'echelle chinoiſe, *fa ſol la ſi ut re mi* ; commencez par *ſi*, vous aurez l'echelle des Grecs, *ſi ut re mi fa ſol la*;

chang,

chang, *kio*, *tché*, *yu*, & les deux demi-tons furent appellés, l'un *pien-koung*, c'est-à-dire, *qui devient koung*, & l'autre *pien-tché*, c'est-à-dire, *qui devient tché*. Voyez la figure 5, *b*; elle comprend l'echelle entiere du systême, les *lu*, les noms anciens & modernes des tons de la Musique chinoise, & les noms des notes qui, dans notre Musique, correspondent aux tons des Chinois.

En commençant cette echelle par le degré le plus bas, elle dit, selon les anciens noms chinois, *pien-tché*, *tché*, *yu*, *pien-koung*; ensuite : *koung*, *chang*, *kio*, *pien-tché*, *tché*, *yu*, *pien-koung*; & enfin, *koung*, *chang*, *kio*; ce qui, selon nos notes, répond à *si ut re mi : fa sol la si ut re mi : fa sol la*.

En appliquant successivement cette echelle à chaque *lu*, les anciens Chinois faisoient 84 modulations différentes, en ce sens, que les douze *lu* etant stables, les seuls tons etoient mobiles, & changeoient chacun douze fois de place, comme on le voit à la figure 6.

Les 84 modulations, représentées dans cette figure, ont paru défectueuses au Prince *Tsai-yu*, en ce qu'elles s'etendent trop du côté de l'aigu. Il les a arrangées d'une autre maniere, en les bornant au lu *kia-tchoung*, selon les idées des Modernes,

par *sol*, vous aurez la gamme de Gui d'Arezzo, *sol la si ut re mi fa*; par *ut*, vous aurez notre echelle du mode majeur, *ut re mi fa sol la si*; prenez enfin en rétrogradant, & commencez par le dernier *la*, vous aurez notre echelle du mode mineur, *la sol fa mi re ut si* (*la*); & vous conclurez, de ces divers résultats, que ni une echelle, ni encore moins une suite de demi-tons, ne sont les premiers élémens sur lesquels on a posé les principes de la Musique. Ce sont en effet les consonnances qui ont fourni aux hommes leurs différentes echelles, leurs divers *arrangemens de tons*, comme s'exprime le texte, pour *représenter l'ordre HARMONIQUE des LU*. Paroles bien remarquables ici, & dont cette note n'est, comme on voit, que le développement. Voyez la note *aa* de la premiere Partie, page 73.

P

& comme je l'ai dit à la fin de l'article précédent. Ce nouvel arrangement, difent les Chinois, vaut beaucoup mieux que l'ancien. Mais eft-il plus conforme à la fimplicité primitive des Inventeurs ? C'eft fur quoi ils feroient peut-être embarraffés de décider.

Pour mettre le Lecteur à portée de juger lui-même, je lui préfente la table corrigée, dans la figure 7. Je le prie de faire attention, en l'examinant, que lorfque je me fers du terme de moduler, je n'entends dire autre chofe, fi ce n'eft que tel *lu*, par exemple, fait tel ton. Ainfi, quand je dis : *kia-tchoung* module en *koung* ; *tchoung-lu* module en *chang* ; *lin-tchoung* module en *kio*, &c., c'eft comme fi je difois : le ton que donne *kia-tchoung* eft alors le *koung*, le ton que donne *tchoung-lu* eft *chang*, celui de *lin-tchoung* eft *kio*, &c. (*p*).

(*p*) C'eft comme nous dirions : *kia-tchoung* eft premier degré ; *tchoung-lu*, fecond degré ; *lin-tchoung*, troifieme degré, &c. On peut voir ce que j'ai dit à ce fujet, note *k* de la premiere Partie, p. 47. Voici le rapport des tons Chinois avec ces degrés.

EXEMPLE.

1er. degré. 2me. 3me. 4me. 5me. 6me. 7me. octave.
Koung, Chang, Kio, Pien-tché, Tché, Yu, Pien-koung, Koung.

Au refte, fans vouloir décider la queftion que le P. Amiot laiffe au jugement du Lecteur ; favoir, fi l'arrangement que le Prince *Tfai-yu* propofe dans cette figure 7, vaut mieux que celui des Anciens, expofé à la figure 6, j'obferverai que le fyftême des Anciens me paroît n'avoir aucune relation avec la portée de la voix. Je penfe en effet que les Anciens qui avoient une multitude de *lu* : les graves, les moyens & les aigus, comme on l'a vu à l'article précédent, n'ont voulu repréfenter autre chofe, par la figure 6, que les degrés qui correfpondent à chacun des *lu*, pris alternativement pour premier degré, ou pour parler chinois, pris pour faire le *koung*. D'après ce plan, ils ont dû pofer fucceffivement le *koung* fur chacun des LU, *fa*, *fa* ※, *fol*, *fol* ※, &c., comme on le voit dans la figure, au premier *lu* de chaque colonne. En examinant enfuite chacune de ces colonnes en particulier, on voit que fi le premier *lu*, le *hoang-*

On fera peut-être furpris de voir qu'en traduifant les tons & les *lu* des Chinois, je fais répondre le ton générateur, le *hoang-tchoung*, à notre *fa*, & non pas à l'*ut*, qui eft le premier fon de notre gamme. J'en ai agi ainfi, 1°. parce qu'en prenant *fa* pour le fon générateur, tout le fyftême diatonique des Chinois fe trouve rendu par des notes naturelles, fans avoir recours à aucune diefe, fi ce n'eft pour les *lu* qui font hors du fyftême diatonique; 2°. parce que l'intonation en eft plus conforme à celle des Chinois; 3°. parce qu'alors les cinq tons *koung*, *chang*, *kio*, *tché*, *yu*, & les deux *pien*, ou demi-tons, *pien-koung* & *pien-tché*, peuvent moduler fans fortir des bornes du fyftême; 4°. enfin, parce qu'après avoir noté des airs chinois à notre maniere, en faifant répondre le *koung* au *fa*, j'ai toujours fatisfait les oreilles chinoifes en les exécutant; ce qui n'eft point arrivé quand j'ai rendu le *koung* par *ut*, ou par toute autre note. On pourroit peut-être en trouver la raifon, ou dans la nature de nos inftrumens, ou dans la maniere dont les Chinois montent, ou percent les leurs, & auxquels ils font accoutumés.

tchoung, ou *fa*, eft *koung*, c'eft-à-dire, premier degré, *tay-tfou* fera *chang*, ou fecond degré, *kou-fi* fera *kio* ou troifieme degré, &c.; & que fi *ta-lu*, ou *fa* ✳, eft *koung*, *kia-tchoung*, ou *fol* ✳, fera *chang*, c'eft-à-dire, fecond degré, *tchoung-lu* fera *kio*, ou troifieme degré, &c., & ainfi de fuite pour chaque colonne.

Quant au fyftême de la figure 7, que le Prince *Tfai-yu* a voulu arranger, relativement à la portée des voix, il me femble qu'en fuivant même ce plan, il auroit pu l'arranger d'une maniere moins embrouillée. Mais je perfifte à croire que le fyftême des Anciens n'ayant aucune relation, comme je l'ai dit, avec les *lu* formés par la voix, mais feulement avec ceux que repréfentent les tuyaux, n'avoit befoin que d'être compris, & non pas d'être différemment arrangé. J'en remets, comme le P. Amiot, le jugement au Lecteur.

ARTICLE CINQUIEME.

Génération des Lu.

IL eſt aiſé de parler des *lu*, dit *Tſai-yu*; il eſt aiſé de les repréſenter, en quelque ſorte, au moyen de cordes ou de tuyaux; mais il eſt très-difficile d'en parler exactement, & il eſt plus difficile encore de les repréſenter avec la derniere juſteſſe.

Après ce début & quelques excurſions ſur différens Ouvrages qui ont eté faits ſur la Muſique, depuis la renaiſſance des Lettres ſous les *Han*, il conſeille à ceux qui auroient quelque envie de travailler ſur les *lu*, d'eviter avec grand ſoin les inconvéniens dans leſquels ſont tombés *Lieou-hing*, *Pan-kou*, & particuliérement ceux qui ont ecrit du tems de *Ouang-mang*, c'eſt-à-dire, entre la huitieme année de l'ere chrétienne & la vingt-troiſieme; en ſecond lieu, de ne pas tant s'attacher à ſuivre la progreſſion triple des Anciens, qu'ils n'en ajoutent quelqu'autre pour lui ſervir de ſupplément, & même de correctif dans certaines occaſions (*q*).

Le LU *primitif & fondamental*, dit-il, *ne dépend, ni du calcul, ni de la meſure; c'eſt par lui au contraire qu'on s'eſt formé*

(*q*) Voici la raiſon de ce *correctif*. La progreſſion triple donne une ſuite de douziemes, ou quintes, juſtes. Un certain nombre de ces quintes fournit, par ſa combinaiſon, une ſuite de demi-tons différens entr'eux, l'un dit *majeur*, l'autre *mineur*. Voyez ci-devant note *e*, page 92. Or, lorſque dans un ſyſtême de Muſique on veut avoir des demi-tons, entre leſquels il n'y ait pas cette différence de majeur & de mineur, il faut alors, pour ces demi-tons neutres, ou recourir à ce que les Européens appellent *tempérament*, ou imaginer quelque *correctif*, comme le recommande le Prince *Tſai-yu*, afin que chaque quinte, obtenue par la progreſſion triple, puiſſe tomber juſte au point idéal où l'on ſouhaite placer le demi-ton.

au calcul, & qu'on a réglé les mesures.... Ce seroit dénaturer le HOANG-TCHOUNG que de le soumettre à une mesure arbitraire. Tenons-nous en à la méthode qui a eu lieu depuis HOANG-TY jusqu'aux HAN, c'est-à-dire, concevons le HOANG-TCHOUNG, composé de 81 parties egales, & partons de-là. Quatre-vingt-un est le nombre de la figure LO-CHOU. Ce nombre est YANG, ou parfait; il est le produit de 9, multiplié par lui-même. Neuf vient de 3, & 3 vient de 1. Aux nombres de la figure LO-CHOU, qui sont YANG, joignez ceux de la figure HO-TOU, qui sont YN, & vous en déduirez la valeur de chaque LU avec toute l'exactitude possible (r).

Après plusieurs pages, d'un langage à-peu-près semblable à celui que je viens d'exposer, il conclut que pour se former une idée juste de la Musique des Anciens, il ne faut s'attacher qu'à bien comprendre ce qui en est dit dans le *Tcheou-ly*, Ouvrage composé par *Tcheou-koung*, au moins onze cens ans avant l'ere chrétienne; dans le *Tso-tchouen*, ou Commentaires de *Tso-kieou-ming*, l'un des Historiens du Royaume de *Lou*, du tems de Confucius, dont il etoit l'ami; dans le *Koué-yu*, excellent Ouvrage, fait avant la décadence des *Tcheou*, dans lequel on trouve à chaque pas les précieux vestiges de la plus haute antiquité; & sur-tout dans le *Lu-lan* de *Koang-tsée*, qui etoit Ministre d'Etat dans le Royaume de *Tsi*, sous *Hoang-koung*, environ six cens ans avant Jesus-Christ. *On ne sauroit, dit-il, s'ecarter de la vraie route, en suivant de pareils guides.* Un autre ancien Auteur dont il fait beaucoup de cas, & dont il cite souvent les paroles, est *Hoai-nan-tsee*, ainsi appellé parce

---

(r) Si la progression triple 1, 3, 9, &c., enoncée assez expressément ici, donne *la valeur de chaque LU avec toute l'exactitude possible*, comment peut-on vouloir ajouter à cette progression, quelque *supplément*, ou même quelque *correctif*, comme le conseilloit tantôt le Prince *Tsai-yu*, puisqu'en altérant la progression triple, on détruit en même tems la juste valeur des *lu* que doit donner cette progression?

qu'il etoit Roi de *Hoai-nan* (*s*). Ce que dit cet illuftre Auteur fur les *lu* mérite d'avoir fa place ici, parce que c'eft comme un précis de tout ce qui en avoit eté dit depuis *Hoang-ty* jufqu'aux *Tcheou*.

« Le principe de toute doctrine, dit *Hoai-nan-tfée*, eft *un*. » Un, en tant que feul, ne fauroit engendrer; mais il engen- » dre tout, en tant qu'il renferme en foi les deux principes, » dont l'accord & l'union produifent tout. C'eft dans ce fens » qu'on peut dire 1 engendre 2; 2 engendre 3, & de 3 toutes » chofes font engendrées.

» Le ciel & la terre forment ce que nous appellons en géné- » ral *le tems*. Trois lunaifons forment un *che* (une faifon). C'eft » pourquoi, lorfqu'anciennement on faifoit les cérémonies » refpectueufes en l'honneur des Ancêtres, on faifoit trois » offrandes (*t*), on pleuroit trois fois. Les anciennes armées, » quelque nombreufes qu'elles fuffent, n'etoient jamais com- » pofées que de trois *kiun* (c'eft-à-dire, de trois grands » corps), &c.

» Il en eft ainfi pour les *lu*. Un engendre 3, 3 engendre 9, » 9 engendre 81 (*u*). Un, c'eft le *hoang-tchoung*; 81, font les

---

(*s*) « On l'appelle auffi *Hoai-* » *nan-vang* (Ouang), parce qu'il » etoit Roi de *Hoai-nan*. Son Palais » etoit une académie de Savans, » avec lefquels il creufoit dans » l'antiquité la plus reculée; c'eft » pourquoi fes Ouvrages font très- » curieux, & fon ftyle eft très- » beau ». *Note du P. de Premare*, *dans fon* Difcours Préliminaire, *mis à la tête du* Chou-king, *publié par M. de Guignes*, *Paris 1770*, *page* xlvj.

Hoai-nan-tfee, felon une note du P. Amiot, dans fes premiers manufcrits fur la Mufique, vivoit 105 ans avant Jefus-Chrift. *Cahier B*; *n*°. *14*, *note 82*.

(*t*) Voyez dans le *Mémoire fur la Mufique des Anciens*, la note *yyy*, page 80, touchant les trois offrandes des Egyptiens, &c., & fur le nombre 3.

(*u*) Le nombre 9 n'engendre pas directement 81; il engendre 27, parce que trois fois neuf font 27; & c'eft de la même maniere que 27 engendre 81. Si ce n'eft pas ici une omiffion, de la part de *Hoai-nan-tfee*, il a pu dire, dans

» parties qui le composent. Le *koung* de *hoang-tchoung* est le
» pere, le chef, le général de tous les autres tons. C'est pour
» cette raison que la place du *hoang-tchoung* est à *tsée*, qui
» désigne la onzieme lune, celle où se trouve le solstice d'hiver.
» Son nombre est 81.

(*x*) » La onzieme lune engendre, en descendant, la sixieme
» lune, où se trouve *lin-tchoung*, dont le nombre est 54.

» La sixième lune engendre, en montant, la premiere lune,
» qui est la place naturelle de *tay-tsou*, dont le nombre est 72.

un très-bon sens, que 9 engendre 81, c'est-à-dire, au moyen d'une génération intermédiaire, tout de même qu'on pourroit dire du même 81, qu'il est engendré de 3, ou même de 1 ; car 3, 9, 27 & 81, viennent de 1, souche commune de tous les termes de la progression triple, qu'il est aisé de reconnoître ici.

(*x*) Pour l'intelligence du reste de ce passage, je vais mettre ici l'ordre des lunes, celui des *lu*, & sur-tout les sons que *Hoai-nan-tsee* fait correspondre aux *lu*. Comme il ne s'agit pas ici d'une génération de lunes, mais bien de celle des sons, ou *lu*, qui correspondent aux lunes, on pourroit être embarrassé pour concevoir comment les Chinois descendent de *fa* à *ut*, en passant par les demi-tons *fa fa*✳ *sol sol*✳ *la la*✳ *si ut*, ou comment ils montent d'*ut* à *sol*, en passant par *ut si la*✳ *la sol*✳ *sol*. Ainsi, lorsque l'Auteur se sert de l'expression *en descendant*, ou de l'expression *en montant*, on n'aura qu'à descendre ou à monter réellement, d'une ligne à l'autre, dans chacune des colonnes de l'exemple suivant.

LUNES.	LU.	SONS.
XI.	Hoang-tchoung	*fa*. . . 81.
XII.	Ta-lu	*fa*✳.
I.	Tay-tsou	*sol*. . . 72.
II.	Kia-tchoung	*sol*✳.
III.	Kou-si	*la*. . . 64.
IV.	Tchoung-lu	*la*✳.
V.	Joui-pin	*si*.
VI.	Lin-tchoung	*ut*. . . 54.
VII.	Y-tsê	*ut*✳.
VIII.	Nan-lu	*re*. . . 48.
IX.	Ou-y	*re*✳.
X.	Yng-tchoung	*mi* (43).

» La premiere lune engendre, en defcendant, la huitieme
» lune, où fe trouve le *nan-lu*, dont le nombre eft 48.

» La huitieme lune engendre, en montant, la troifieme lune,
» où fe trouve le *kou-fi*, dont le nombre eft 64.

» La troifieme lune engendre, en defcendant, la dixieme
» lune, où fe trouve *yng-tchoung*, dont le nombre eft 43.

» La dixieme lune engendre, en montant, la cinquieme
» lune, où fe trouve *joui-pin*, dont le nombre eft 57.

» La cinquieme lune engendre, en montant, la douzieme
» lune, qui eft la place naturelle de *ta-lu*, dont le nombre
» eft 76.

» La douzieme lune engendre, en defcendant, la feptieme
» lune, où fe trouve *y-tfé*, dont le nombre eft 51.

» La feptieme lune engendre, en montant, la feconde lune,
» où eft le *kia-tchoung*, dont le nombre eft 68.

» La feconde lune engendre, en defcendant, la neuvieme
» lune, place naturelle du *ou-y*, dont le nombre eft 45.

» La neuvieme lune engendre, en montant, la quatrieme
» lune, où eft le *tchoung-lu*, dont le nombre eft 60 ».

Telle eft la génération des douze *lu*, donnée par *Hoai-nan-tfée*, plufieurs fiecles avant l'ere chrétienne; & en expofant ainfi cette génération, ce favant Auteur ne prétend donner qu'un précis de la doctrine des plus anciens Ecrivains de fa nation (*y*).

(*y*) C'eft un vrai malheur pour les Chinois. La génération dont il s'agit ici n'embraffe que leurs cinq tons, *fa fol la ut re*, donnés, comme on l'a vu, par les lu *fa ut fol re la*. Tous les autres lu font irrationnels & abfolument etrangers au principe qui donne les cinq tons. Les nombres fixés à ces cinq tons, & que j'ai tranfcrits dans l'exemple de la note précédente, d'après le texte, font 81, 72, 64, 54, 48. De ces nombres, le feul 81 eft radical; les autres font les différentes octaves des radicaux 27, 9, 3 & 1, donnant, avec 81, la férie de fons,

81. 27. 9. 3. 1.
fa ut fol re la.

Il eft aifé de voir que c'eft ici la

Les

DES CHINOIS, II. Part.

Les figures 8, 9 & 10 mettront cette doctrine sous les yeux du Lecteur. La figure 8 représente, 1°. le *koung* du *hoang-tchoung*, regardé comme son fondamental & générateur de

même génération décrite dans le texte, & qui se réduit, selon l'exemple de la note précédente, à ce que *fa* engendre *ut* ; qu'*ut* engendre *sol*, que *sol* engendre *re*, que *re* engendre *la*. Mais cette génération ne s'étend pas plus loin. Le dernier son, *la* 64, qui répond à *kou-sî* dans le texte, n'engendre pas *yng-tchoung*, ou *mi*, porté à 43. Ce nombre est irrationnel, & un *mi* ainsi entonné n'est pas la quinte de 64. Le *la* 64 a pour quinte *mi* $42\frac{2}{3}$, si l'on veut suivre l'ordre de génération déja etabli, & qu'on voit bien qu'aucune raison, aucune considération, ne peuvent permettre d'interrompre.

Il paroît donc par ce texte, qui a déja quelque ancienneté, puisque *Hoai-nan-tsée*, selon ce qu'on a vu à la note s, page 118, vivoit 105 ans avant Jesus-Christ, il paroît, dis-je, que les Chinois postérieurs de quelques siecles aux Instituteurs, prenant d'abord la progression triple à rebours, & la faisant commencer par le terme 81, n'ont plus su où passer quand ils sont arrivés à 1. Ou peut-être ont-ils craint de se jetter dans les fractions ; car les termes qui suivent 1, en voulant continuer la même progression, sont $\frac{1}{3}$; $\frac{1}{9}$; $\frac{1}{27}$, &c. Mais dans ce cas, il y avoit un moyen bien simple, que j'indiquerai ailleurs (*Premiere Observation*, à la fin du Mémoire). Revenons au *la* 64 : ce son a pour quinte, comme je l'ai déja annoncé, *mi* $42\frac{2}{3}$, septieme octave au-dessous du nouveau nombre radical $\frac{1}{3}$. La quinte de ce *mi*, est *si* $56\frac{8}{9}$, neuvieme octave au-dessous du radical $\frac{1}{3}$. Il n'est pas nécessaire d'examiner les autres sons engendrés du *mi* 43. Il suffit que celui-ci ne soit plus harmonique lui-même avec ceux qui précedent, pour que toutes les quintes que fournit 43, soient irrationnelles, fausses, exharmoniques, quand même elles seroient toutes justes entr'elles ; & c'est malheureusement ce qu'on ne trouve pas dans les nombres énoncés par *Hoai-nan-tsée*, pour les sons ultérieurs, *si*, *fa* ✳, *ut* ✳, &c. Le *si*, par exemple, pour former la quarte juste au-dessous de *mi*, posé à 43, doit être $57\frac{1}{3}$. Or ce *si*, ou ce qui est la même chose, le *joui-pin*, dans le texte, n'est qu'à 57, d'où il ne peut former, ni la quarte du son irrationnel 43, ni celle du son $42\frac{2}{3}$, quinte juste de *la* 64. On est fâché de conclure de tout ceci, que dès long-tems les Chinois ont perdu la marche des principes simples, mais sublimes en même tems, posés, soit par *Hoang-ty*, soit par tout autre. Principes que son Instituteur a consignés dans la progression triple, & dont il ne faut que connoître l'usage pour s'épargner bien des calculs, des tâtonnemens, & mille peines perdues pour l'oreille, qui n'admet que des sons justes.

Q

tous les autres fons ; 2°. les douze *lu* & leur génération ; 3°. les caracteres cycliques qui défignent chacun des douze *lu*; 4°. la correfpondance qu'on fuppofe entre les douze *lu* & les douze lunaifons, dont une année commune eft compofée.

La figure 9, *a*, contient les nombres employés par les plus anciens Chinois pour la formation de leurs *lu*. Les nombres fupérieurs qui répondent à chaque *lu*, favoir, 81, 76, 72, &c., font les nombres entiers qui expriment la mefure, dont les nombres inférieurs repréfentent les parties ou fractions.

La formation des douze *lu*, par la progreffion triple, depuis l'unité jufqu'au nombre 177147 inclufivement, date encore des premiers fiecles de la Monarchie chinoife, & l'addition qu'on y a faite, par maniere de fupplément ou de correction, eft antérieure de bien des fiecles au tems où vivoit Pythagore. Ainfi, ce n'eft point des Grecs que les Chinois ont emprunté leur fyftême mufical; & l'on n'eft point fondé à dire qu'ils l'ont pris des Egyptiens, puifqu'il eft evident que le fyftême chinois a eté trouvé du tems de *Hoang-ty*, & que le tems de *Hoang-ty* précede de bien des fiecles, celui où l'on fait vivre l'Inventeur de la lyre. Voyez la figure 9, *b*, où fe trouve toute la férie de la progreffion triple, augmentée d'une autre progreffion, alternativement double & quadruple.

La figure 10 repréfente cette même génération des *lu* par des lignes courbes qui les lient les uns aux autres. On lit, à droite, que *les LU longs engendrent, en defcendant, les LU courts*, & que *la génération defcendante fe fait après un intervalle de 8 ;* on voit, à gauche, que *les LU courts engendrent, en montant, les LU longs*, & que *la génération montante fe fait après un intervalle de 6* (*z*).

(*z*) Ces expreffions *en defcendant*, *en montant*, font relatives à la maniere dont les *lu* font ecrits dans cette figure, & en général à l'ecriture des Chinois, qu'on fait être par colonnes & en defcendant.

DES CHINOIS, II. Part. 123

Pour exprimer ce langage à notre maniere, on peut dire que le premier son fondamental, le *hoang-tchoung*, ou *fa*, placé au haut de la figure, engendre sa quinte *ut*; qu'*ut* engendre à son tour sa quinte *sol*, placée à la quarte au-dessous d'*ut*, en remontant dans la figure; que *sol* produit sa quinte *re*; que *re* produit sa quinte *la*, placée encore ici à la quarte au-dessous de ce même *re*, & en remontant dans la figure; & ainsi du reste, en suivant toujours les lignes courbes, qui conduisent d'un *lu* à un autre, dans l'ordre de leur génération réciproque.

La figure 11 représente une main harmonique, portant sur quatre de ses doigts les noms des douze *lu*, que je me suis contenté de désigner par les chiffres 1, 2, 3, &c. Ces *lu* sont placés comme s'ils formoient la circonférence d'un cercle, dont le centre seroit entre le doigt du milieu & l'auriculaire, c'est-à-dire, sur le quatrieme doigt. En posant le pouce sur le *lu*, par lequel on veut faire commencer le son principal d'un mode, on fait le tour, en commençant par ce *lu*, qui devient alors le premier dans l'ordre numérique. Cette maniere de compter est très-aisée pour un Chinois, parce qu'il est accoutumé dès l'enfance à supputer ainsi sur ses doigts, les années du cycle, pour pouvoir assigner sur le champ l'intervalle d'une telle époque, d'une telle date, à telle autre.

Ainsi, dans la suite des modes, *koung*, *tché*, *chang*, &c., inscrits sur le côté droit, au haut de la planche, si *koung*, ou *fa*, est pris pour le son principal d'un mode, puisque *koung*

Si l'on ecrit de la même maniere les sons *ut re mi fa*, par exemple, on trouvera que pour passer d'*ut* à *re*, à *mi*, à *fa*, les yeux descendent, pendant que l'esprit monte; & c'est le contraire pour revenir de *fa* à *mi*, à *re*, &c. Voyez l'exemple de la note *x*, page 119. Ainsi la génération descendante des Chinois, est, pour les Européens, une progression de sons qui montent; & leur génération montante, une progression de sons qui descendent.

Q ij

répond à *hoang-tchoung*, l'ordre des *lu* commencera par *hoang-tchoung*, c'est-à-dire, comme au premier rang des cases inférieures, qui répond au premier mode, & les autres *lu* seront *ta-lu*, *tay-tsou*, &c., selon les chiffres supérieurs qui indiquent leur ordre, en allant de droite à gauche. Si *tché*, ou *ut*, est pris pour le son principal d'un mode, puisque *tché* répond à *lin-tchoung*, alors l'ordre des *lu* commencera par *lin-tchoung*, c'est-à-dire, comme au n°. II des chiffres romains : *lin-tchoung*, *y-tsé*, *nan-lu*, &c, toujours de droite à gauche, & en suivant les chiffres supérieurs. Si *chang*, ou *sol* est pris pour le son principal d'un mode, l'ordre des *lu* sera comme au n°. III des mêmes chiffres romains, & ainsi de suite, tant pour les autres modes indiqués sur la planche, le quatrieme, le cinquieme, &c., que pour ceux qu'on peut etablir sur les *lu* ultérieurs, savoir, *ta-lu*, ou *fa* ✕, *y-tsé*, ou *ut* ✕, *kia-tchoung*, ou *sol* ✕, ou-*y*, ou *re* ✕, & *tchoung-lu*, ou *la* ✕, qui, comme les précédens, deviendront successivement premiers, dans l'ordre naturel des *lu*, & auront pour douzieme celui qui les précede immédiatement dans cet ordre.

ARTICLE SIXIEME.

DE LA CIRCULATION DU SON FONDAMENTAL.

LE son fondamental est le *koung* du *hoang-tchoung*, c'est-à-dire, *fa*. Ce *koung*, disent les Chinois, ne sauroit, ni se reproduire, ni parcourir l'un après l'autre tous les *lu*, sans quelque secours. Ce secours lui a eté donné par la nature (*aa*), &

(*aa*) Les Chinois peuvent bien s'exprimer ainsi ; mais cette *nature* est l'ouvrage même des Chinois modernes. Elle est prise de l'ordre arbitraire des demi-tons, auxquels ils font ensuite engendrer les consonnances, comme on le verra dans cet article.

il le trouve dans les deux *lu* extrêmes qui ferrent des deux côtés le *hoang-tchoung*, qui eft la demeure primitive du *koung*. Voyez la figure 12, *a*. Tous les tons qui complettent l'octave, ajoutent les Chinois, font liés les uns aux autres par le moyen du *ho*, qui eft le *pien-koung* (*mi*), & du *tchoung*, qui eft le *pien-tche* (*ſi*).

Entre le *koung* & le *chang*, il y a le vuide d'un *lu*, de même qu'entre le *chang* & le *kio*; mais entre le *kio* & le *tché* (*la ut*), il y a le vuide de deux *lu*. Le *lu* le plus près du *tché*, donne comme un paſſage au *tché*; & le ſon qu'il rend eſt le commencement du *tché*, ou *le ſon qui fait vivre le* TCHÉ, *qui le nourrit & le fortifie*. Entre le *tché* & le *yu*, il y a le vuide d'un *lu*; mais ſi du *yu* l'on paſſe à la reproduction du *koung* (de *re* à *fa*), il y a le vuide de deux *lu*. Alors le *lu* le plus près du *koung*, prend le nom de *pien-koung*, & eſt comme le commencement du *koung*, auquel il donne une nouvelle vie, en le faiſant changer de demeure (c'eſt-à-dire, en le portant à l'octave).

Ce n'eſt pas tout, le *koung* de *hoang-tchoung*, en tant que ſon fondamental, eſt ſoutenu & aidé par *tchoung-lu* & *lin-tchoung*, & c'eſt par le moyen de ces deux *lu* qu'il peut engendrer ſans obſtacle tous les autres tons (*bb*). Voyez la figure 13,

---

(*bb*) Les Chinois poſtérieurs aux Inſtituteurs, ayant appliqué l'ordre des *lu* à une férie de demi-tons, il a fallu enſuite paſſer par une foule de ces demi-tons pour trouver les quintes & les quartes. Voyez l'exemple de la note *x*, page 119, où pour parvenir ſeulement de *fa* à *ut*, il faut paſſer par *fa*✕, *ſol*, *ſol*✕, *la*, *la*✕, *ſi*, ſans qu'on ſache, pour ainſi dire, d'où viennent ces ſons. Car, ſans parler ici de ceux qui portent des dièſes, & qui viennent de bien plus loin encore, on voit par les nombres même qui accompagnent les autres ſons, que *ſol* 72 n'a d'exiſtence que par *ut* 54, dont il eſt engendré: cet *ut* l'ayant été directement par *fa* 81; on y voit encore que le *la* 64 eſt le produit d'un ſon qui eſt déja au-delà de la route où nous cherchons l'*ut*, qu'il eſt produit par *re* 48, engendré lui-même de *ſol*

dans laquelle, en comptant de droite à gauche, les tons s'engendrent les uns les autres dans l'ordre suivant : *koung, tché, chang, yu, kio, ho, tchoung*, c'est-à-dire, en allant par quintes, *fa ut sol re la mi si*. Mais en comptant de gauche à droite, c'est un autre ordre de génération, qui procede ainsi : *tchoung, ho, kio, yu, chang, tché, koung*, c'est-à-dire, en montant de quartes, *si mi la re sol ut fa*.

Dans cette double génération on ne fait usage que de sept *lu*, c'est pourquoi on appelle la figure qui la représente, *l'ordre des sept réunis*, ou *les sept principes*. *Koung* & *tchoung* (*fa* & *si*) y sont en opposition & agissent l'un sur l'autre (*cc*). Les cinq *lu* qui sont à droite, restent inutiles, & on les appelle *les cinq termes* ou fins, parce que c'est à ces *lu* que se termine l'une & l'autre génération, par *fa* & par *si*, qui ne peut embrasser que sept sons.

Voici deux passages, l'un sur le *pien-tché*, l'autre sur le *pien-koung*. Le premier est de *Tso-kieou-ming*, plus ancien que Pythagore ; le second de *Hoai-nan-tsee*, qui vivoit dans un siecle peu eloigné de celui du Philosophe Grec (*dd*).

72. Voyez la note *y*, page 120, où les nombres de cet exemple se trouvant réduits à leurs radicaux, il sera plus facile d'y reconnoître la vraie génération des sons, dans le sens des Chinois. Mais si l'on y regarde avec attention, on s'appercevra bien que la marche qu'ils tiennent est rétrograde, & que le vrai sens de la progression, sa marche la plus naturelle, & incontestablement la premiere imaginée, est 1, 3, 9, 27, 81, sur-tout pour les Chinois eux-mêmes, qui ne connoissant pas nos *vibrations*, n'opérent que sur les longueurs des corps sonores, pour l'evaluation du son, & principalement même sur des tuyaux, plutôt que sur des cordes.

(*cc*) *Fa* & *si* etant les deux extrêmes, si la génération commence par *fa*, pour en obtenir l'ordre de quintes, le *si* sera le dernier terme ; & si la génération commence par *si*, pour en obtenir l'ordre de quartes, le *fa* sera le dernier terme. Voilà comment ces deux sons *agissent l'un sur l'autre*, comment ils sont alternativement le principe & le terme l'un de l'autre.

(*dd*) Ces deux passages sont extraits de la planche 14 du manuscrit.

Tso-kieou-ming, dit dans son *Tchouen* : *Du* TCHOUNG, *en descendant, le* KIN *n'a plus de tons ; mais au moyen de ce* TCHOUNG *il passe au* TCHÉ. C'est ce qui a fait donner à ce ton le nom de PIEN-TCHÉ (comme si on disoit : *ton qui devient* TCHÉ).

Hoai-nan-tsée, dit : KIO *est à* KOU-SI ; KOU-SI *engendre* YNG-TCHOUNG. YNG-TCHOUNG *n'a point de ton propre; mais il se joint à un autre ton, & devient le ton auquel il se réunit ; c'est pour cette raison qu'on l'a appellé* PIEN-KOUNG & HO. On a vu plus haut (art. 4, page 113), que *pien-koung* signifie, *ton qui devient koung*. *Ho* signifie *accord*, *union*, &c.

ARTICLE SEPTIEME.

GÉNÉRATION DES LU PAR LES DEUX KOA, KIEN ET KOUEN.

ON entend par *koa*, les trigrammes de *Fou-hi* & les hexagrammes de *Chen-noung*, expliqués d'abord par *Ouen-ouang*, & par *Tcheou-koung*, plus de mille ans avant l'ere chrétienne, & ensuite par Confucius, environ cinq cens ans avant Jesus-Christ ; ces explications subsistent encore. Les Chinois sont persuadés, de tems immémorial, que tout, soit dans le moral, soit dans le physique, dérive des *koa*, & est formé mystiquement par les *koa*. Il n'est donc pas surprenant qu'ils aient trouvé dans les *koa* la génération, & des *lu*, & des tons, & tout ce qui compose le système musical.

En réunissant sous une même figure les planches 13 & 14, j'ai cru devoir placer ici ces deux passages, d'autant qu'ils seront ainsi plus rapprochés de ce qu'on vient de lire au sujet de leurs Auteurs, par où le P. Amiot terminoit cet article, en renvoyant à la planche 14.

Les *koa* trigrammes font au nombre de huit. Chaque *koa* est formé par trois lignes, ou entieres, ou brifées, ou mi-parties. C'est de l'arrangement & de la combinaifon des *koa*, & des lignes qui les compofent, que dépend la formation myftique de tout ce qui exifte.

Les *koa* hexagrammes font au nombre de foixante-quatre. Chaque hexagramme eft formé par fix lignes, ou entieres, ou brifées, ou mi-parties. Tout ce qui fe dit des trigrammes s'applique egalement aux hexagrammes. Les uns & les autres font egalement les fymboles des changemens qu'eprouvent les êtres dans leurs divers etats de génération, d'accroiffement, de deftruction, &c., avec cette différence que les hexagrammes etant chacun en particulier le double d'un trigramme, & dans leur totalité, l'octuple des huit trigrammes, ils ouvrent une carriere plus vafte à l'art inépuifable des combinaifons.

Voici ce qui concerne les deux *koa*, *kien* & *kouen*, dont les *lu* font engendrés.

Le *koa*, ou hexagramme *kien*, repréfente le ciel, ou *le principe parfait*, que les Chinois appellent *yang*. Il eft compofé de fix lignes entieres, qui portent chacune le nom du nombre 9, nombre parfait, avec cette diftinction que la ligne la plus baffe eft appellée *le premier 9*; celle qui la fuit, *le fecond 9*; la troifieme, *le troifieme 9*; & ainfi de fuite jufqu'à la fixieme ligne, qu'on appelle *le 9 fupérieur*, au lieu de *fixieme 9*. Voyez la figure 15, *a*.

Le *koa*, ou hexagramme *kouen*, repréfente la terre, ou *le principe imparfait*, que les Chinois appellent *yn*. Il eft compofé de fix lignes brifées, qui portent chacune le nom du nombre 6, nombre imparfait. On les diftingue par l'epithete de premier 6, fecond 6, &c., en commençant par la ligne la plus baffe, jufqu'à la fixieme, appellée *le 6 fupérieur*.

Quant à la génération des *lu* par ces deux *koa*, on fait qu'il qu'il y a douze *lu*, ou douze demi-tons qui partagent l'intervalle d'une octave ; que six de ces *lu* sont *yang*, ou parfaits, & que six sont *yn*, ou imparfaits ; or, les six *lu yang* sont placés sur les lignes *yang*, c'est-à-dire, celles qui représentent le ciel, & les six *lu yn*, sont placés sur les lignes *yn*, celles qui représentent la terre ; en un mot, les six premiers sur les lignes entieres, & les six *lu yn* sur les lignes brisées. Laissant à part le langage figuré des Chinois, ou le réduisant au langage sec & sans images que nous employons pour manifester nos idées, il résulte de tous les raisonnemens des Auteurs Chinois, que le son fondamental *fa* engendre sa quinte *ut*, que cette quinte, devenue son fondamental à son tour, engendre de même sa propre quinte *sol*, laquelle continue la génération jusqu'au douzieme terme, ou la ✕, comme il est aisé de le voir par les lignes tracées entre les *koa*, & qui joignent les parfaits avec les imparfaits ; car, disent les Chinois, *il en est des koa comme du mâle & de la femelle.... la premiere ligne du koa* KIEN, *qui est comme le mâle, jointe à la premiere ligne du koa* KOUEN, *qui est comme la femelle, engendre la seconde ligne du koa* KIEN, *laquelle se joignant à la seconde ligne du koa* KOUEN, *engendre la troisieme*, & ainsi des autres.

Il n'est pas nécessaire de développer plus au long cette doctrine. Par l'application des sons aux lignes des hexagrammes, les Lecteurs Musiciens verront aisément que ces lignes représentent, de l'une à l'autre, la génération des sons fondamentaux, puisqu'ils trouveront une suite de quintes prenant la place l'une de l'autre (*ee*) jusqu'au terme posé par la nature

---

(*ee*) Ces quintes sont dites prendre la place l'une de l'autre, en ce que l'*ut*, engendré de *fa*, devient lui-même générateur, pour produire *sol*. Celui-ci devient à son tour générateur, & produit *re*, & ainsi de suite d'une quinte à l'autre jusqu'au *la* ✕, qui est ce terme *posé par la nature*, dont parle le P. Amiot, mais auquel les Chi-

R

elle-même ; & les Muficiens Philofophes y découvriront peut-être tout le fyftême de la baffe fondamentale du célebre Rameau (*ff*).

nois, quand ils veulent, font produire le *hoang-tchoung*, ou *fa*, qu'ils prennent alors pour *mi* ✳, quinte de *la* ✳. Voyez ci-après note *gg*, page 131.

(*ff*) Le fyftême de Rameau n'a d'autre conformité avec celui des Chinois, que dans la maniere dont l'un des fons engendrés par la baffe fondamentale, devient à fon tour fondamental, pour en engendrer d'autres. Voyez la note précédente. Or, en ceci même, on apperçoit encore une différence entre ce fyftême & celui des Chinois, puifqu'un fon fondamental, dans le fyftême Européen, eft fuppofé porter avec lui fa tierce & fa quinte ; tandis que dans le fyftême chinois, chaque fon fondamental eft ifolé, & ne fuppofe dans fa réfonnance aucun *harmonique*, aucun fon concomitant ; phénomene dont heureufement les Chinois n'ont pas même l'idée. Mais voici quelle eft la différence effentielle entre ces deux fyftêmes.

Par exemple, pour former la gamme d'*ut*, par le fyftême de Rameau, il ne faut que les trois fons fondamentaux *fa*, *ut* & *fol*, qui avec leurs tierces & leurs quintes donnent les trois grouppes de fons *fa la ut*, *ut mi fol*, *fol fi re*, dont fe forme l'echelle *ut re mi fa fol la fi ut*. Au lieu que pour former la même echelle par le fyftême chinois, il faut autant de fons fondamentaux que cette echelle contient de fons différens. En un mot, il faut les fept fons fondamentaux *fa*, *ut*, *fol*, *re*, *la*, *mi*, *fi*, tous à la quinte l'un de l'autre, pour former l'echelle d'*ut*, à la maniere des Chinois. On peut voir à l'article 12 de mon *Mémoire fur la Mufique des Anciens*, page 84, un plus long détail touchant ces deux fyftêmes. Car le fyftême des Egyptiens & celui des Modernes, dont je traite dans cet article, ne font autre chofe, fous des noms différens, que celui des Chinois & celui de Rameau.

Il faut obferver, au refte, que la baffe fondamentale de Rameau a deux objets bien diftincts ; l'un de fonder la valeur des fons qui compofent le fyftême mufical ; l'autre de réduire en principes la pratique de l'harmonie. Rameau peut n'avoir pas réuffi dans fon premier objet, à l'egard de certains fons auxquels il attribue les proportions factices, dépofées dans tous les ecrits des Modernes. Mais fon fecond objet, qui eft le feul qui intéreffe les Harmoniftes, eft rempli parfaitement. Ce n'eft même que depuis l'epoque de la baffe fondamentale que l'harmonie eft devenue une fcience. Cette obfervation pourra n'être pas inutile ici, parce que c'eft précifément contre cette partie du fyftême de Rameau, contre la baffe fondamentale, que s'elevent les Compofiteurs fans principes, &

A cette explication des *lu*, par les deux hexagrammes, qui font le symbole du ciel & de la terre, je vais ajouter, dans l'article suivant, une autre explication, tirée encore de la combinaison des lignes qui composent ces deux hexagrammes. Je préviens le Lecteur, que lorsque j'emploie le signe du dièse à côté d'un ton, je ne prétends que marquer l'elévation d'un demi-ton (*gg*), au-dessus du ton sur lequel il est placé.

ARTICLE HUITIEME.

GÉNÉRATION DES LU PAR LES QUATRE KOA KIEN ET KOUEN, KI-KI ET OUEI-KI.

C'EST toujours en employant le langage figuré, que les Chinois continuent à exposer la génération des *lu*. On a vu dans l'article précédent comment les deux hexagrammes *kien* & *kouen* ont engendré les douze *lu*, & comment ces douze *lu*, devenant générateurs, ont produit tout le système des demi-tons.

que leurs déclamations ont souvent arrêté les progrès qu'auroient pu faire des Musiciens de génie, par la connoissance de cette méthode de Rameau. La basse fondamentale, il est bon de l'apprendre ici aux Amateurs, ne consiste qu'à enseigner comment tels & tels accords particuliers, sur l'emploi desquels les Musiciens errent souvent ou sont embarrassés, se réduisent à trois ou quatre accords primitifs plus connus, que Rameau appelle fondamentaux, & dont la marche n'est ignorée, pour ainsi dire, d'aucun Ecolier. Aussi a-t-on appellé cette harmonie primitive, cette basse fondamentale, la boussole, le guide, le flambeau du Compositeur. Faut-il s'étonner si c'est à cette lumiere qu'en veulent les Compositeurs de routine ? Non tant à cause qu'elle pourroit les eclairer, mais parce qu'elle eclaire les autres sur ce qu'il y a de vicieux dans leurs compositions.

(*gg*) Le P. Amiot entend ici, par *demi-ton*, une intonation intermédiaire, entre le demi-ton majeur & le demi-ton mineur ; ensorte qu'un *la-dièse*, par exemple, puisse être conçu comme un *si-bémol*, un *mi-dièse* comme un *fa*, &c., dans les divers objets qui dépendent de cette identité forcée de sons.

Nous allons voir à préfent un autre ordre de génération, formé par le mélange des lignes qui compofent les deux hexagrammes précédens.

Si l'on prend alternativement une ligne de l'un & l'autre de ces deux hexagrammes, c'eft-à-dire, une ligne entiere & une ligne brifée, en continuant de même jufqu'à ce qu'on ait employé toutes les lignes qui les compofent, on obtient deux autres fortes d'hexagrammes, l'un appellé *ouei-ki*, l'autre *ki-ki*. Le nom du premier fignifie : *qui n'a pas encore ce qu'il lui faut, qui fe remplit peu-à-peu*, &c. ; & *ki-ki* fignifie : *à qui il ne manque rien, qui eft rempli*, &c. Ces expreffions font allufion à la maniere dont les Chinois conçoivent la génération des êtres par le concours de leurs deux principes, le parfait & l'imparfait, le mâle & la femelle, le mouvement & le repos, &c., en un mot l'*yang* & l'*yn*.

Pour appliquer cette doctrine à la génération des *lu*, & à la formation du fyftême mufical, ils difent : *Les quatre hexagrammes* KIEN, KOUEN, OUEI-KI *&* KI-KI, *donnent le principe, l'accroiffement, la perfection, ou le complément, à la fublime fcience des fons.*

On a déja vu à l'article précédent, comment, au moyen des deux koa *kien* & *kouen*, fe formoit la fucceffion fondamentale des fons, c'eft-à-dire, la fucceffion des quintes. Cette fucceffion fuffiroit feule pour le développement de tout le fyftême mufical, puifque dans les fons fondamentaux on a les différentes combinaifons des degrés plus rapprochés. Cependant, pour faciliter, & l'intonation, & l'ufage qu'on peut faire d'une fuite de demi-tons, pour paffer d'un mode à l'autre, les Chinois ont imaginé de réunir les lignes brifées avec les lignes entieres des deux koa *kien* & *kouen*, de la figure 15, *a*, pour en former les deux autres koa, *ki-ki* & *ouei-ki*, de la figure 15, *b*, qui préfente leur echelle chromatique, *mi*, *fa*, *fa* ✕, *sol*, *sol* ✕, *la*, *la* ✕ (ou *si* ♭), *si*, *ut*, *ut* ✕, *re*, *re* ✕.

Ils comparent cette echelle à la maniere dont les deux principes *yn* & *yang* agissent de concert, en se mêlant l'un avec l'autre, en montant & en descendant depuis la onzieme lune, où se trouve le solstice d'hiver, jusqu'à la cinquieme, où est le solstice d'eté, & depuis celle-ci jusqu'au retour à la onzieme par où l'on avoit commencé à compter.

Je ne m'etendrai pas davantage sur la formation de ces deux derniers hexagrammes. L'inspection de la figure fera assez connoître en quoi consiste leur combinaison & celle des demi-tons qui en résultent.

ARTICLE NEUVIEME.

GÉNÉRATION DES LU PAR LES LIGNES DES HEXAGRAMMES QUI COMPOSENT DOUZE KOA.

Voici la derniere & la plus complette des générations des sons par les koa. Nous avons vu que les lignes entieres sont *yang*, ou parfaites, & que les lignes brisées sont *yn*, ou imparfaites ; que c'est de la réunion du parfait avec l'imparfait, de l'*yang* avec l'*yn*, que tout ce qui existe reçoit sa maniere d'être. L'*yang*, disent les Chinois, cherche toujours à se joindre à l'*yn*, & réciproquement l'*yn* veut se réunir à l'*yang*. L'*yang* est l'esprit générateur, c'est le *ki* vivifiant, qui de sa nature est actif. L'*yn* est l'esprit coopérateur, le *ki* nourrissant, & passif de sa nature. Le premier, donne ; le second, reçoit. Quand l'*yang* a donné, il se repose ; quand l'*yn* a reçu, il a son tour pour agir. C'est par cette alternative de mouvement & de repos que tout prend son existence, sa modification, son accroissement & sa consommation.

C'est-là en substance ce que représentent les douze koa de la figure 15, c. Chaque koa a son nom propre ; le premier est appellé *fou*, le second *lin*, le troisieme *tay*, & ainsi de suite, selon les nombres qu'on trouve sur la figure même. C'est des lignes entieres & brisées de ces douze koa que sont engendrés les douze *lu*, de la maniere que le représente la figure.

La ligne entiere du koa *fou*, n°. 1, nommée le *premier 9*, engendre le *hoang-tchoung*, ou *fa*, premier son fondamental. Le *ki* de ce son fondamental se porte jusqu'à *tchoung-lu* : là il cede sa place à *joui-pin*, parce que c'est à *joui-pin* que commence l'*yn-ki*, engendré par la ligne brisée, ou *premier 6*, du koa *keou*, répondant à la cinquieme lune, par où commence une nouvelle génération.

La ligne entiere du koa *fou*, ou premier koa, s'étant accrue successivement jusqu'au koa *kien*, ou sixieme koa, ne sauroit aller plus loin. C'est-là le terme du repos, & le moment où le principe *yang*, ayant acquis toute la plénitude de sa force, doit diminuer dans le koa *keou*, où commence le principe *yn*, qui continue la génération. Ce koa *keou* répond à la cinquieme lune, où se trouve le solstice d'eté. La premiere ligne brisée commence ici, & produit le LU *joui-pin*, ou *si*. Cette ligne brisée va en augmentant par degrés jusqu'à la dixieme lune, où elle atteint à la plénitude de son essence, qui consiste à former l'hexagramme *kouen*. Là les six lignes brisées engendrent *yng-tchoung*, douzieme *lu*, qui répond à notre *mi*. Ce *mi* peut passer au *fa* (au *hoang-tchoung*) pour recommencer la suite des demi-tons, ou bien il peut être fondamental lui-même pour commencer un autre mode.

L'inspection de la figure suppléera à tout ce que je pourrois ajouter ici.

ARTICLE DIXIEME.

Formation des Lu par les nombres.

IL en eſt des nombres comme des autres êtres. Ils ont leur *yang* & leur *yn*, c'eſt-à-dire, les deux principes, le *parfait* & *l'imparfait*, qui par leur union & leur mutuel concours, produiſent dans l'eſpece tout ce qui peut être produit. Ainſi, les nombres impairs ſont *yang*, ou parfaits; les nombres pairs ſont *yn*, ou imparfaits. C'eſt de l'union des uns & des autres que réſulte la perfection en tout genre; c'eſt par la combinaiſon des uns avec les autres que la nature produit les merveilles que nous admirons; & c'eſt en les aſſociant à propos qu'on peut donner à la ſublime ſcience des ſons la vertu d'eclairer l'eſprit des plus vives lumieres, d'echauffer le cœur, en l'excitant à l'amour du devoir, & de charmer l'oreille par la douceur de la mélodie.

Il a plû aux anciens Chinois, d'appeller les nombres impairs, du nom de *nombres du ciel*, parce que le ciel eſt *yang*; & les nombres pairs, du nom de *nombres de la terre*, parce que la terre eſt *yn*; & par une analogie naturelle, ils ont dit : *de même que par l'accord du ciel & de la terre, toutes choſes ſe compoſent & ſe décompoſent, prennent leur forme, leur accroiſſement & leur perfection ; ainſi, par la combinaiſon, l'union & l'accord des nombres pairs & impairs qui les repréſentent, on peut egàlement compoſer & décompoſer les êtres, leur donner la forme, l'accroiſ-ſement & la perfection.*

On voit par-là que lorſque les Chinois parlent de la vertu & de la toute-puiſſance des nombres, ce qu'ils en diſent n'eſt que dans un ſens figuré, & qu'ils ne prennent point à la lettre les expressions qu'ils emploient. Ce seroit leur faire injure, & se faire tort à soi-même, que de penser qu'ils ont cru, & qu'ils croient encore, que tel nombre, par exemple, produit le feu, tel autre le son, tel autre la terre, &c. Pour les bien entendre, il faut tâcher de pénétrer leurs idées; il faut se faire à leur langage, sans quoi il seroit aisé de leur prêter des inepties auxquelles ils n'ont jamais pensé, & dont ils rougiroient sans doute s'ils faisoient assez de cas de ceux qui les leur attribueroient. Je n'ai rien de pareil à craindre de la part de ceux qui liront en entier ce Mémoire; ils prouveront par-là qu'ils sont entrés dans mes vues, en saisissant le vrai sens des expressions chinoises.

Un, deux, trois & quatre, dit *Tso-kieou-ming*, dans son TCHOUEN, *renferment la doctrine la plus profonde* (hh). Cette

(hh) C'est-là le *sacré quaternaire* des Pythagoriciens. Aussi ce passage mérite-t-il la plus grande attention. Les nombres 1, 2, 3, 4, renferment en abregé les principes fondamentaux du système musical. J'ai traité de ce sacré quaternaire, à l'article 7 de mon *Mémoire sur la Musique des Anciens*. Je vais transcrire ici une partie du paragraphe 69, page 38, pour servir de développement au passage de *Tso-kieou-ming*.

« Ce sacré quaternaire consiste
» dans l'aggrégation des quatre
» nombres 1, 2, 3, 4. On a dans
» ces nombres, de 1 à 2, la pro-
» portion de l'octave; de 2 à 3,
» celle de la quinte; & de 3 à 4,
» celle de la quarte. De plus, de 1
» à 3, la douzieme (fondement
» de la progression triple); de 1
» à 4, la double octave, ce qui,
» entre 1, 2, & 2, 4, indique

» assez visiblement la progression
» double, &c. ».

Quoique le sacré quaternaire ne soit connu, chez tous les Auteurs, que sous le nom de Pythagore, j'ai osé présumer, à la note 25, page 147 de mon Mémoire, que Pythagore n'étoit pas lui-même l'*Instituteur*, ni *de cette méthode, ni des principes vraiment admirables qu'elle renferme*; & l'on voit aujourd'hui que c'est aux Chinois qu'on doit le sacré quaternaire. Au reste, ce qui m'avoit conduit à cette assertion, c'est que dans le courant de mon Mémoire, n'ayant pu regarder Pythagore comme l'Auteur, soit de la progression triple, soit des principes fondamentaux de la Musique, je ne devois point lui attribuer une méthode, faite pour présenter en raccourci, pour ainsi dire, & cette progression, & ces principes. En effet, 1, 2, est le

doctrine

doctrine n'avoit point echappé à nos Anciens, qui en faisoient l'objet de leurs etudes & de leurs méditations les plus profondes. Je répete ici, car il est bon qu'on s'en souvienne, que *Tso-kieou-ming* etoit contemporain de Confucius, & par conséquent plus ancien que Pythagore.

Un & un font deux, dit encore *Tso-kieou-ming*, dans un autre endroit de son TCHOUEN, *un & deux font trois. Les hommes vulgaires ne voient rien dans cet enoncé ; mais les Sages savent en tirer parti, quand ils calculent les LU*, &c.

L'unité, selon la doctrine des Chinois, est le principe du calcul & le commencement des nombres; la dixaine est le terme où aboutit le calcul, & le complément des nombres. Depuis 1 jusqu'à 10 c'est la représentation des deux principes *yn* & *yang* dans l'etat de la confusion primitive. 1, 3, 5, 7, 9, sont les nombres parfaits. Ces nombres n'ayant point la dixaine, ont le principe, & n'ont pas le terme; ils ont le commencement, mais ils n'ont pas la fin. C'est pourquoi il est dit, dans l'*Y-KING* : *l'esprit vital cherche à produire*, &c. 2, 4, 6, 8, 10, sont les nombres imparfaits. Ces nombres n'ayant point l'unité, ont le terme, mais ils n'ont pas le principe ; ils ont la fin, mais ils n'ont pas le commencement. C'est pourquoi il est dit, dans le même *y-king* : *l'esprit erre & cherche à s'unir, pour pouvoir agir suivant sa nature & acquérir la perfection de son être.* La figure 16 représente, dans cette occasion, les deux principes *yang* & *yn*, comme non encore séparés l'un de l'autre, & dans leur etat d'inaction. Les nombres pairs & impairs y sont egalement représentés comme non encore employés au modele, le premier pas de la progression double, 1, 2, 4, 8, &c.; & 1, 3, est le modele de la progression triple, 1, 3, 9, 27, &c.; celle-ci *yang*, ou en nombres impairs, & la premiere *yn*, ou en nombres pairs. Voyez le tableau qui présente la formation du système des Grecs, par ces deux principes, page 248 de mon Mémoire.

S

calcul. Les points blancs défignent le principe *yang* & les nombres du ciel, ou impairs ; les points noirs défignent le principe *yn* & les nombres de la terre, c'eft-à-dire, les nombres pairs. Nous allons voir comment par la féparation & la combinaifon de ces nombres, on eft venu à bout de former les *lu*, ou les douze demi-tons de l'octave.

C'eft le ciel, & non pas l'homme, difent les Chinois, *qui a fait la féparation & la combinaifon des nombres pairs & impairs, d'où réfulte la formation des LU, & c'eft fur le corps du dragon-cheval que cette féparation & cette combinaifon ont eté montrées à FOU-HI*, telle qu'on la voit dans la figure HO-TOU. Voyez la figure 17 & fon explication.

La combinaifon des nombres pairs & impairs eft fi bien diftribuée dans cette figure, qu'il femble qu'elle n'ait eté faite que pour repréfenter le fyftême mufical. On y trouve en effet les cinq tons & la mefure des tuyaux dont on les tire.

Les petits nombres, felon les expreffions chinoifes, engendrent les grands. 1, 2, 3, 4, 5, font les nombres générateurs; 6, 7, 8, 9, 10, font les nombres engendrés.

Ainfi 1, premier des nombres générateurs, & 6, premier des nombres engendrés, placés au nord de la figure, à côté l'un de l'autre, font le fymbole de l'eau. Ils défignent le ton *yu*, ou *re*, qui eft rendu par un tuyau de 6 pouces.

2, le fecond des nombres générateurs, & 7, le fecond des nombres engendrés, placés au midi de la figure, à côté l'un de l'autre, font le fymbole du feu. Ils défignent le *tché*, ou *ut* (*ii*), qui eft rendu par un tuyau de la longueur de 7 pouces.

(*ii*) On lit ici dans le manufcrit de M. Bertin : *Ils défignent le PIEN-TCHÉ* (*c'eft notre SI*) *qui eft rendu*, &c.

Le manufcrit de la Bibliotheque du Roi, porte : *Ils défignent le PIEN-TCHÉ* (*SI*) *qui eft rendu*, &c.

C'eft une faute dans les deux exemplaires. J'ai cru devoir fubftituer ici l'*ut* au *fi*, & le *tché* au *pien-tché*. Premièrement parce qu'il

DES CHINOIS, II. Part.

3, le troisieme des nombres générateurs, & 8, le troisieme des nombres engendrés, placés à l'orient de la figure, à côté l'un de l'autre, sont le symbole du bois. Ils désignent le *kio*, ou *la*, qui est rendu par un tuyau de la longueur de huit pouces.

4, le quatrieme des nombres générateurs, & 9, le quatrieme des nombres engendrés, placés à l'occident de la figure, à côté l'un de l'autre, sont le symbole du métal. Ils désignent le *chang*, ou *sol*, qui est rendu par un tuyau de la longueur de neuf pouces.

5, le cinquieme & le dernier des nombres générateurs, & 10, le cinquieme & le dernier des nombres engendrés, sont le complément des nombres; ils représentent le principe universel d'où dérivent toutes choses, & qui renferme eminemment le germe de tout ce qui peut être produit. Ces deux nombres sont placés ensemble au centre de la figure; ils sont le symbole de la terre, & désignent le *koung* de *hoang-tchoung*,

ne s'agit, soit dans cette explication, soit dans la figure 17, que des cinq tons des Chinois, comme l'a annoncé le texte, mais qui sont pris ici en rétrogradant, c'est-à-dire, en commençant par le son le plus aigu : *yu*, *tché*, *kio*, *chang*, *koung*, ou, *re*, *ut*, *la*, *sol*, *fa*. En second lieu, parce que les planches des deux exemplaires, soit celles qui sont ecrites en françois, soit celles qui sont ecrites en chinois, portent très-exactement toutes les quatre, dans leurs explications, les cinq tons, en cet ordre : *yu*, *tché*, *kio*, *chang*, *koung*; le *yu* ayant 6 pouces, le *tché* 7, le *kio* 8, &c.
Si dans les deux textes on lit *yu*, *pien-tché*, ou *re si*, au lieu de *yu*, *tché*, ou *re ut*, c'est que le P. Amiot s'est guidé par les proportions que portent les deux tuyaux qui doivent rendre ces deux sons : le premier, de 6 pouces, comme on vient de le voir, & l'autre, de 7. Or, le rapport de 6 à 7, répond plutôt à une tierce mineure, à *re si*, qu'à un ton, *re ut*. Mais on verra, à la note suivante, que le nombre 7 est un nombre factice, qui ne répond pas plus à *si* qu'à *ut*, & que ce nombre précaire n'est placé ici que pour former une proportion arithmétique entre 6 & 8, proportion absurde en matiere de corps sonores, qui ne se mesurent que géométriquement.

S ij

le son fondamental, ou *fa*, qui est rendu par un tuyau de la longueur de dix pouces (*kk*).

(*kk*) On voit par cette explication, que les cinq tons, pris en descendant : *re ut la sol fa*, répondent aux nombres 6, 7, 8, 9, 10, qui marchent par une progression arithmétique, dont l'excès d'un nombre, sur celui qui le précede, est toujours 1 ; excès qui ne sauroit donner une série d'intervalles musicaux, quand même le premier seroit juste ; ce qui n'est pas, comme nous l'allons voir.

De ces nombres, les uns sont légitimes, les autres sont de pure fantaisie. Le 6, le 8 & le 9 ont leur principe dans la progression triple. Le 9, qui répond au *sol*, est radical, il est engendré de 3, ou *re*, représenté par 6, qui en est l'octave ; 3 est engendré de 1, ou *la*, représenté par 8, triple octave de 1. On a donc la progression 1, 3, 9, pour les sons *la, re, sol*. En suivant cette progression, on auroit pour *ut*, le nombre 27, & pour *fa*, le nombre 81. Or, en rapprochant ces nombres de ceux du texte chinois, on aura, d'un côté 13½, moitié de 27, & 6¾, moitié de 13½ ; de l'autre, on aura 40½, moitié de 81 ; 20¼, moitié de 40½, & 10⅛, moitié de 20¼. C'est donc cet *ut* 6¾, & ce *fa* 10⅛, qu'on a cru représenter par les nombres factices 7 & 10 dans le texte chinois. Mais si les nombres 6, 7, 8, 9, 10, représentent des pouces, comme on l'a vu dans ce texte, & si, de 6 à 7, un pouce de plus donne le ton *re ut*, comment un pouce de plus, de 7 à 8, donnera-t-il la tierce *ut la* ? Ou bien, si de 6 à 7, on a la tierce *re si*, comment de 7 à 8 aura-t-on la seconde, le ton *si la* ? On voit par-là que, quelque parti que l'on prenne, le nombre 7 est absurde. Il en est de même du nombre 10 ; car si l'on a un ton de 8 à 9, *la sol*, comment la proportion de 9 à 10 donnera-t-elle le même intervalle, le même ton, de *sol* à *fa* ? Cette observation seroit plus que suffisante pour les Chinois ; mais comme les Européens ont un ton de 9 à 10, outre le ton musical de 8 à 9, je me vois forcé d'allonger cette note. Voici donc mes raisons.

1°. Le raisonnement que je viens de faire ne doit pas être jugé par l'erreur, mais par des principes. 2°. Le ton de 9 à 10, les Européens l'appellent *mineur*, & ils reconnoissent qu'il n'est pas le même que l'ancien ton des Grecs, le ton de 8 à 9, qu'ils appellent *majeur*. Or, un ton moindre, un ton appellé *mineur*, prouve, par l'erreur même où veulent être les Européens, que la proportion de 9 à 10 n'est pas la même que celle de 8 à 9, ce qui suffit pour faire voir que dans le texte chinois qui a occasionné cette note, le nombre 10 est absurde, puisque les Chinois, quoiqu'ils aient aussi leurs erreurs, n'ont pas néanmoins celle d'un ton rétréci, tronqué, que nous appellons plus honnêtement *mineur*. On pourroit voir ce que j'ai dit dans mon *Mé-*

DES CHINOIS, *II. Part.* 141

Les nombres pairs & impairs, *yn* & *yang*, placés comme ils le font dans la figure *ho-tou*, défignent l'accord parfait qui regne dans la nature, en même tems qu'ils nous donnent celui qui réfulte des *lu* pour la formation des tons. 9 & 10 font le fondement fur lequel tout appuie, le principe & la fin de tous les calculs.

Les grains de *chou*, ou gros millet, mis en travers, & fe touchant l'un l'autre par l'endroit d'où fort le germe, *défignent l'YN & l'YANG en conjonction*. C'eft pourquoi la longueur du *hoang-tchoung*, c'eft-à-dire, du tuyau qui donne le fon fondamental, eft 81, produit de cette conjonction par le nombre 9 ; car 9 multiplié par 9, donne 81.

Ces mêmes grains de *chou*, placés à côté l'un de l'autre, ayant la pointe en haut ou en bas, *défignent l'YN & l'YANG, ayant mis le complément à leur ouvrage, qui fe trouve par-là dans fon etat de perfection.* C'eft pourquoi la longueur du *hoang-tchoung* etant la même que l'efpace qu'occupent les grains ainfi rangés, c'eft-à-dire, etant de cent lignes, cette longueur eft cenfée dans fon etat de perfection, car 10 multipliés par 10 donnent 100.

Les calculateurs peuvent choifir à volonté l'une ou l'autre de ces deux manieres ; ils arriveront au même terme, parce que

moire fur la Mufique des Anciens, aux notes 24, 28, 35, pag. 144, 158, 197, & ailleurs, touchant l'intervalle appellé *ton*, fans que je m'arrête ici à prouver qu'il n'y a pas, en mufique, deux fortes de *tons*, tout de même qu'il n'y a pas deux fortes de quintes, deux fortes de quartes qui puiffent les produire. *Le ton*, ont dit les Grecs, *eft l'excès de la quinte fur la quarte.* Or, créez différentes fortes de quintes ou différentes fortes de quartes, vous aurez autant d'efpeces de tons que vous voudrez ; ou bien, raccourciffez un pied, de l'épaiffeur du petit doigt, divifez-le en douze, vous aurez, avec les pouces que nous connoiffons, des pouces *majeurs*, des pouces *mineurs*, & cela ne fera pas plus abfurde que notre doctrine fur le ton.

la longueur réelle du *hoang-tchoung*, est toujours supposée la même, soit qu'on la divise en 81 parties ou en 100, & que les longueurs des autres *lu* gardent entr'elles les proportions qu'elles doivent avoir relativement au *lu* générateur.

Les Lettrés ordinaires, dit *Tsai-yu*, *n'entendant rien à cette doctrine, ont fait dire aux Anciens bien des choses auxquelles ils n'ont jamais pensé.* Cependant toutes leurs méthodes pour le calcul des *lu*, peuvent se réduire à quatre principales.

La premiere consiste à donner au *hoang-tchoung* 9 pouces de longueur, le pouce composé de 9 lignes, & à faire usage de la progression triple. Le *hoang-tchoung* aura alors 81 lignes.

La seconde consiste à lui donner 8 pouces, plus une ligne, le pouce etant composé de 10 lignes, le *hoang-tchoung* aura alors 81 de ces lignes.

La troisieme, à lui donner 10 pouces, composés de 10 lignes. Le *hoang-tchoung* aura alors 100 lignes.

Enfin, la quatrieme n'a eu lieu que dans la basse antiquité, c'est-à-dire, du tems des *Han*. On donnoit au *hoang-tchoung* 9 pouces de longueur, le pouce etant composé de 10 lignes. Le *hoang-tchoung* avoit ainsi 90 de ces lignes.

Nous allons voir, à l'article suivant, les méthodes particulieres dont se servoient les anciens Chinois pour obtenir, par les nombres, tous les sons qui divisent l'octave.

ARTICLE ONZIEME.

Formation des Lu *par les nombres, à la maniere des anciens Chinois, depuis* Hoang-ty *jusqu'aux* Han.

LA méthode d'opérer sur les sons, par laquelle on suppose la longueur du *hoang-tchoung* de 81 parties, selon ce que j'en ai dit à l'article précédent, eft fans contredit la plus ancienne de toutes, puifque c'eft celle qui a été employée la premiere fous le regne de *Hoang-ty*. Tous les monumens l'atteftent, & perfonne, à la Chine, ne l'a encore révoqué en doute.

Le fameux *Hoai-nan-tfee*, cet illuftre Prince, qui avoit fait de fon Palais une académie de Savans, prétend que tout l'artifice de la méthode des Anciens confiftoit à diftinguer dans le corps fonore deux fortes de générations; l'une *en defcendant* : c'eft celle que nous appellons la quinte ; l'autre *en montant* : c'eft la quarte de la quinte déja produite (*ll*).

Pour avoir en nombres l'expreffion de la quinte, il faut, dit *Hoai-nan-tfee*, multiplier la longueur du corps fonore, egal à 81, par 500 ; on obtient 40500. On divife ce produit par 749, & l'on a pour quotient 54, qui eft le nombre de *lin-tchoung*. Voilà pour la génération *defcendante*. Ce corps fonore, evalué à 81, eft notre *fa*, & le *lin-tchoung* répond à notre *ut*, c'eft donc *fa* 81, *ut* 54.

Pour avoir l'expreffion numérique du *tay-tfou*, qui eft la quarte de *lin-tchoung*, c'eft-à-dire, pour avoir l'expreffion du *fol*, quarte au-deffous d'*ut*, on multiplie par 1000 le *lin-tchoung* 54, ou *ut*. Le produit de cette multiplication eft 54000, qu'il faut divifer par 749 ; le quotient fera, pour *tay*-

---

(*ll*) La quinte dont parle ici le P. Amiot, fe prend en montant, & la quarte fe prend en defcendant. J'ai déja fait obferver à la note *z*, page 122, que l'expreffion chinoife, *en defcendant*, eft pour nous une marche montante, de même que leur expreffion, *en montant*, s'applique chez nous à des fons qui defcendent. C'eft pour prévenir en quelque maniere le Lecteur à cet egard, que j'ai fait mettre en caracteres italiques ces fortes d'expreffions, lorfqu'elles fe rencontrent dans le texte ; il n'y aura qu'à y faire attention. On doit fe fouvenir que le P. Amiot a averti fouvent, que pour bien entendre fon Mémoire, il falloit fe faire aux idées des Chinois. En effet, lorfqu'il s'agit fur-tout de paffages d'Auteurs chinois, ce feroit les dénaturer, que de vouloir traduire en idées Européennes celles des Chinois.

tfou, ou *fol*, 72. Il n'eſt pas néceſſaire d'avertir ici qu'on néglige les fractions. On n'a qu'à ſuivre cette méthode pour avoir tous les autres tons (*mm*). Voyez la figure 9, *a*, dans laquelle on a marqué, ſous chaque *lu*, ſon expreſſion numérique, & au-deſſous du nombre qui la repréſente, le produit qui doit être diviſé par 749. Ce diviſeur n'eſt pas marqué, parce qu'il eſt toujours le même. Je me diſpenſe de plus amples explications, parce que je ſuppoſe que cette partie de mon Mémoire ne ſera lue que par ceux qui entendent ces matieres.

Une méthode encore plus ſimple, eſt celle qui ſuppoſe le *hoang-tchoung* diviſé en 9 parties, appellées pouces, à la maniere des Anciens. Ainſi le *koung* de *hoang-tchoung*, ou *fa*, etant ſuppoſé 9, on double ce nombre, & on diviſe le produit par 3. Or le double de 9 eſt 18 ; 18 diviſé par 3, donne 6 ; c'eſt donc 6 qui ſera l'expreſſion numérique de *lin-tchoung*, ou *ut*. Voilà pour la génération *deſcendante*, c'eſt-à-dire, de la quinte. Quant à la génération *montante*, c'eſt-à-dire, de la quarte, on quadruple le nombre de *lin-tchoung*, ou *ut*, qui eſt 6, le produit de ce nombre eſt 24. On diviſe ce produit par 3, & l'on a pour quotient 8, qui ſera l'expreſſion numérique du *tay-tſou*, ou *ſol*. On procede de la même maniere pour avoir la valeur des autres ſons. Voyez la figure 9, *b*. En liſant les nombres de cette figure, il faut ſubſtituer 9 à 1, & aller de ſuite.

Cette même méthode a lieu, en ſuppoſant le *hoang-tchoung*,

(*mm*) Mais ces tons, en *négligeant les fractions*, feront-ils juſtes ? On a déja vu à la note *y*, page 120, ce qu'on doit penſer du réſultat de cette méthode, donné par *Hoainan-tſee* à l'article 5 (Voyez page 119). Comme la figure 9, *a*, expoſe ce même réſultat, je n'en dirai pas davantage ici, la diſcuſſion de cet objet important ſeroit trop longue. Je me propoſe d'examiner en particulier les proportions que préſente cette figure, afin de ſavoir ce qu'on doit penſer de la méthode de négliger les fractions. Voyez la premiere Obſervation, à la fin du Mémoire.

ou *fa*, egal à 1, & l'on opere alors sur les fractions, de la même maniere que l'on a opéré sur les nombres entiers. Les anciens Chinois n'en ont pas fait usage. Ils ont supposé que 1 valoit 10; ils doubloient ce 10, & en divisoient le produit par 3, en cette maniere: 2 fois 10 font 20; 20 divisé par 3, donne $6\frac{2}{3}$. On négligeoit la fraction, & l'on s'en tenoit au nombre entier 6, qui etoit la valeur numérique du *lin-tchoung*, ou *ut*. On quadruploit cette valeur du *lin-tchoung*, c'est-à-dire, 6, & l'on avoit 24; ce produit etant divisé par 3, donnoit 8, valeur du *tay-tsou*, ou *sol*. On opéroit de même pour obtenir la valeur des autres *lu* (*nn*). Voyez la figure 9, *b*, pour l'ordre des *lu*, ainsi engendrés l'un de l'autre.

(*nn*) Si l'on veut pousser plus loin cette opération, en partant de *tay-tsou*, ou *sol*, evalué à 8, il faut doubler ce 8, & on aura 16; on prendra ensuite le tiers de 16, ou comme dit le texte, on divisera 16, par 3, on aura $5\frac{1}{3}$, & en négligeant la fraction, restera 5, pour la valeur de *nan-lu*, ou *re*, quinte au-dessus de *sol*. Pour avoir la quarte au-dessous de *re* 5, c'est-à-dire, *la*, il faut quadrupler 5, on aura 20; divisez 20 par 3, vous aurez $6\frac{2}{3}$; négligez la fraction, reste 6 pour la valeur de *kou-si*, ou *la*. Il résulte donc de cette méthode, sans aller plus loin, quant à présent, que le son fondamental *fa* etant 10, comme on l'a vu dans le texte, sa quinte au-dessus, ou *ut*, est 6; que la quarte au-dessous de cet *ut*, est *sol* 8; que la quinte de ce *sol*, est *re* 5, & que la quarte au-dessous de *re* 5, est *la* 6, ce qui donne la série de quintes & de quartes alternatives, *fa ut sol re la*,

portant les nombres suivans:

10. 6. 8. 5. 6.
fa ut sol re la.

Il est aisé de voir que l'*ut* etant 6, sa tierce au dessous, *la*, ne sauroit être exprimée par le même nombre 6; que *fa*, etant 10, sa sixte au-dessus, *re*, ne peut être représentée par 5, puisque 10 & 5 sont l'expression de l'octave. Mais si l'on continue la même opération, on trouvera *mi* 4, qui donne, pour sa quarte au-dessous, *si* $5\frac{1}{3}$, c'est-à-dire, 5, puisque les fractions sont nulles dans cette méthode. Or, on a vu plus haut le *re* à 5; donc le *si* ne sauroit être egalement 5; ce qui doit suffire pour s'appercevoir que l'idée de négliger les fractions, tant pour cette méthode que pour toute autre, est bien plutôt, chez les Chinois, une erreur des modernes, que le procédé des Anciens; plutôt un vice qu'une regle.

Le *Ché-ki* de *See-ma-tſien*, & l'ancien *Lu-chou*, ou Livre ſur la Muſique, font mention encore de deux autres méthodes, qui etoient en uſage du tems des *Tcheou*, & long-tems avant eux.

Par la premiere de ces méthodes on ſuppoſoit la valeur du *hoang-tchoung*, ou *fa*, egale à 10; on multiplioit cette valeur par 50, & l'on en diviſoit le produit par 75. Ainſi *hoang-tchoung* 10, multiplié par 50, donne 500; ce nombre diviſé par 75, donne 6 $\frac{50}{75}$. On négligeoit la fraction, & l'on s'en tenoit au nombre entier 6; qui etoit la valeur du *lin-tchoung*, ou *ut*, quinte du *hoang-tchoung*, *fa*. Pour avoir la valeur du *tay-tſou*, ou *ſol*, quarte au-deſſous d'*ut*, on quadruploit la valeur du *lin-tchoung*, ou *ut* 6; ainſi quatre fois 6 donnent 24; 24 diviſé par 3 donne 8, qui eſt la valeur du *tay-tſou*, ou *ſol*, & ainſi des autres *lu*, en les prenant alternativement par quintes & par quartes.

La ſeconde de ces méthodes conſiſtoit à multiplier la valeur du *lin-tchoung* par 100, & à diviſer le produit par 75. Or, *lin-tchoung* 6, multiplié par 100, donne 600; ce nombre, diviſé par 75, eſt egal à 8 $\frac{50}{75}$, valeur du *tay-tſou*, ou *ſol*.

Quant à la méthode qui ſuppoſe le *hoang-tchoung* de 9 pouces, compoſés de 10 lignes, elle ne vaut pas la peine qu'on en parle ici. Elle eſt de l'invention de *Pan-kou* & de *Lieou-hing*; mais tous ceux qui ont travaillé ſur les *lu*, d'après les Anciens, la rejettent comme fautive. Ces deux Auteurs n'ont pas fait attention qu'en compoſant le pouce de 10 lignes, il ne falloit pas alors multiplier par 9, mais par 10. Ainſi tout leur travail *n'a produit que des erreurs*, dit le Prince *Tſai-yu*.

Je pourrois m'etendre davantage ſur la maniere d'opérer des Anciens; mais puiſque tout ſe réduit aux méthodes que je viens d'expoſer, je vais donner le réſultat des opérations des Modernes.

ARTICLE DOUZIEME.

Dimensions des Lu, *calculés plus rigoureusement par les Chinois modernes.*

ON a vu au commencement de cette seconde Partie, quelles etoient les opérations faites par les Chinois de la plus haute antiquité, pour obtenir la division de l'octave en douze demi-tons, qu'ils ont appellés *lu*; comment à l'occasion de ces *lu* ils avoient inventé les mesures de divers genres, & comment ensuite ils s'etoient servi de ces mêmes mesures pour connoître & ramener à un point fixe toutes les dimensions de chacun des douze *lu*. J'ai exposé leurs différentes méthodes, & j'ai fait connoître ce que les Chinois avoient de propre & d'uniquement à eux dans la maniere de traiter les différentes parties du système musical. Il seroit superflu d'entrer ici dans le détail des opérations géométriques, des calculs pénibles dont ils se sont occupés, pour obtenir plus exactement les dimensions déja fixées par les Anciens.

Si les Chinois ont cherché la quadrature du cercle; s'ils ont travaillé à trouver des méthodes pour la duplication du cube; les Grecs en ont fait autant. Mais ce que quelques Philosophes Grecs n'ont fait peut-être que pour remplir un loisir qui leur etoit à charge, ou pour satisfaire une curiosité stérile, les Philosophes Chinois l'ont fait dans des vues d'utilité pour la perfection de celle de leurs sciences, qu'ils regardent comme la clef de toutes les autres. S'ils ont cherché la quadrature du cercle, c'est pour trouver le rapport exact du diametre à la circonférence, afin de pouvoir déterminer avec précision l'aire de chaque *lu*. S'ils ont travaillé à la duplication du cube, c'est

T ij

pour pouvoir mefurer exactement le folide d'un *lu* quelconque, affigner un fecond folide parfaitement femblable à ce premier, & parvenir ainfi à une connoiffance fûre de la juftefle du ton.

Comme tout le travail des Chinois, à l'egard de ces deux objets, n'a abouti qu'à des approximations, & qu'ils ne fe font livrés à ce travail que depuis un ou deux fiecles avant l'ere chrétienne, je crois pouvoir me difpenfer d'en faire ici l'expofé. Je dis, au refte, depuis un ou deux fiecles avant l'ere chrétienne, parce que tout ce qui m'a paffé par les mains, en fait de géométrie, & en matiere de calcul pour la quadrature du cercle & la duplication du cube, relativement à la Mufique, ne m'a pas paru remonter plus haut que les *Han*. Du moins je n'ai vu aucun monument authentique qui m'atteftât le contraire. Les Chinois cependant ne penfent pas de même; ils font perfuadés que ce que fit *Lyng-lun*, fous *Hoang-ty*, plus de 2637 ans avant l'ere chrétienne, etoit bien autrement exact que tout ce qui s'eft fait fous les *Han*. Ils penfent que ce qu'avoit fait *Tcheou-koung*, du tems de *Ouen-ouang*, c'eft-à-dire, plus de 1122 ans avant Jefus-Chrift; que ce qu'avoit fait *Ling-tcheou-kieou*, du tems de Confucius; qu'en un mot, tout ce qu'ont fait tant d'autres grands hommes fous les trois dynafties qui ont précédé celle des *Han*, etoit marqué à un coin de précifion & d'exactitude bien au-deffus de tout ce qui a paru après eux. Mais la faulx du tems, difent-ils, a moiffonné la plupart des productions du génie des Anciens. Il ne nous en refte que quelques fragmens, par lefquels nous pouvons juger de ce qui nous manque.

Je vais donner le fimple réfultat des opérations des Modernes, touchant les dimenfions de chacun des douze *lu*. Ce réfultat eft le fruit du travail de l'illuftre Prince *Tfai-yu*, dont j'ai parlé fi fouvent dans ce Mémoire. Les figures 18, 19 &

10 préfentent ce réfultat. J'ai ajouté à la figure 18 les tons Chinois, fous les *lu* auxquels ils répondent, & les fyllabes Européennes, *fa*, *fol*, *la*, &c., par lefquelles j'ai traduit les tons chinois, dans le courant de cet Ouvrage. On pourra voir ainfi d'un coup d'œil fi les tons s'accordent avec les nombres.

Tout le calcul de *Tfai-yu* eft fondé fur la fuppofition que le pied qui donne la longueur du *hoang-tchoung*, ou *fa*, eft divifé en dix pouces, le pouce en dix lignes, les lignes en dix autres parties, & ainfi de fuite.

Quant aux deux autres figures, les détails qui les concernent font fur les planches mêmes, pour plus de commodité.

ARTICLE TREIZIEME.

Maniere d'eprouver les Lu.

Pour eprouver la juftefle des *lu*, les Chinois ont inventé un inftrument qui réunit, felon eux, la perfection du *kin* à celle du *ché*, ils l'appellent *lu-tchun*; il eft plus grand que le *kin*, & plus petit que le *ché*. Sa conftruction eft toute myftérieufe; il eft en petit l'image de tout ce que repréfente la Mufique elle-même. On peut fe rappeller ce que j'ai dit du *kin* & du *ché*, à l'article 6 de la premiere Partie, & l'appliquer au *lu-tchun*. Ainfi, laiffant à part tout ce que cet inftrument a de myftérieux & de fymbolique, je paffe à ce qu'il a d'effentiel par rapport aux *lu*, dont il doit eprouver & conftater, pour ainfi dire, la juftefle.

Les Anciens avoient fait deux fortes de *lu-tchun*; la premiere forte etoit de la forme du *ché*, & la feconde reffembloit au *kin*. Les *lu-tchun*, faits comme le *ché*, etoient longs de dix pieds ; les autres n'avoient que six à sept pieds. Le nombre de cordes, pour les uns & les autres, etoit indifféremment de douze ou de treize. Cet instrument etoit très en usage du tems des *Han*.

Parmi les Auteurs qui ont parlé du *lu-tchun*, on en compte quatre principaux. Le premier est *Ling-tcheou-kieou*, qui vivoit sous les *Tcheou*, environ 500 ans avant l'ere chrétienne. Le second est *King-fang* ; il vivoit sous les premiers *Han*, vers le commencement de notre ere. Le troisieme est *Tchen-tchoung-jou ;* il a ecrit du tems des *Ouei* postérieurs, c'est-à-dire, un peu plus de deux siecles après Jesus-Christ. Enfin le quatrieme, nommé *Ouang-pou*, a ecrit sous la petite dynastie des *Tcheou*, vers l'an 560 de notre ere. Je ne parle que de ces quatre Auteurs, parce qu'ils ont vécu en différens siecles, & qu'ils jouissent dans leur pays d'une estime plus universelle.

Il s'en faut bien cependant que ces Auteurs aient traité du *lu-tchun* avec l'exactitude requise pour un pareil sujet. Ils ont cru qu'il suffisoit, pour la pratique, de donner des à-peu-près, sans faire attention que ces à-peu-près devenoient des erreurs enormes quand on les ramenoit au calcul.

Le Prince *Tsai-yu*, qui a travaillé avec plus de méthode que tous ces Auteurs, & qui avoit les secours nécessaires pour le faire avec plus de succès ; ce Prince, dis-je, après avoir dépouillé tous les Livres, tant anciens que modernes, qui ont parlé du *lu-tchun*, conclut que cet instrument, pour être exact & conforme en tout aux vues de son Inventeur, devoit être tel que celui qu'il s'est donné la peine de construire lui-même. Il est représenté à la figure 21. En voici une courte description tirée de l'Ouvrage même de *Tsai-yu*.

Pour avoir un bon *lu-tchun*, dit cet illustre & savant Auteur, & pour que ce *lu-tchun* ait toutes les qualités qu'exigeoient les Anciens pour représenter la perfection de leur Musique, il faut employer le bois appellé *toung-mou*. On donnera à ce bois une forme qui tienne un milieu entre celle du *kin* & celle du *ché*. Car le *lu-tchun*, sans être exactement ni comme l'un, ni comme l'autre de ces instrumens, doit cependant ressembler en quelque chose à tous les deux. Il faut qu'il soit egalement large par-tout, qu'il ait deux ouvertures, faites en rond, sur sa partie de derriere, & une couche de vernis noir sur sa partie de devant. Ses dimensions doivent être fixées au moyen du pied des *Hia*.

La longueur totale de l'instrument doit être de 55 pouces, nombre complet du ciel & de la terre; & sa longueur d'un chevalet à l'autre, c'est-à-dire, la longueur du corps sonore, doit être de 50 pouces, nombre de la grande expansion.

La largeur, tant au haut qu'au bas de l'instrument, doit être de 8 pouces, nombre qui représente les 8 aires de vent; & son epaisseur, c'est-à-dire, sa hauteur depuis sa surface supérieure, jusqu'à sa surface inférieure, doit être d'un pouce & demi.

Le rebord *ee* (figure 21) de l'extrémité de la partie supérieure, doit être de 3 pouces, pour représenter les trois lunaisons dont chaque saison de l'année est composée.

Il doit avoir 12 cordes pour former les douze *lu*, & 12 points de division, servant à l'accord de l'instrument; ce nombre de 12 représente les douze lunaisons de l'année commune.

Le chevalet *ff*, qui est à la partie supérieure de l'instrument, doit avoir 6 lignes de hauteur, & celui d'en bas *gg*, six dixiemes de ligne, pour représenter les six heures que les Chinois comptent de minuit à midi, & depuis midi jusqu'à l'autre minuit (on sait que nos 24 heures ne font que 12 heures chinoises). La largeur de l'un & l'autre chevalet doit être de 5 lignes, & la longueur de 8 pouces. Ces divers nombres de 5, de 6 & de 8, qui répondent aux différentes mesures, désignent les 5 tons, les 6 *yang-lu* (appellés simplement *lu*) & les 8 sons.

Le diametre des deux ouvertures, ou trous *a*, *b*, doit être de 3 pouces. La diſtance depuis le centre du trou *a*, juſqu'à l'extrémité du rebord de la partie ſupérieure *ee*, doit être d'un pied ; & depuis le centre du trou *b* juſqu'à l'extrémité de la partie inférieure, la diſtance ne doit être que de 5 pouces. Ces nombres 3, 5 & 1, ſont le ſymbole du tout, concentré dans l'unité.

L'epaiſſeur du bois doit être par-tout de 4 lignes, pour repréſenter les quatre ſaiſons. Les tuyaux qui donnent les douze vrais *lu*, ou *lu* moyens, doivent être mis en dépôt dans le corps de l'inſtrument, en les faiſant entrer par les ouvertures *a*, *b* ; & cela pour déſigner que le *lu-tchun* eſt un abrégé, ou contient en abrégé toute la Muſique.

Les chevilles *dd* ſont pour arrêter fixement les cordes, qu'on tend & détend au moyen des chevilles *c*. Ces cordes doivent être comme celles du *kin*. Il faut choiſir les meilleures, & en prendre deux aſſortimens. La premiere, qui donne le *hoang-tchoung*, ou *fa*, & celle du milieu, ſont uniques, toutes les autres doivent être doubles, pour fortifier le ſon.

Les diviſions ſeront d'autant plus juſtes, que les points qui les indiquent ſeront plus fins ; chaque diviſion déſigne un *lu*. Ainſi la premiere, c'eſt-à-dire, celle qui partage la corde en deux parties egales, eſt l'octave du *hoang-tchoung*, la ſeconde eſt *yng-tchoung*, ou *mi*, la troiſieme *ou-y*, c'eſt-à-dire, *re* ⚹, & ainſi des autres juſqu'à la diviſion d'en bas, après laquelle eſt le *hoang-tchoung* grave, donné par la longueur totale de la corde. Voilà pour l'ordre rétrograde. En ſuivant l'ordre naturel, on compte pour premiere diviſion celle qui eſt la plus près de l'extrémité de l'inſtrument ; alors la premiere diviſion répond au *ta-lu*, ou *fa* ⚹, la ſeconde à *tai-tſou*, ou *ſol*, &c, juſqu'à la douzieme, qui eſt l'octave du *hoang-tchoung*.

Lorſqu'on veut accorder le *lu-tchun*, on retire les tuyaux

des

des *lu*, mis en dépôt dans le corps de l'inſtrument ; on fait ſonner celui du *hoang-tchoung*, & l'on met la premiere corde à l'uniſſon. On peut, ſi l'on veut, accorder les autres cordes, en prenant le ton des tuyaux de leurs *lu* correſpondans ; mais la véritable maniere (*o o*) eſt une de celles qui ſuivent.

La premiere corde, miſe exactement au ton du premier tuyau des *lu*, donne le *hoang-tchoung*, dont l'octave eſt à la premiere diviſion.

La ſeconde corde doit donner le *ta-lu*. Pour s'aſſurer que ce *ta-lu* eſt juſte, il faut mettre le doigt ſur la ſeconde diviſion, & pincer la corde. Si le ton qu'elle rend alors eſt à l'uniſſon du *hoang-tchoung*, toute ſa longueur donnera le véritable *ta-lu*.

La troiſieme corde doit donner le *tay-tſou*. Si en la partageant au point de la troiſieme diviſion, elle eſt à l'uniſſon du *hoang-tchoung*, toute ſa longueur donnera le véritable *tay-tſou*. Il en eſt ainſi des autres cordes, la quatrieme, la cinquieme, la ſixieme, &c., qui partagées à la quatrieme, la cinquieme, la ſixieme diviſion, &c., ſeront bien accordées, ſi elles ſont à l'uniſſon du *hoang-tchoung*.

(*o o*) Le P. Amiot a raiſon de s'exprimer ainſi, car la maniere de retirer les tuyaux du corps de l'inſtrument, les faire ſonner, & mettre chaque corde au ton du tuyau qui lui correſpond, eſt bien plutôt la maniere d'*eprouver* le *lu-tchun* lui-même, que celle d'eprouver au contraire les *lu* ſur le *lu-tchun*. Mais, dès qu'on a des tuyaux bien d'accord, ne ſeroit-il pas plus ſimple de comparer à ce modele, à cette ſorte d'original, tout autre tuyau, tout autre inſtrument ; en un mot, tout ce qui doit ſonner les *lu*, que de paſſer par la cérémonie du *lu-tchun*, ſi, comme on vient de le voir, il n'eſt que la copie des intonations que préſentent les tuyaux ſur leſquels on l'accorde ?

Ce qu'on auroit eu à deſirer ici, à l'egard de cet inſtrument, ce ſeroit de ſavoir quelle eſt la juſte proportion que gardent entr'elles les diviſions marquées par des points. On pourroit alors le regarder comme un modele de demi-tons *tempérés*, propres à être tranſportés ſur nos inſtrumens à touches, c'eſt-à-dire, ceux qui n'ont qu'une ſeule touche pour deux ſons différens.

V

DE LA MUSIQUE

Pour epargner au Lecteur la peine d'avoir fans ceffe les yeux fixés fur la figure qui repréfente les *lu*, & leur correfpondance avec nos tons, je vais expliquer à notre maniere cette premiere méthode d'accorder le *lu-tchun*.

La premiere corde, ou *fa*, partagée en deux parties egales, c'eft-à-dire, au point qui marque la premiere divifion, donne fon octave, *fa*.

La feconde corde, *fa* ✖, partagée au point de la feconde divifion, doit être à l'uniffon de la premiere corde, *fa*.

La troifieme corde, *fol*, partagée au point de la troifieme divifion, doit être à l'uniffon de la premiere corde, *fa*.

La quatrieme corde, *fol* ✖, partagée au point de la quatrieme divifion, doit être à l'uniffon de la premiere corde, *fa*.

La cinquieme corde, *la*, partagée au point de la cinquieme divifion, doit être à l'uniffon de la premiere corde, *fa*; & ainfi des autres cordes, jufqu'à la douzieme, lefquelles partagées chacune à leur divifion correfpondante, doivent être à l'uniffon de la premiere corde *fa*. On comprend affez cette méthode, dont on peut fe fervir auffi pour vérifier la juftefle des divifions.

La feconde méthode confifte à accorder les cordes qui donnent les fons fondamentaux, avec celles qui doivent donner leurs harmoniques, ou, pour m'exprimer comme les Chinois, cette méthode confifte *à accorder les fons fondamentaux avec les fons qu'ils engendrent par l'intervalle de huit, en defcendant, & par l'intervalle de fix, en montant.* Voici cette méthode.

La premiere corde, *hoang-tchoung*, *fa*, & la huitieme corde *lin-tchoung*, ou *ut*, doivent être d'accord; & *lin-tchoung*, *ut*, doit s'accorder avec *tay-tfou*, *fol*, parce que *hoang-tchoung*, *fa*, engendre, en defcendant, par l'intervalle de huit, *lin-*

tchoung, ut, & que *lin-tchoung*, ut, engendre, en montant, par l'intervalle de six, *tay-tſou*, ſol (*pp*).

La troiſieme corde *tay-tſou*, ſol, doit s'accorder avec la dixieme corde *nan-lu*, re; & *nan-lu*, re, doit s'accorder avec *kou-ſi*, la, par la même raiſon que ci-deſſus.

La cinquieme corde *kou-ſi*, la, doit s'accorder avec la douzieme corde *yng-tchoung*, mi; & la douzieme corde *yng-tchoung*, mi, doit s'accorder avec la ſeptieme corde *joui-pin*, ſi.

La ſeptieme corde *joui-pin*, ſi, doit s'accorder avec la ſeconde corde *ta-lu*, fa ✕; & la ſeconde corde *ta-lu*, fa ✕, doit s'accorder avec la neuvieme corde *y-tſé*, ut ✕.

La neuvieme corde *y-tſé*, ut ✕, doit s'accorder avec la quatrieme corde *kia-tchoung*, ſol ✕; & la quatrieme corde *kia-tchoung*, ſol ✕, doit s'accorder avec la onzieme corde *ou-y*, re ✕.

La onzieme corde *ou-y*, re ✕, doit s'accorder avec la ſixieme corde *tchoung-lu*, la ✕; & la ſixieme corde *tchoung-lu*, la ✕, doit s'accorder avec la premiere corde *hoang-tchoung*, fa (*qq*).

(*pp*) C'eſt-à-dire, que la premiere corde etant *fa*, la huitieme corde, ou *ut*, devra ſonner la quinte avec ce *fa*, & la quarte avec *ſol*. Quant aux cordes ſuivantes, le texte qu'on va lire ſe réduit à ce que *re* ſonne la quinte avec *ſol*, & la quarte avec *la*; que *mi* ſonne la quinte avec *la*, & la quarte avec *ſi*; & ainſi de ſuite pour les ſons qui reſtent, formant avec les précédens la ſérie alternative de quintes & de quartes: fa ut ſol re la mi ſi fa✕ ut✕ ſol✕ re✕ la✕.

(*qq*) C'eſt-à-dire, avec *hoang-tchoung*, ou *fa*, pris ici pour *mi*dieſe, quarte au-deſſous de *la*dieſe, ou ſi l'on veut, contre lequel *la*✕ doit ſonner la quarte. On voit par-là que le *lu-tchun* du Prince *Tſai-yu*, n'eſt qu'un moyen méchanique pour obtenir des quintes & des quartes *tempérées*, c'eſt-à-dire, des quintes & des quartes hors des proportions que donne le monocorde, ou *canon harmonique*, vrai *lu-tchun* pour les ſons juſtes, puiſqu'il n'eſt au fond, comme je l'ai dit dans mon Mémoire, qu'un ré-

Le *lu-tchun*, ainsi accordé, peut servir de regle à tous les autres instrumens; il peut rendre tous les sons de la Musique (*r r*).

sultat de la progression triple (page 6, §. 8). Voyez *ibid.* page 103, §. 20.

(*rr*) Excepté les *mi-dieses*, les *si-bémols*, les *mi-bémols*, &c., qui ne peuvent être représentés qu'à-peu-près par *fa*, par *la-diese*, par *re-diese*, &c. Je dis *à-peu-près*, mais les théoriciens savent, & les personnes qui jouent du violon ou du violoncelle, eprouvent tous les jours, que ce n'est qu'*à beaucoup près* qu'un *la-diese* peut représenter *si-bémol*; un *mi-diese*, *fa*; un *re-diese*, *mi-bémol*, &c.; mais il s'agit ici d'un système *tempéré*, comme on l'a vu à la note précédente, d'un système où le Prince *Tsai-yu* emploie ce qu'il appelle des *correctifs*. Voyez ci-devant l'article 5, & la note *q*, page 116.

TROISIEME PARTIE.

ARTICLE PREMIER.

Ce que les Chinois entendent par ton.

Le ton, suivant les Chinois, est un son modifié, qui est de quelque durée, & qui ne peut occuper qu'une etendue, que la nature elle-même a fixée par ses immuables loix.

On voit par cette définition que le ton est distingué du bruit, du simple son, & de ce que les Chinois appellent *lu*. Ainsi, tout son qui n'est pas modifié, qui n'est pas de quelque durée, & qui n'a pas l'etendue qui lui a eté fixée par la nature, n'est qu'un bruit sans vie, aussi incapable de rien produire hors de soi, que de se reproduire lui-même. Il résulte de-là que le véritable *ton* est un son animé, un son fécond qui donne l'être à d'autres sons, & qui a la vertu de se reproduire.

Les tons doivent être envisagés sous deux points de vue différens : 1°. comme isolés & indépendans l'un de l'autre ; 2°. comme etant nécessairement liés entr'eux, & si etroitement liés qu'ils ne peuvent exister l'un sans l'autre.

Les tons envisagés sous le premier point de vue, c'est-à-dire, comme isolés & indépendans, sont appellés du nom de *cheng*, & désignés par un caractere particulier; envisagés sous le second point de vue, c'est-à-dire, comme liés entr'eux, ils sont appellés *yn*, & on les désigne par un caractere tout différent du premier. Les *cheng* & les *yn* font la mélodie, appellée *yo* ; la mélodie & les *yn* font la Musique, qu'on exprime ordinairement par les deux caracteres *yn-yo*.

C'est pour n'avoir pas connu toutes ces différences, & pour avoir confondu les *cheng* avec les *yn* (les sons isolés avec les sons liés entr'eux), que la plupart des Auteurs qui ont ecrit sur la Musique, depuis les *Han*, ont avancé tant d'absurdités. En lisant, par exemple, dans les anciens Livres, les deux caracteres *ou*, *yn*, qui signifient les *cinq tons*, ils n'ont vu autre chose, dans cette expression, qu'une echelle, ou une gamme, de cinq tons consécutifs, & ils se sont trompés. Les cinq tons *koung*, *chang*, *kio*, *tché*, *yu* (*fa sol la ut re*) n'ont jamais constitué une echelle complette. Si ces Auteurs avoient eté plus versés en Musique, ils auroient vu que les cinq tons n'etoient désignés que comme un résultat des cinq premiers termes de la progression triple, 1, 3, 9, 27, 81, & qu'ils n'etoient que les cinq tons principaux du système diatonique, formés par une série de quintes : *fa ut, ut sol, sol re, re la,* comme on peut s'en convaincre par la seule inspection de la figure 1 de cette troisieme Partie. La génération de ces cinq tons y est trop bien exprimée pour qu'on puisse s'y méprendre (*a*). Si ce n'est pas encore-là un système complet, c'en est

(*a*) On voit en effet dans cette figure la génération des nombres 1, 3, 9, 27, 81, répondre aux sons *fa ut sol re la*. Il est très-vrai que 1 engendre 3, que 3 engendre 9, & ainsi de suite. Mais quant aux noms des notes, ces nombres devroient être pris en rétrogradant ; ou bien, les nombres etant dans leur ordre naturel, celui des notes devroit lui-même être rétrograde, comme : *la re sol ut fa*, sur les nombres 1, 3, 9, &c. ; parce que ces nombres désignant les longueurs des tuyaux qui sonnent les *lu*, il implique de faire répondre à 1, 3, ou 3, 9, &c., les quintes en montant *fa ut*, ou *ut sol*, &c. Voyez la figure 1 de la premiere Partie, où les tons & les nombres sont pris dans leur vrai sens, c'està-dire, où le ton *koung*, ou *fa*, porte le nombre 81. Ce nombre, & ceux des autres tons de la même figure, sont confirmés par le texte de *Hoai-nan-tsee*, rapporté à l'art. 5 de la seconde Partie. Voyez p. 119.

Au reste, toutes ces variations des Chinois, touchant l'application des nombres, n'empêchent pas que les cinq tons ne soient toujours le résultat des cinq pre-

DES CHINOIS, III. Part. 159

du moins le commencement. Nous allons voir qu'en ajoutant, à ces cinq tons, ce que les Chinois appellent les deux *pien*, c'eſt-à-dire, le *mi* & le *ſi*, on a tout ce qu'on peut deſirer pour rendre ce ſyſtême complet (*b*).

miers termes de la progreſſion triple, pris dans un ſens ou dans l'autre, à droite ou à gauche, par 1 ou par 81.

(*b*) Cette doctrine des *cinq tons*, qui ſemble n'avoir produit que des erreurs chez les Chinois, eſt néanmoins une des belles découvertes en muſique, dues à cette ancienne nation. Voici l'idée que je ſuppoſe à cet égard aux inſtitu-teurs des cinq tons. Ce ſera la mienne ou la leur, peu importe ; c'eſt l'idée de la choſe.

Concevez le ſyſtême harmonique de douze ſons à la quinte l'un de l'autre, repréſentés par la ſérie des douze termes de la progreſſion triple, auxquels vous ferez correſpondre des quintes montantes ou des quintes deſcendantes, à votre choix :

EXEMPLE.

```
 1.   3.   9.   27.  81.  243. 729. 2187. 6561. 19683. 59049. 177147.
 fa   ut  ſol  re   la   mi   ſi   fa✳   ut✳   ſol✳   re✳    la✳.
 ſi   mi  la   re   ſol  ut   fa   ſi♭   mi♭   la♭    re♭    ſol♭.
 la✳ re✳ ſol✳ ut✳ fa✳ ſi  mi   la    re     ſol    ut     fa.
```

Prenez les cinq premiers termes de cette progreſſion, ou ſi vous voulez, les cinq premiers ſons *fa ut ſol re la* du premier rang de notes ; arrangez-les de différentes manieres, vous aurez, pour les moindres intervalles poſſibles, les tons *ut re, fa ſol* & *ſol la*, ou, ſelon les Chinois, les cinq tons *fa, ſol, la, ut, re*. Prenez un terme de plus, vous aurez, avec le premier terme *fa*, un nouvel intervalle plus petit que le ton, vous aurez *fa mi*, au premier rang, *ſi ut* au ſecond, & *la ✳ ſi* au troiſieme. Voilà donc pourquoi les anciens Chinois, dans l'énumération des ſons, qu'ils appellent *tons*, ne parlent jamais que de cinq. Car un ſixieme ſon, par quelque terme de la progreſſion que l'on commence à compter, ſoit en ſuivant l'ordre naturel, ſoit en rétrogradant, n'eſt plus que ce que les Chinois appellent un *chao*, un intervalle *moindre, petit* ; intervalle que nous nommons *demi-ton*.

J'ai dit , *par quelque terme que l'on commence à compter*, &c. ; & c'eſt préciſément en cela que la doctrine des cinq tons paroît admirable. En effet, comptez depuis le ſecond terme (celui qui répond à 3), juſqu'à ſon ſixieme, vous aurez le demi-ton *ut ſi*, au premier rang, *mi fa* au ſecond, *re ✳ mi* au troiſieme.

Partez du terme qui porte le

ARTICLE SECOND.

DES SEPT PRINCIPES.

LES Chinois appellent du nom de *sept principes*, ou de *tsi-ché*, la réunion des cinq tons & des deux *pien*, en un mot, tous les tons, qui, dans l'intervalle d'une octave diatonique,

chiffre 9, vous aurez de ce terme à son sixieme, le demi-ton *sol fa* ✳, ou *la fi* ♭, ou *sol* ✳ *la*; & ainsi du reste. Vous trouverez egalement un demi-ton, en remontant du dernier terme à son sixieme, de l'avant dernier, ou de tout autre, à son sixieme.

On peut donc, en suivant ce procédé, définir le demi-ton diatonique, ou *limma*, dont il s'agit ici : le chant ou l'intonation, qui résulte d'un terme donné, de la progression triple, & de son sixieme, en les rapprochant l'un de l'autre; ou si l'on veut, le rapprochement de deux termes, entre lesquels il y en a quatre d'intermédiaires.

. Par la même méthode on aura la définition de l'autre sorte de demi-ton, appellé chromatique, ou *apotome*; il se trouve d'un terme donné à son huitieme. Ainsi on aura un apotome du premier terme au huitieme, *fa fa* ✳, ou *si si* ♭, ou *la* ✳ *la*; du second terme au neuvieme, *ut ut* ✳, *mi mi* ♭, *re* ✳ *re*; du troisieme au dixieme, &c., &c. On peut voir le développement de ce procédé pour d'autres intervalles, note 35 de mon Mémoire,

§. 182, 183, 184, page 198.

Il résulte de cette observation, que l'Instituteur des *cinq tons*, chez les Chinois, a pu vouloir représenter, par cette sorte de tableau, l'idée d'un genre qu'on pourroit appeller, à la lettre, *diatonique*; d'un genre dont les moindres intervalles sont le *ton*; puisque plusieurs airs chinois, & divers autres morceaux de leur Musique, ne sont composés qu'avec ces cinq tons, n'ont pour élémens que les sons *koung*, *chang*, *kio*, *tché*, *yu*; tandis que le prétendu genre diatonique des Européens, n'est pas strictement tel, puisqu'il admet les tons & les demi-tons, & que de l'aveu même des Grecs, de qui nous tenons cette dénomination, ce genre n'est ainsi appellé que parce qu'il procede *principalement* par des tons. Encore faut-il se prêter à cette idée, & la circonscrire, ainsi que le faisoient les Grecs, dans le chant que forme un tétracorde; car dans des chants particuliers, comme *mi fa sol*, ou *si ut re mi fa*, ou *sol* ✳ *la si ut re mi fa*, qui sont pourtant diatoniques, il y a autant de tons que de demi-tons.

peuvent

peuvent commencer une modulation, ou conſtituer un mode, & que nous appellerions une echelle, une gamme, &c. Voyez la figure 2.

Ces ſept principes, connus de tout tems à la Chine par les Sages, ont eté ignorés par les Lettrés vulgaires, parce qu'ils n'ont connu, ni le ſens de l'expreſſion qui déſigne ces ſept principes, ni l'application qu'on en faiſoit dans la ſcience des ſons. Ils n'ont voulu admettre, dans la Muſique des Anciens, que les cinq tons (*fa ſol la ut re*), & ont rejetté les deux *pien* (*mi* & *ſi*), comme etant, diſoient-ils, de nouvelle invention.

Ho-ſoui, Tchen-yang & *Sou-kouei* ont eté les plus ardens à proſcrire les *pien*. Les deux premiers de ces Auteurs, ont avancé que le *pien-koung* & le *pien-tché*, etoient auſſi inutiles dans la Muſique, *que le ſeroit un doigt de plus à chaque main;* & le dernier dit que *ſi l'on admet les deux* PIEN, *il n'y a plus de correſpondance entre les* LU *& les lunaiſons dont une année eſt compoſée, & que tout l'ordre du cérémonial ſe trouve renverſé*, &c.

Il faut avouer, dit le Prince *Tſai-yu*, avec une eſpece d'indignation, *que nos Lettrés ſont quelquefois bien hardis dans leurs déciſions. Un peu moins de hardieſſe, & un peu plus de ſcience, les empécheroient ſouvent de faire certaines bévues, qui les rendent mépriſables aux yeux de ceux qui entendent ces matieres.*

Il n'y a qu'à lire, ajoute *Tſai-yu, les commentaires de* TSO-KIEOU-MING, *le* KOUE-YU, *les Ouvrages de Confucius, le* CHOU-KING *lui-même, pour ſe convaincre que depuis l'antiquité la plus reculée, on a connu & fait uſage, dans l'Empire, d'une muſique qui admet les ſept modulations principales, comme le fondement de toutes les autres ; que parmi ces ſept modulations il y en avoit une en* PIEN-KOUNG, *& une autre en* PIEN-TCHÉ, *& qu'enfin c'eſt ce qui eſt déſigné dans les plus*

X

anciens Livres, sous le nom de TSI-CHÉ, ou des SEPT PRIN-CIPES.... En un mot, il ne sauroit y avoir de vraie musique, sans le PIEN-KOUNG & le PIEN-TCHÉ. Comment les Anciens auroient-ils pu faire circuler le KOUNG, ou son fondamental, par toutes les modulations des LU, s'ils n'avoient employé les deux PIEN ? &c.

Voyez les figures 3, 4, &c., jusqu'à la huitieme inclusivement. Elles présentent les modulations des six autres sons, qui, avec la figure précédente, forment les modulations des sept principes (c). On se convaincra par-là que les Chinois ont

(c) J'ai réuni toutes ces figures en un seul tableau, soit pour diminuer le nombre des planches, soit pour présenter, sous le même coup-d'œil, pour ainsi dire, les sept modulations dont il s'agit ici. Pour pouvoir former cette réunion, il m'a fallu sortir du costume chinois, mais je ne l'ai fait qu'à l'egard de la forme, sans rien changer au fond, comme on en jugera par la figure 2 que j'ai répétée, pour la mettre à la tête des six autres modulations.

Les titres particuliers des figures 3, 4, &c., que j'ai conservés tels qu'ils etoient, savoir : *modulation en chang, modulation en kio*, &c., pourroient peut-être encore embarrasser le Lecteur, malgré la clarté que j'ai tâché de répandre sur cet objet : mais voici ce que c'est.

La modulation en *koung* est, comme on l'a vu à la figure 2, celle où *fa* fait le *koung*. Or, *modulation en chang* signifie ici, modulation de *sol*, qui etoit *chang* lorsque *fa* faisoit le *koung*, lorsqu'il etoit premier degré ; *modulation en kio* signifie, modulation de *la*, qui etoit *kio* lorsque *fa* etoit premier degré ; & ainsi du reste. C'est à-peu-près comme nous dirions d'une piece en *re* ou en *mi*, qu'elle est au ton de la *seconde note*, au ton de la *médiante*, parce que lorsqu'on est en *ut*, ce *re* est seconde note, ce *mi* est médiante ; ou, comme disent assez sérieusement quelques personnes peu versées en musique, *sensible de quinte, sensible de seconde*. (*), &c. ; ou bien, *passer au ton de la dominante, au ton de la soudominante*, &c., sans faire attention que cette *quinte* & cette *seconde* ne sont plus, ni cinquieme, ni second degré, dès qu'on accuse leurs notes sensibles, leurs septiemes degrés ; & que cette *dominante*, & cette *soudominante*, ne sont plus telles dès qu'on passe à leur ton, qu'on en fait des *toniques*. Car un Européen n'est pas plus en *ut*, quand il passe en *sol*, ou en *re*, &c., qu'un

(*) *Traité de Musique*, dédié à Mgr. le Duc de Chartres, 1776.

pour principe ; 1°. que les *lu* font immuables ; 2°. que chacun des douze *lu* peut former fucceffivement les fept fons qui conftituent ce qu'on appelle *les fept principes ;* d'où l'on conclura, qu'avec les douze *lu* & les fept principes, ils ont un fyftême de mufique complet.

Mais pour que ce fyftême foit véritablement complet, dit le célebre *Tchou-hi, je crois qu'il faut prendre ces mots,* LES SEPT PRINCIPES, *dans un fens plus etendu, & qu'aux fept principes il faut joindre les cinq complémens.*

Voici, felon cet Auteur, quels font les fept principes & les cinq complémens.

Premier principe, *hoang-tchoung* & *lin-tchoung*, c'eft-à-dire, *fa ut.*

Second principe, *lin-tchoung* & *tay-tfou, ut fol.*
Troifieme principe, *tay-tfou* & *nan-lu, fol re.*
Quatrieme principe, *nan-lu* & *kou-fi, re la.*
Cinquieme principe, *kou-fi* & *yng-tchoung, la mi.*
Sixieme principe, *yng-tchoung* & *joui-pin, mi fi.*
Septieme principe, *joui-pin, fi* (*d*).

Chinois ne devroit être en *fa*, lorfqu'il fait le *koung* fur *fol*, fur *la*, fur *ut*, &c.

Au refte, les modulations de *fol*, de *la*, &c., dans le manufcrit du P. Amiot, font toutes exprimées par les fept notes *fa fol la fi ut re mi*. C'eft une forte de tranfpofition muficale, par laquelle on dit *fi* fur le dernier diefe ; or ici ce dernier diefe eft toujours le *pien-tché*. J'ai cru devoir faire difparoître cette tranfpofition, qui auroit trop contredit les vrais noms des notes que j'ai ajoutés dans la colonne des *lu* pour faciliter l'intelligence de toutes les parties du tableau.

(*d*) Cet exemple de *Chou-hi* auroit eté plus clair, s'il n'avoit pas affocié chaque *lu* avec celui qu'il engendre : le *fa* avec l'*ut*, l'*ut* avec *fol*, &c. Dès qu'on fait une fois que le *hoang-tchoung*, ou *fa*, engendre fa quinte *ut*, que celle-ci engendre *fol*, que *fol* engendre *re*, &c., il etoit plus fimple de dire, que les fept *principes*, font les fept fons *fa, ut, fol, re, la, mi, fi*, c'eft-à-dire, les cinq tons avec les deux *pien*, pris dans l'ordre de leur génération ; & que les

X ij

Du septieme principe, *joui-pin*, ou *fi*, se forme le premier des complémens, de la maniere qui suit.

Premier complément, *joui-pin* & *ta-lu*, c'est-à-dire, *fi* & *fa* ✕. Second complément, *ta-lu* & *y-tsé*, c'est-à-dire, *fa* ✕ & *ut* ✕. Troisieme complément, *y-tsé* & *kia-tchoung*, c'est-à-dire, *ut* ✕ & *sol* ✕. Quatrieme complément, *kia-tchoung* & *ou-y*, c'est-à-dire, *sol* ✕ & *re* ✕. Cinquieme & dernier complément, *ou-y* & *tchoung-lu*, c'est-à-dire, *re* ✕ & *la* ✕.

Ce que j'appelle ici *principes* & *complémens*, pourroit être traduit de quelqu'autre maniere, plus conforme peut-être aux idées sous lesquelles nous concevons les objets. Quoi qu'il en soit, le Lecteur musicien ne verra dans ces expressions qu'une série de quintes, formées par la progression triple, depuis l'unité jusqu'au douzieme terme inclusivement; & c'est tout ce dont il s'agit ici.

ARTICLE TROISIEME.

Si les Chinois connoissent, ou ont connu anciennement, ce que nous appellons Contrepoint.

SI l'on me demandoit simplement : *les Chinois connoissent-ils, ou ont-ils connu anciennement l'harmonie ?* Je répondrois affirmativement, & j'ajouterois que les Chinois sont peut-être la nation du monde qui a le mieux connu l'harmonie, & qui

cinq *complémens* sont, dans le même ordre, les sons *fa* ✕, *ut* ✕, *sol* ✕, *re* ✕, *la* ✕, tous engendrés de la souche commune *fa*, par une suite de la filiation précédente. Au lieu qu'avec le plan qu'a suivi l'Auteur chinois, il lui arrive que le *joui-pin*, ou *fi*, se trouve isolé ; & que ce *fi*, qui est le *septieme principe*, pourroit être regardé, si on vouloit, comme *principe* & *complément*, tout à la fois, puisqu'on le rencontre encore dans la classe des complémens. Voyez la suite du texte.

en a le plus univerfellement obfervé les loix. Mais quelle eft cette harmonie, ajouteroit-on, dont les Chinois ont fi bien obfervé les loix ? Je répondrois : cette harmonie confifte dans un accord général, entre les chofes phyfiques, morales & politiques, en ce qui conftitue la Religion & le Gouvernement ; accord dont la fcience des fons n'eft qu'une repréfentation, n'eft que l'image. Quel eft donc cet accord, puifqu'il ne s'agit ici que de Mufique ? A cela les Chinois, tant anciens que modernes, feront la réponfe fuivante, que j'extrais de leurs Livres. Je l'abrégerai, pour ne pas répéter ce que je puis avoir dit dans le cours de ce Mémoire.

La Mufique, difent les Chinois, n'eft qu'une efpece de langage, dont les hommes fe fervent pour exprimer les fentimens dont ils font affectés. Sommes-nous affligés ? Sommes-nous touchés des malheurs de quelqu'un ? Nous nous attriftons, nous nous attendriffons, & les fons que nous formons n'expriment que la trifteffe ou la compaffion. Si au contraire la joie eft dans le fond de notre cœur, notre voix la manifefte au-dehors ; le ton que nous prenons eft clair ; nos paroles ne font point entrecoupées, chaque fyllabe eft prononcée diftinctement, quoiqu'avec rapidité. Sommes-nous en colere ? nous avons le fon de voix fort & menaçant. Mais fi nous fommes pénétrés de refpect ou d'eftime pour quelqu'un, nous prenons un ton doux, affable & modefte. Si nous aimons, notre voix n'a rien de rude ou de groffier. En un mot, chaque paffion a fes tons propres & fon langage particulier.

Il faut par conféquent que la Mufique, pour être bonne, foit à l'uniffon des paffions qu'elle doit exprimer. Voilà le premier accord.

Il faut, outre cela, que la Mufique module, en n'employant que le ton propre ; car chaque ton a une maniere d'être & d'exprimer qui n'appartient qu'à lui. Par exemple, le ton *koung* a une modulation sérieuse & grave, parce qu'elle doit représenter l'Empereur, la sublimité de sa doctrine (*e*), la majesté de sa contenance & de toutes ses actions. Le ton *chang*, au contraire, a une modulation forte & un peu âcre, parce qu'elle doit représenter le Ministre, & son intrépidité à exercer la justice, même avec un peu de rigueur. Le ton *kio* a une modulation unie & douce, parce qu'elle doit représenter la modestie, la soumission aux Loix, & la constante docilité que doivent avoir les peuples envers ceux qui sont chargés de les gouverner. Le ton *tché* a une modulation rapide, parce qu'elle représente les affaires de l'Empire, l'exactitude & la célérité avec lesquelles on doit les traiter. Le ton *yu* a une modulation haute & brillante, parce qu'elle représente l'universalité des choses, & les différens rapports qu'elles ont entr'elles pour arriver à la même fin.

Que ces modulations soient employées à propos, en n'exprimant que ce qu'elles doivent représenter, ce sera le second accord.

Les tons sont comme les mots du langage musical; les modulations en sont les phrases. Les voix, les instrumens, & les danses, forment le contexte & tout l'ensemble du discours. Lorsque nous voulons exprimer ce que nous sentons, nous employons, dans nos paroles, des tons hauts ou bas, graves ou aigus, forts ou foibles, lents ou précipités, courts ou de quelque durée. Si ces tons sont réglés par les *lu*; si les instrumens soutiennent la voix, & ne font entendre ces tons, ni plutôt, ni plus tard qu'elle; si chacun des huit sortes de sons a été mis au ton qui lui convient, & n'est employé que lorsqu'il est à propos qu'il le soit; si les danseurs, par leurs attitudes,

---

(*e*) Il faut se souvenir que ce sont les Chinois qui parlent, & qu'il s'agit ici des regles pour faire de la musique en Chine.

& toutes leurs evolutions, difent aux yeux ce que les voix & les inftrumens difent aux oreilles (*f*); fi celui qui fait les cérémonies en l'honneur du Ciel, ou pour honorer les Ancêtres, montre, par la gravité de fa contenance, & par tout fon maintien, qu'il eft véritablement pénétré des fentimens qu'expriment, & le chant & les danfes : voilà l'accord le plus parfait ; *voilà la véritable harmonie. Nous n'en connoiffons point, & nous n'en avons jamais connu d'autre.*

Il me femble qu'on ne peut pas réfoudre plus clairement la queftion. Un exemple achevera de mettre fous les yeux du Lecteur, quelle eft la forte d'harmonie dont les Chinois ont fait ufage, dans leur mufique, depuis les tems les plus reculés jufqu'à celui où nous vivons. Je le tire de ce qu'il y a de plus facré parmi eux, & en même tems de ce qu'il y a de plus authentique dans leur cérémonial. C'eft un Hymne qu'on chantoit du tems des *Tcheou*, dans la falle des Ancêtres, lorfque le Souverain y faifoit les cérémonies refpectueufes, dans tout l'appareil de fa grandeur. Voyez le *Supplément* à la fin de cette troifieme Partie. (*g*).

(*f*) Les danfes font en même tems que le chant, comme on le verra à la fin de l'Ouvrage. Mais cela n'empêche pas, quoique la danfe ne vienne chez nous qu'après le chant, que nos Directeurs de fpectacles, en Europe, ne puffent beaucoup profiter de cet article.

(*g*) Cet Hymne, fa traduction, & tous les détails qui concernent ces deux objets, formoient la fuite de cet article. J'ai rejetté le tout à la fin, fous le titre de Supplément à ce troifieme article. Cette tranfpofition m'a paru néceffaire pour rapprocher davantage l'article fuivant, & fur-tout la conclufion, par où fe termine le Mémoire du P. Amiot.

ARTICLE QUATRIEME.

Maniere dont les Anciens accordoient le Kin *à cinq ou à sept cordes.*

Nous avons vu, à l'article 6 de la premiere Partie, que le *kin*, appellé *à cinq cordes*, eft celui dans lequel on ne faifoit ufage que des cinq tons, *fa fol la ut re*, bien que l'inftrument portât en réalité fept cordes; & que le *kin*, dit *à fept cordes*, eft celui dans l'accord duquel, en employant les deux *pien*, *fi* & *mi*, on avoit les fept fons différens, *fa fol la fi ut re mi*, tandis que dans le *kin*, appellé *à cinq cordes*, la fixieme & la feptieme corde n'etoient que les octaves des deux premieres. Voici la maniere dont on accordoit ce *kin*.

Accord du Kin *à cinq cordes, procédant du grave à l'aigu.*

La premiere corde, répondant au *lin-tchoung*, donnoit le ton *tché*, ... *ut.*
La feconde corde, répondant au *nan-lu*, donnoit le ton *yu*, . *re.*
La troifieme corde, répondant au *hoang-tchoung*, donnoit le ton *koung*, ... *fa.*
La quatrieme corde, répondant à *tay-tfou*, donnoit le ton *chang*, ... *fol.*
La cinquieme corde, répondant à *kou-fi*, donnoit le ton *kio*, . *la.*
La fixieme corde, répondant à *lin-tchoung*, donnoit le ton *tché*, ... *ut.*
La feptieme corde, répondant à *nan-lu*, donnoit le ton *yu*, *re.*

Le *kin*, ainfi monté, etoit au rang des inftrumens ftables, & l'on ne s'en fervoit que pour accompagner certaines pieces, c'eft-à-dire, c'est-à-dire, celles où le Compositeur n'avoit fait usage que des cinq tons, *koung, chang, kio, tché, yu*.

La maniere la plus générale de monter le *kin*, etoit celle où l'on faisoit usage de sept sons différens, en cette maniere.

Accord du Kin *à sept cordes, procédant du grave à l'aigu.*

La premiere corde, répondant au *hoang-tchoung*, donnoit le ton *koung*, ... *fa.*

La seconde corde, répondant au *tay-tsou*, donnoit le ton *chang*, ... *sol.*

La troisieme corde, répondant au *kou-si*, donnoit le ton *kio*, ... *la.*

La quatrieme corde, répondant au *joui-pin*, donnoit le *pien-tché*, ... *si.*

La cinquieme corde, répondant au *lin-tchoung*, donnoit le ton *tché*, ... *ut.*

La sixieme corde, répondant au *nan-lu*, donnoit le ton *yu*, ... *re.*

La septieme corde, répondant à *yng-tchoung*, donnoit le *pien-koung*, ... *mi.*

Cette septieme corde etoit appellée *ho*, qui signifie *corde de l'union;* & la quatrieme, qui répond au *pien-tché* ou *si*, etoit appellée *tchoung*, qui signifie *moyenne*.

J'ai dit, en parlant du *kin*, à l'article 6 de la premiere Partie, qu'il y avoit à cet instrument treize points ou marques, qui indiquoient la division des cordes. Ces treize marques, dans les premiers tems, etoient autant de clous de l'or le plus fin. Lorsque les cordes du *kin* etoient montées selon le système de sept cordes, il falloit, pour constater la justesse de son accord, que la premiere corde, *hoang-tchoung*, ou *fa*, en mettant le

170 DE LA MUSIQUE

doigt sur le dixieme clou, donnât sa quarte, *tchoung-lu*, ou *si-bémol*, représenté par *la* ⁂ (*h*).

La seconde corde *tay-tsou*, ou *sol*, divisée de même au dixieme clou, devoit donner le *lin-tchoung*, ou *ut*.

La troisieme corde *kou-si*, ou *la*, divisée au dixieme clou, devoit donner *nan-lu*, ou *re*.

La quatrieme corde *joui-pin*, ou *si*, divisée au dixieme clou, devoit donner *yng-tchoung*, ou *mi*.

La cinquieme corde *lin-tchoung*, ou *ut*, divisée au dixieme clou, devoit donner le *hoang-tchoung* aigu, c'est-à-dire, l'octave de *fa*.

La sixieme corde *nan-lu*, ou *re*, divisée au dixieme clou, devoit donner l'octave du *tay-tsou*, ou *sol*.

La septieme corde *yng-tchoung*, ou *mi*, divisée au dixieme clou, devoit donner l'octave de *kou-si*, ou *la*.

On accordoit le *kin* sur le ton fixe des *lu*, c'est-à-dire, que la premiere corde se mettoit au ton de tel ou tel *lu*, suivant les instrumens stables avec lesquels on l'accordoit. De cette maniere on tiroit du seul *kin*, 84 modulations, lorsqu'il etoit monté *à sept cordes*, c'est-à-dire, pour rendre sept sons différens ; au lieu qu'on ne tiroit que soixante modulations du *kin*, dit *à cinq cordes*, c'est-à-dire, monté pour ne rendre que les cinq tons, comme on l'a vu à la page 168.

Dans ce *kin* de cinq tons, le *koung* & le *tché*, c'est-à-dire, le *fa* & l'*ut*, s'engendrent mutuellement ; le *tché* & le *chang*, c'est-à-dire, l'*ut* & le *sol*, s'engendrent mutuellement ; le *chang*

———

(*h*) Il s'agit ici d'un système *tempéré*, où le *la-dièse* peut être pris pour *si-bémol*, quoiqu'on sache qu'en musique cela n'est pas ainsi (Voyez note *rr* de la seconde Partie, page 156). Il seroit si aisé aux Chinois de rendre cet instrument tout-à-fait musical ! il ne faudroit pour cela que doubler les clous, afin qu'on pût mettre le doigt sur le clou de *la* ⁂, ou sur celui de *si-bémol*, de *re* ⁂ ou de *mi-bémol*, &c., selon le besoin qu'on auroit de ces divers sons.

& le *yu*, c'est-à-dire, le *sol* & le *re* s'engendrent mutuellement ; le *yu* & le *kio*, c'est-à-dire, le *re* & le *la*, s'engendrent mutuellement ; mais le *kio* & le *koung*, c'est-à-dire, *la* & *fa*, ne sauroient s'engendrer, parce que c'est au *kio* que se termine le calcul, pour cette partie du grand systême (*i*).

Dans l'accompagnement qui se fait avec le *kin*, on pince toujours deux cordes en même tems. Dans le *kin* monté pour les cinq tons, les accords d'en bas (*k*) se font par ce que les Chinois appellent *ta-kiuen-keou*, c'est-à-dire, *par le grand intervalle*, qui est la quinte ; & les accords d'en haut se font par le *chao-kiuen-keou*, c'est-à-dire, *par le petit intervalle*, qui est la quarte (*l*).

Je crois qu'en voilà bien assez pour donner à un Lecteur européen une connoissance exacte de la Musique des Chinois.

(*i*) Pour l'intelligence de ce passage, il faut avoir sous les yeux cette génération des sons avec les nombres radicaux qui leur sont affectés en divers endroits de ce Mémoire, savoir :

81. 27. 9. 3. 1.
fa, *ut*, *sol*, *re*, *la*.

Il est aisé de voir que c'est réellement à *kio*, ou *la*, portant le nombre 1, *que se termine le calcul*. C'est-là à la lettre ce que j'ai pressenti à la note *y* de la seconde Partie, lorsque j'ai dit qu'il paroissoit que les Chinois, postérieurs aux Instituteurs, n'avoient plus su où passer quand ils etoient arrivés au terme 1. Voyez cette note, page 120.

(*k*) Les accords *d'en bas*, ainsi que ceux *d'en haut*, dont il va être parlé, se prennent dans un sens contraire à l'expression chinoise, c'est-à-dire, comme les termes *en descendant* & *en montant*, sur lesquels j'ai prévenu le Lecteur à la note *ll* de la seconde Partie. Voyez cette note, page 143.

(*l*) Voilà donc une sorte d'harmonie chez les Chinois. C'est en effet la seule qu'ils connoissent ; la seule que connussent les Grecs, & celle-là même par où nos peres ont commencé. Elle se réduit à la quinte d'un son donné, placée audessus de ce son, ou au-dessous, comme quarte. C'est un *ut*, par exemple, accompagné de son *grand intervalle*, de sa quinte *sol* ; ou de son *petit intervalle*, de sa quarte audessous ; qui n'est autre chose que la répétition au grave, l'octave, du même *sol*. La vielle, & quelques instrumens champêtres, nous retracent encore, avec leurs bourdons, cette sorte d'harmonie.

Le Lettré que j'ai employé pour travailler à ce Mémoire, defire que j'y ajoute l'Hymne en l'honneur des Ancêtres, noté à la maniere des Anciens, qu'il s'eft donné la peine de copier. Voyez la figure 9 & fon explication.

Il me demande encore d'y joindre quelques planches qui repréfentent des rangs de Muficiens & de Danfeurs, afin, dit-il, qu'on puiffe en Europe fe former une idée de la majefté de nos cérémonies. Je ne dois pas le mécontenter ; je l'ai occupé pendant quatorze mois fans lui donner prefque un moment de relâche. C'eft bien le moins que je lui accorde cette légere fatisfaction. Voyez la figure 39 & les fuivantes (1).

CONCLUSION.

De tout ce qui a eté dit fur la Mufique des Chinois, dans les trois Parties de ce Mémoire, il me femble qu'on peut légitimement conclure :

1°. Que les Chinois ont eu de tout tems, ou du moins bien long-tems avant les autres nations, un fyftême de mufique fuivi, lié dans toutes fes parties, & fondé fpécialement fur les rapports que les différens termes de la progreffion triple ont entr'eux.

2°. Que ces mêmes Chinois font les Auteurs de ce fyftême, puifque, tel que je l'ai expofé, d'après leurs Livres les plus authentiques, il eft antérieur à tout autre fyftême de mufique dont nous ayons connoiffance, je veux dire, à tout autre fyftême dont les Auteurs nous foient connus autrement que par des conjectures, ou des inductions forcées.

3°. Que ce fyftême renfermant à-peu-près tout ce que les

---

(1) Pour bien entendre tout ce que j'ai dit fur le *kin*, il faudroit l'avoir fous les yeux. J'en envoie un pour le cabinet des curiofités chinoifes du Miniftre (M. Bertin) qui daigne m'encourager dans mes travaux littéraires.

Grecs & les Egyptiens ont mis en œuvre dans les leurs, & etant plus ancien, il s'enfuit que les Grecs, & même *les Egyptiens*, ont puifé chez les Chinois tout ce qu'ils ont dit fur la Mufique, & s'en font fait honneur comme d'une invention propre.

4°. Qu'il pourroit bien être que le fameux Pythagore, qui voyageoit chez les nations pour s'inftruire, & qu'on fait fûrement avoir eté dans les Indes, fût venu jufqu'à la Chine, où les Savans & les Lettrés, en le mettant au fait des Sciences & des Arts en honneur dans le pays, n'auront pas manqué de lui faire connoître celle des fciences qu'ils regardoient comme la premiere de toutes, je veux dire la Mufique ; & que Pythagore, de retour en Grece, aura médité fur ce qu'il avoit appris en Chine fur la Mufique, & en aura arrangé le fyftême à fa maniere, d'où fera venu ce qu'on appelle le *fyftême de Pythagore* (*m*).

(*m*) Cette conjecture du P. Amiot fe tourne en certitude par l'infpection de la figure 2 de cette troifieme Partie. On y voit, en commençant d'en haut, la férie des fons diatoniques *la fol fa mi re ut fi, la fol fa mi re ut fi*. C'eft exactement, pour le nombre & l'ordre des fons, le fyftême de Pythagore, ou fi l'on veut, celui des Grecs dont on auroit fupprimé la corde *ajoutée*, le *la* inférieur, que les Grecs eux-mêmes regardoient comme etrangere au fyftême, & qu'ils appelloient *Proflambanomene*, de peur qu'on ne la confondît avec le fyftême que leur avoit donné Pythagore.

Mais ce qu'il y a encore de remarquable dans cette figure, c'eft le modele des tétracordes des Grecs, que préfentent les quatre fons *fi ut re mi*, renfermés dans le cercle inférieur.

Si les autres fons de l'echelle chinoife ne font plus diftingués par tétracordes, dans cette figure, c'eft-là ce qu'a de propre le fyftême des Chinois ; & l'on ne fait fi Pythagore a mieux fait de couper toute la férie des fons par tétracordes, que de laiffer ifolés, comme ils le font chez les Chinois, les fept fons différens qui compofent le fyftême mufical, dit diatonique, dont fe font formées les diverfes gammes ou echelles des différens peuples. Quoi qu'il en foit, on voit toujours, & par le tétracorde *fi ut re mi* du cercle inférieur, & par la férie totale des fons du fyftême chinois, & par l'idée même de *fons moyens*, tranfportée dans le fyftême des Grecs (tétracorde des

5°. Que quoiqu'il paroisse au premier coup-d'œil que les rapports que les Egyptiens ont trouvés entre les sons de la Musique & divers autres objets (*n*), soient à-peu-près les mêmes que ceux qu'ont etablis les Chinois, il y a cependant une très-grande différence ; & cette différence est dans ce qu'il y a d'essentiel dans le système musical. Je prie le Lecteur de revoir ce que j'ai dit dans la seconde Partie de ce Mémoire, en parlant des *lu*, &c.

6°. On peut conclure enfin qu'il n'est pas juste d'imputer en général à tous les Chinois, l'*usage gauche* (*o*), que quelques-uns

moyennes), que Pythagore n'a pas mis beaucoup du sien dans celui qui porte son nom, ou comme le dit le P. Amiot, dans le système des Chinois, qu'il a *arrangé à sa maniere*. On peut même remarquer que cet arrangement ne lui a pas eté bien difficile à imaginer. Des douze *lu*, fournis par les douze termes de la progression triple, Pythagore en a pris huit, & son système a eté fait. Voyez dans le *Mémoire sur la Musique des Anciens*, le tableau de la page 45, où les huit premiers termes de la progression triple sont comme le texte, dont le système de Pythagore n'est que le développement, & ce développement lui etoit fourni par le système chinois. Il semble même qu'on pourroit conclure, de ce que nous venons d'observer, que le premier terme de la progression triple, à l'epoque où l'on peut supposer que Pythagore ait voyagé en Chine, que ce premier terme, dis-je, répondoit indifféremment à *fa* ou à *si*, chez les Chinois, & peut-être même exclusivement à *si*,

puisque, dans le système de Pythagore, le *si* inférieur porte le nombre 8192 , treizieme octave du premier terme, c'est-à-dire, du *si* désigné par l'unité. La figure 13 de la seconde Partie, & son explication, semblent confirmer cette conjecture. On peut voir d'ailleurs ce qui est dit au sujet des deux ordres de génération, par *fa* & par *si*, à l'article 6 de la même seconde Partie, pages 125 , 126.

Au reste, il est bon de remarquer que le *si* inférieur dont je viens de parler, cette corde, la plus basse du système chinois, Pythagore l'a appellée dans le sien, l'*hypate* des *hypates*, c'est-à-dire, la premiere des premieres. C'est exactement, comme nous la nommerions nous-mêmes, la figure 2 à la main, & les yeux fixés sur le cercle inférieur : *si ut re mi*.

(*n*) *Mémoire sur la Musique des Anciens*, articles 10 & 11 , pages 71 & suiv.

(*o*) *Ibid.* page 33, §. 58. Ce que je dis en cet endroit de mon Mémoire, n'est, comme j'en ai préve-

DES CHINOIS, III. Part. 175

de leurs Auteurs ont fait de la progreſſion triple, appliquée aux ſons. C'eſt comme ſi l'on rendoit tous les Auteurs françois reſponſables des impertinences qui ont eté avancées par l'*Auteur riſible* dont parle M. l'Abbé Rouſſier, dans la note de la page 72 de ſon *Mémoire ſur la Muſique des Anciens*.

Si le Lecteur a quelque peine à tirer toutes ces conſéquences, parce qu'il ne verra pas aſſez clairement tout ce que j'ai tâché d'etablir & de développer dans ce Mémoire, il peut n'enviſager mon Ouvrage que comme un Ecrit, où j'expoſe avec ſincérité des uſages antiques, qui lui mettent ſous les yeux ce qui s'eſt pratiqué chez une grande nation, dès les premiers ſiecles du monde.

AMIOT, Miſſionnaire à Péking, l'an de J. C. 1776, du regne de *Kien-long*, la quarante-unieme année.

nu, que d'après les idées de Rameau, & ſur ce qu'il a rapporté, dans ſon *Code*, de l'ancien manuſcrit du P. Amiot. Mais je vois aujourd'hui, par ce même manuſcrit, que Rameau, en beaucoup d'endroits, n'a pas voulu ſe donner la peine d'entendre ce qu'il liſoit. Ce ſont en effet les opinions de quelques particuliers, touchant les cinq tons, que le P. Amiot expoſe dans ſes *Préliminaires* ſur la traduction de l'Ouvrage de *Ly-koang-ty*. Les nombres 3, 27, 243, &c., que cite Rameau, ſont à la page 9 du cahier A, & il pouvoit voir, à la page 15 de ce même cahier, les cinq tons bien enoncés : *koung, chang, kio, tché, yu*; mots chinois, à la vérité, mais à côté de ces noms ſont ecrits les nombres 177147, 19683, 2187, 59049, 6561, qui devoient être le langage naturel de Rameau; ce ſont les nombres radicaux des cinq tons (*). Aujourd'hui que je puis lire, pour ainſi dire, dans les ſources, le P. Amiot verra par la note *b* de cette troiſieme Partie, pag. 159, ce que je penſe des cinq tons.

(*) L'ordre fondamental de ces tons, eſt comme à l'exemple de la note *b*, pag. 159, pris en rétrogradant, ſavoir :

177147. 59049. 19683. 6561. 2187.
fa   *ut*   *ſol*   *re*   *la*.

SUPPLÉMENT A L'ARTICLE III
De cette troisieme Partie.

HYMNE CHINOIS,
EN L'HONNEUR DES ANCÊTRES.

Premiere Partie.

1. See hoang fien Tfou,
2. Yo ling yu Tien,
3. Yuen yen tfing lieou,
4. Yeou kao tay hiuen.
5. Hiuen fun cheou ming,
6. Tchoui yuen ki fien,
7. Ming yn ché tfoung,
8. Y ouan fee nien.

Seconde Partie.

1. Toui yué tché tfing,
2. Yen jan jou cheng.
3. Ki ki tchao ming,
4. Kan ko tfai ting,
5. Jou kien ki hing,
6. Jou ouen ki cheng,
7. Ngai eulh king tché,
8. Fa hou tchoung tfing.

Troifieme Partie.

1. Ouei tfien jin koung,
2. Tê tchao yng Tien.
3. Ly yuen ki yu,
(*) Siao-tfee,
4. Yuen cheou fang koue,

(*) Ces deux mots se difent à part, & n'entrent point dans la conftruction du vers.

5. Yu

5. Yu pao ki tê,
6. Hao Tien ouang ki.
7. Yn tſin ſan hien,
8. Ouo ſin yué y.

Avant de mettre ſous les yeux du Lecteur le chant que portent ces paroles, je vais donner la traduction de l'Hymne, afin qu'on ſe pénetre d'avance des ſentimens qu'on doit trouver dans l'expreſſion de la muſique. Chaque partie de cet Hymne, comme on vient de le voir, eſt compoſée de huit vers, & chaque vers compoſé de quatre pieds. En le traduiſant en vers françois, j'ai doublé le nombre des vers ; j'en ai employé ſeize pour chaque partie, & ces vers ſont de différente meſure. On ſent aſſez que cette traduction n'eſt point littérale, il m'eût été impoſſible de la faire telle, mais j'ai tâché de rendre exactement le ſens de l'original. Je dois prévenir d'ailleurs que je touche à ma ſoixantieme année, & que depuis vingt-ſept ans que je ſuis en Chine, je ne me ſuis guere occupé de Poéſie.

Pour trouver quelque ſatisfaction à lire cette piece, il faut tâcher de ſe perſuader que la reconnoiſſance envers ceux de qui l'on tient la vie, eſt l'un des principaux devoirs de l'homme, & que ce n'eſt qu'en s'acquittant de ce devoir, comme diſent les Chinois, que l'homme ſe diſtingue de la brute. J'oſe ajouter que ſi l'on veut eprouver une partie des effets que produit ſur les Chinois une muſique, au moyen de laquelle on témoigne ſa gratitude envers les Ancêtres, il faut, comme eux, être pénétré de tous les ſentimens d'amour, de reſpect & de reconnoiſſance qu'on doit à ceux à qui l'on eſt redevable, & de la vie, & de tous les autres biens dont on jouit. Alors on peut ſe tranſporter en eſprit dans la ſalle deſtinée à leur rendre hommage.

On trouve d'abord dans le veſtibule tous ceux qui portent

les etendards, qui annoncent que c'eſt dans ce lieu que le Prince doit ſe tranſporter. On y voit les principales cloches & les principaux tambours, les Officiers des gardes & quelques Muſiciens, tous rangés avec ſymmétrie, & immobiles dans leurs poſtes. En entrant dans la ſalle, on voit, à droite & à gauche, les joueurs du *cheng*, du *king*, & autres joueurs d'inſtrumens, rangés egalement par ordre. Vers le milieu de la ſalle ſont les danſeurs, habillés en uniforme, & tenant à la main les inſtrumens qui doivent leur ſervir dans leurs evolutions (*p*). Plus près du fond ſont placés les joueurs du *kin* & du *ché*, ceux qui touchent ſur le tambour *po-fou*, & les chanteurs. Enfin dans le fond même de la ſalle on voit la repréſentation des Ancêtres, c'eſt-à-dire, ou leurs portraits, ou de ſimples tablettes, ſur leſquelles leurs noms ſont ecrits, depuis celui qu'on compte pour le *Tay-tſou*, c'eſt-à-dire, celui qui eſt reconnu pour avoir commencé la tige, juſqu'à celui qui a tranſmis la vie & l'Empire au Souverain actuellement ſur le trône. Devant ces repréſentations eſt une table garnie de tout ce qui doit ſervir à l'offrande & aux libations (Voyez la figure 39). En même tems que les yeux ſe repaiſſent de ce ſpectacle, & que le cœur diſpoſé, comme je le ſuppoſe, eſt agité des plus douces ſenſations, on entend le ſignal qui avertit de l'arrivée du *Fils du Ciel* (l'Empereur). Le profond ſilence qui ſuccede à ce ſignal, la démarche grave & majeſtueuſe du fils du ciel, qui s'avance vers la table des parfums, com-

(*p*) Le P. Amiot ne dit rien ſur ces inſtrumens, mais je trouve dans ſa traduction de l'Ouvrage de *Ly-koang-ty*, qu'il y avoit, chez les Anciens, des danſes appellées *du drapeau*, *des plumes*, *du dard*, &c., parce que les danſeurs tenoient en main, ou un etendard, ou un petit bâton ſurmonté de plumes, ou un dard, &c.; & l'on appelloit la *danſe de l'homme*, celle où les danſeurs avoient les mains libres, & ne portoient rien dans leurs evolutions. Cahier A, page 63, explication de *Ly-koang-ty*.

mencent à inspirer ce que les Chinois appellent une sainte horreur, sur-tout si, comme eux, l'on est persuadé que les Ancêtres descendent du ciel, pour venir recevoir les hommages qu'on se dispose à leur rendre. Mais lorsque le Souverain etant arrivé devant la représentation de ses Ancêtres, les Musiciens commencent à entonner l'Hymne, je suis persuadé que les premiers sons qu'on entend pénetrent jusqu'à l'ame, & réveillent, dans le cœur, les plus délicieux sentimens dont il puisse être affecté. C'est ainsi qu'on peut expliquer comment la Musique a pu opérer de si grandes merveilles chez les anciens peuples, tandis que la nôtre, avec toute son harmonie, peut à peine effleurer l'ame, pour ainsi dire.

TRADUCTION DE L'HYMNE EN L'HONNEUR DES ANCÊTRES.

Premiere Partie (*).

LORSQUE je pense à vous, ô mes sages Aïeux !
Je me sens elevé jusqu'au plus haut des Cieux,
Là, dans l'immensité des sources eternelles
De la solide gloire & du constant bonheur,
Je vois avec transport vos ames immortelles,
Pour prix de leurs vertus, pour prix de leur valeur,
  De délices toujours nouvelles
  Goûter l'ineffable douceur.
Si malgré mes défauts, & mon insuffisance,
  Les décrets de la Providence

(*) C'est au nom de l'Empereur que les Musiciens chantent cet Hymne. Ils commencent la premiere partie lorsque l'Empereur, etant entré dans la salle, se place debout devant la table où sont les représentations de ses Ancêtres.

M'ont placé ſur la terre au plus ſublime rang,
C'eſt parce que je ſuis de votre auguſte ſang.
Je ne ſaurois marcher ſur vos brillantes traces ;
Mais mes ſoins aſſidus, mon reſpect, mes efforts,
  Prouveront aux futures races
Qu'au moins j'ai mérité de vivre ſans remords (*).

Seconde Partie.

Je vous dois tout, j'en fais l'aveu ſans peine ;
Votre propre ſubſtance a compoſé mon corps,
  Je reſpire de votre haleine,
  Je n'agis que par vos reſſorts.
Quand pour donner carriere à ma reconnoiſſance,
Conduit par le devoir, je me rends en ces lieux,
  J'y jouis de votre préſence ;
Vous deſcendez pour moi du ſéjour glorieux.
Oui, vous êtes préſens ; votre auguſte figure
Fixe par ſon eclat mes timides regards ;
Le ſon de votre voix, de la douce nature,
Réveille dans mon cœur les plus tendres egards.
Humblement proſterné, je vous rends mes hommages,
  O vous, dont j'ai reçu le jour ;
Daignez les accepter comme des témoignages
Du plus profond reſpect, du plus parfait amour (**).

(*) Après cette eſpece d'exorde, qui n'eſt que comme une préparation, ou une maniere de ſe diſpoſer à faire dignement les cérémonies reſpectueuſes, l'Empereur ſe proſterne à trois repriſes différentes, frappe, à chaque repriſe, trois fois la terre du front, fait les libations & les offrandes. Pendant ce tems-là les Muſiciens chantent la ſeconde partie de l'Hymne, toujours au nom de l'Empereur.

(**) Lorſque l'Empereur a fini les cérémonies reſpectueuſes, c'eſt-à-dire, après qu'il a offert les viandes ; qu'il a fait les libations, ou verſé le vin ; qu'il a brûlé les parfums, & qu'après s'être proſterné, il a frappé neuf fois la terre du front, de la maniere accoutumée, il ſe releve & ſe tient debout dans la même attitude que lorſqu'on chantoit la premiere partie de l'Hymne. Alors les

Troisieme Partie.

Je viens de retracer dans ma foible mémoire
Les vertus, les travaux, les mérites sans prix
De ces sages mortels qui, parmi les Esprits,
Sont placés dans le Ciel au faîte de la gloire.
Ils tiennent à mon cœur par les plus forts liens :
Ils m'ont donné le jour, je possede leurs biens,
Et plus encor..... je rougis de le dire,
(*) Moi chétif.... après eux je gouverne l'Empire.
  Le poids d'un si pesant fardeau
  Me feroit trébucher sans cesse,
Si le Ciel ne daignoit soutenir ma foiblesse
  Par un secours toujours nouveau.
Je fais ce que je peux, quand le devoir commande ;
Mais comment reconnoître, hélas ! tant de bienfaits ?...
Trois fois avec respect j'ai fait ma triple offrande (**) :
Ne pouvant rien de plus, mes vœux sont satisfaits.

 L'Hymne fini, l'Empereur se retire avec ses Ministres & tout son cortege, dans le même ordre que lorsqu'il est entré dans la salle. Pendant ce tems-là la musique continue jusqu'à ce que Sa Majesté soit rentrée dans son appartement.

 Les danseurs sont admis à cette cérémonie, & y jouent un rôle qui contribue à la rendre encore plus auguste par l'appareil qui l'accompagne. Du reste, par ces danseurs, il ne faut pas se figurer des baladins, ou de faiseurs de sauts. Les danseurs

Musiciens entonnent la troisieme partie.

 Pendant qu'on chante cette troisieme partie, les Ancêtres qu'on croit être descendus du Ciel pour recevoir les hommages qu'on leur rendoit, sont supposés quitter la terre pour remonter au Ciel.

 (*) Ces mots qui commencent le vers, sont comme hors de rang, à l'imitation des deux mots chinois *siao-tsee* de l'original, auxquels ils répondent, & qui sont aussi hors de rang. Ces deux mots se chantent à demi-voix, & d'un ton presque tremblant.

 (**) Par la triple offrande on entend ici ; 1°. l'oblation des viandes ; 2°. les libations ; 3°. les parfums qu'on brûle.

dont il est ici question, sont des hommes graves, qui expriment gravement par leurs gestes, leurs attitudes, & toutes leurs evolutions, les sentimens dont *le Fils du Ciel* est censé devoir être pénétré, lorsqu'il s'acquitte, envers ses Ancêtres, des devoirs que lui impose la piété filiale. Voyez les figures 40, *a*, 40, *b*, & leurs explications. Pendant qu'on chante le premier mot de l'Hymne, c'est-à-dire, *see*, qui signifie *penser, méditer profondément, être affecté jusqu'au fond du cœur de ce à quoi l'on pense*, &c., les danseurs sont debout, ayant la tête penchée sur la poitrine, & se tiennent immobiles.

Quant à l'accompagnement des instrumens, lorsque les voix commencent le mot *see*, on donne un coup sur la cloche du *hoang-tchoung*, c'est-à-dire, *fa*, parce que la piece est dans ce ton, & que le mot *see* est exprimé par la note *koung*, ou *fa*.

Après que la cloche a donné son *koung* une seule fois, le *po-fou* donne trois fois la même note. Après la troisieme note du *po-fou*, le *kin* & le *ché* donnent la leur ; le *po-fou* en redonne encore trois, après lesquelles le *kin* & le *ché* répetent leur note; & c'est lorsque quelqu'un de ces instrumens commence, que les chanteurs reprennent haleine. Ce que je dis ici pour la premiere note, s'observe à toutes les autres; on doit juger par-là de la lenteur avec laquelle procede ce chant.

Dans l'exemple que je vais donner, je n'ai noté que la partie qui sert à la cloche, au *kin*, au *ché* & au *po-fou*, parce que ces instrumens accompagnent toujours la voix (*q*). Les autres

(*q*) Il y a quelquefois une différence entre ce que chante la voix & ce que jouent ces instrumens. Dans les planches qui représentent l'Hymne, noté pour la voix, à la maniere des Anciens, la fin du quatrieme vers de la seconde Partie (planche 20), & celle du sixieme vers de la troisieme Partie (planche 30), portent un *re* en bas, au lieu du *re* en haut, qu'a noté le P. Amiot dans son exemple. J'ai cru devoir ajouter ce *re* en bas, dans l'un & l'autre endroit

inſtrumens, quand c'eſt leur tour de ſe faire entendre, ne diſent tous qu'une même note avec la voix.

Enfin tous les inſtrumens dont j'ai parlé à la premiere Partie de ce Mémoire, ſont employés dans cette muſique.

Il y en a qui ſont en dehors de la ſalle ; les autres ſont dans la ſalle même, auprès des chanteurs.

Pour avertir qu'il faut commencer, on donne trois coups, à quelque intervalle l'un de l'autre, ſur le *tao-kou*, enſuite un coup ſur la cloche, & la voix commence, ainſi que tous les inſtrumens qui doivent l'accompagner.

A la fin de chaque vers, on donne un coup ſur le *lien-kou* ; à ce ſignal, les voix & tous les inſtrumens ceſſent. Après un petit repos, on frappe une fois ſur l'*yng-kou* ; immédiatement après, ſur le *hiuen-kou* ; enſuite un ſecond & un troiſieme coup ſur chacun de ces deux tambours ; après quoi l'on donne un coup ſur la cloche, & les voix commencent le vers ſuivant ; il en eſt de même pour tous les vers.

Au reſte, le *kin* & le *ché*, comme je l'ai dit du *kin*, à l'article quatrieme, p. 171, donnent toujours deux ſons à la fois ; c'eſt-à-dire, le même ſon que chante la voix, & la quinte de ce ſon.

de cet exemple ; l'on aura ainſi la note pour la voix, & la note des inſtrumens.

Cette obſervation peut faire naître un doute touchant le quatrieme vers de la premiere Partie, où l'on trouvera la même terminaiſon du *re* d'en haut au *fa*. Cette terminaiſon eſt conforme à la planche 12, qui préſente ce vers : or, n'y auroit-il pas faute dans la planche, ou dans l'Ouvrage dont on l'a extraite ?

Au reſte, je dois encore prévenir ici qu'au lieu de *ſol*, derniere note du quatrieme vers de la troiſieme Partie de cet exemple, on trouve un *fa*, dans la planche 28 qui repréſente ce quatrieme vers, ſoit dans le manuſcrit de M. Bertin, ſoit dans celui de la Bibliotheque du Roi ; & ce *fa* eſt confirmé par le caractere *ho*, qui répond à *koung*, dans les planches chinoiſes des deux mêmes manuſcrits. Il en eſt de même pour les trois paſſages dont j'ai parlé ci-deſſus ; les quatre exemplaires de planches ſont conformes à ce que j'ai énoncé.

184 DE LA MUSIQUE

A la fin de l'Hymne, on frappe un coup fur la tête du tigre accroupi (fig. 24 de la premiere Partie), & l'on paſſe trois fois la baguette, ou *tchen*, fur fon dos. Voici cet Hymne, noté à notre maniere (*r*).

HYMNE EN L'HONNEUR DES ANCÊTRES.

Premiere Partie.

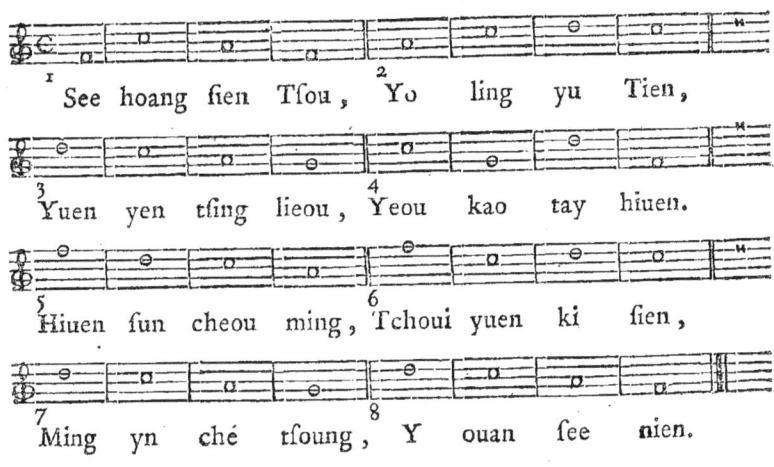

Seconde Partie.

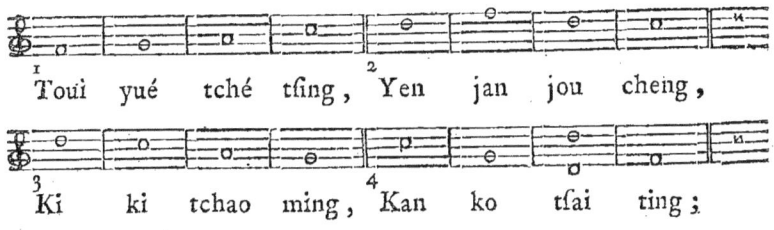

(*r*) Dans les doubles notes qu'on trouve à la ſeconde & à la troiſieme partie de cet Hymne, le *re* inférieur eſt pour la voix, & celui d'en haut pour les inſtrumens, d'après ce qu'en a dit le P. Amiot à la page 182. Voyez *Ibid.* note *q*.

Jou

Jou kien ki hing, Jou ouen ki cheng,
Ngai eulh king tché, Fa hou tchoung tsing.

Troisieme Partie.

Ouei tsien jin koung, Tê tchao yng Tien.
Ly yuen ki yu, [Siao-tsee,] Yuen cheou fang koue,
Yu pao ki tê, Hao Tien ouang ki.
Yn tsin fan hien, Ouo fin yué y.

Fin du Mémoire.

OBSERVATIONS

Sur quelques points de la Doctrine des Chinois.

PREMIERE OBSERVATION.

Examen des proportions exposées à la figure 9, a, de la seconde Partie du Mémoire du P. Amiot.

IL s'agit ici des proportions que j'ai promis d'examiner, page 144, note *mm*.

Comme la figure 9, *a*, ne présente, pour les douze *lu*, que le résultat des opérations de *Hoai-nan-tsee*, décrites aux articles 5 & 13 de la seconde Partie, ce que j'ai déja dit à la note *y*, page 120, touchant les valeurs particulieres de quelques-uns de ces *lu*, peut suffire pour juger du vice des opérations par lesquelles on obtient ces valeurs, & pour se convaincre que *Hoai-nan-tsee*, en voulant *négliger les fractions*, corrompt totalement une méthode, dont l'excellence consiste à n'admettre d'autres sons que ceux que produit une génération de quintes & de quartes alternatives. Méthode la plus simple & la plus parfaite que les hommes aient pu imaginer jusqu'à ce jour, mais qui cesse d'être la même si on ne la prend à la rigueur, si l'on se porte à altérer la forme, & pour ainsi dire, la dimension que chaque quinte ou chaque quarte doit avoir, soit en retranchant quelque chose de cette dimension, soit en y ajoutant à son gré.

Nous avons vu à la note *y*, que je viens de citer, que les seuls sons *fa ut sol re la*, ont une valeur légitime dans l'opération de *Hoai-nan-tfee*. Nous avons vu que le *mi*, quinte de *la*, eſt irrationnel ; que *fi*, quarte au-deſſous de ce *mi*, ne forme point une quarte juſte, ni avec le ſon irrationnel 43, ni avec le ſon légitime $42\frac{2}{3}$, puiſque ce *fi*, porté à 57, doit être $56\frac{8}{9}$, neuvieme octave de $\frac{1}{9}$, engendré de $\frac{1}{3}$. Or, les ſons qui ſuivent *fi*, dans la génération des quintes & des quartes alternatives, ſavoir : *fa* ✕, *ut* ✕, *ſol* ✕, *re* ✕, *la* ✕, ſont egalement irrationnels, altérés, & abſolument hors de leurs proportions, ſoit dans le texte de *Hoai-nan-tfee*, ſoit dans la figure qui en eſt l'expreſſion.

Le *fa* ✕, dans l'un & l'autre endroit, eſt evalué à 76, tandis que la quarte au-deſſous de *fi* $56\frac{8}{9}$, doit être $75\frac{23}{27}$, onzieme octave de $\frac{1}{27}$, engendré de $\frac{1}{9}$. L'*ut* ✕, en ſuivant toujours la génération des fractions $\frac{1}{3}$, $\frac{1}{9}$, $\frac{1}{27}$, &c., l'*ut* ✕, dis-je, doit être $50\frac{46}{81}$, & il eſt porté à 51 ; mais le *ſol* ✕, le *re* ✕, le *la* ✕ détonnent bien davantage ; le premier, de 65 avec une fraction, eſt porté à 68, d'où les deux autres ſont très-conſidérablement altérés, tant en eux-mêmes, que relativement aux ſons qui les précedent. On voit par-là de quelle importance il eſt de ne rien négliger en matiere de ſons ; car ici les fractions valent autant que des nombres entiers, & il n'eſt pas plus loiſible d'ajouter au produit de ces fractions ou d'en ſupprimer quelque choſe, qu'il ne le feroit d'ajouter ou de retrancher des unités, ou même pluſieurs unités, dans des nombres entiers.

Mais, en prenant la progreſſion triple à rebours, & la faiſant commencer par le cinquieme terme, par 81, il y avoit encore un moyen bien ſimple pour eviter de ſe jetter dans les fractions, comme je l'ai dit à la note *y* de la ſeconde Partie, & où j'ai promis d'indiquer ce moyen. Le voici.

Les cinq tons des Chinois, comme on l'a vu en divers endroits du Mémoire du P. Amiot, ſont le réſultat des cinq

188 DE LA MUSIQUE

fons fondamentaux $\frac{81.}{fa}$ $\frac{27.}{ut}$ $\frac{9.}{fol}$ $\frac{3.}{re}$ $\frac{1.}{la}$. Il est visible, sans que je m'arrête ici à le prouver, que la progression des nombres qui répondent à ces sons est l'inverse de 1, 3, 9, 27, 81. Or, pour avoir un nouveau son au-dessus de *la*, qui répond au premier terme de la progression, à 1 ; puisque ce terme conduit à $\frac{1}{3}$, par la marche rétrograde qu'on a prise, il ne falloit, pour eviter cette fraction, qu'ajouter un nouveau terme à la suite naturelle des nombres 1, 3, 9, 27, 81. Le triple de 81 etant 243, il n'y avoit qu'à poser 243 sur *fa*, & l'on arrivoit ainsi à *mi* 1, quinte de *la*, qui pour lors répond à 3, comme : $\frac{243.}{fa}$ $\frac{81.}{ut}$ $\frac{27.}{fol}$ $\frac{9.}{re}$ $\frac{3.}{la}$ $\frac{1.}{mi}$. Vouloit-on avoir un *si*, quinte (ou douzieme) de *mi* ? la même méthode le fournissoit ; en avançant encore d'un terme, c'est-à-dire, en posant *fa* à 729, on aboutissoit à *si* 1. Il en est de même pour tous les sons ultérieurs qu'on voudra ajouter à *si*, savoir, *fa* ✕, *ut* ✕, &c., comme dans l'exemple suivant.

81.	27.	9.	3.	1.					
fa	ut	fol	re	la.					
243.	81.	27.	9.	3.	1.				
fa	ut	fol	re	la	mi.				
729.	243.	81.	27.	9.	3.	1.			
fa	ut	fol	re	la	mi	si.			
2187.	729.	243.	81.	27.	9.	3.	1.		
fa	ut	fol	re	la	mi	si	fa✕.		
6561.	2187.	729.	243.	81.	27.	9.	3.	1.	
fa	ut	fol	re	la	mi	si	fa✕	ut✕.	
19683.	6561.	2187.	729.	243.	81.	27.	9.	3.	1.
fa	ut	fol	re	la	mi	si	fa✕	ut✕	fol✕.
59049.	19683.	6561.	2187.	729.	243.	81.	27.	9.	3.	1.
fa	ut	fol	re	la	mi	si	fa✕	ut✕	fol✕	re✕.
177147.	59049.	19683.	6561.	2187.	729.	243.	81.	27.	9.	3.	1.
fa	ut	fol	re	la	mi	si	fa✕	ut✕	fol✕	re✕	la✕.

En rapprochant alors du *fa* 177147, les autres sons, par les moindres intervalles possibles, le système chinois se trouvoit exprimé par les nombres suivans :

177147. 165888. 157464. 147456. 139968. 131072. 124416.
 fa *fa*✕ *fol* *fol*✕ *la* *la*✕ *fi*

118098. 110592. 104976. 98304. 93312.
 ut *ut*✕ *re* *re*✕ *mi*.

On pourroit être surpris de voir ici le *hoang-tchoung*, ou *fa*, exprimé par le nombre 177147; mais il n'y a, en cela, rien d'etranger à la doctrine des Chinois. Voici ce que dit le P. Amiot dans les *Préliminaires* de sa traduction de l'Ouvrage de *Ly-koang-ty* sur l'ancienne Musique, cahier A, page 8.

« Le *hoang-tchoung* est le tout, qui, divisé jusqu'au possible,
» du moins jusqu'au terme de l'unité, donne les *lu* & les tons.
» 3 & 9 sont les nombres générateurs. Ils sont indifféremment
» diviseurs ou multiplicateurs. Si 3 est diviseur, le terme de
» *hoang-tchoung* est connu, c'est le nombre 177147. On trouve
» ce même nombre par la multiplication, & on a les progres-
» sions suivantes :

» 1, 3, 9, 27, 81, 243, 729, 2187, 6561, 19683, 59049,
» 177147 *hoang-tchoung*; ou bien 177147, 59049, 19683,
» 6561, 2187, 729, 243, 81, 27, 9, 3, 1 *hoang-tchoung* ».

D'ailleurs, dès que les Chinois appliquent, à la progression triple, des quintes, ou *douziemes*, en montant; dès que, pour avoir leurs douze *lu*, les sons qui forment ces quintes doivent être au nombre de douze, il est evident que le terme d'où il faut partir pour la génération de ces quintes, ne peut être, ni 81, ni tout autre terme intermédiaire, mais le douzieme, 177147, si l'on veut que le douzieme son, *la*✕, ne passe pas le nombre ou terme 1. Les difficultés même qu'eprouvent les Chinois, en allant au-delà de ce nombre 1, sont une preuve de la simplicité de l'opération dont je parle.

A dire néanmoins ici ce que je penſe, il me paroît plus naturel de croire que les Inſtituteurs de la progreſſion triple, partant du terme 1, faiſoient correſpondre à cette progreſſion des quintes, ou *douziemes*, en deſcendant. En effet, pour pouvoir procéder en montant, il faut néceſſairement commencer cette marche par un terme aſſez éloigné du premier, pour qu'on ne puiſſe être arrêté par l'obſtacle des fractions. Or, par quelque terme que l'on veuille commencer, le nombre qui exprimera ce terme paroîtra toujours un nombre arbitraire ; car on peut alors demander : d'où vient 81 ? d'où vient 177147 ? Au lieu qu'en partant de l'unité, qui, dans les idées mêmes qu'en ont conſervées les Chinois, eſt l'origine, la ſource, le principe de tout ; on marche, pour ainſi dire, toujours devant ſoi, dans un chemin connu & ſans obſtacles. Voyez le paſſage de *Hoai-nan-tſee*, rapporté à l'article 5 de la ſeconde Partie, page 118 : *Le principe de toute doctrine eſt Un*, &c.

Il nous reſteroit à examiner, dans la figure dont il s'agit ici, l'ordre des *lu* : *Hoang-tchoung*, *ta-lu*, *tay-tſou*, &c., appliqué à des demi-tons. Comme la figure 9, *b*, préſente un ordre par quintes, déduit de celui-ci, je parlerai de l'un & de l'autre à l'Obſervation ſuivante.

SECONDE OBSERVATION.

Sur la figure 9, b, de la ſeconde Partie.

POUR répandre plus de clarté dans ce que j'ai à obſerver ſur cette figure, je vais tranſcrire ici un texte qui préſente les mêmes objets, quoiqu'avec une différence dans l'ordre des *lu*. Ce texte eſt ſous la claſſe de ceux que le P. Amiot appelle *Textes de l'Hiſtoire*, dans ſa traduction de l'Ouvrage de

Ly-koang-ty; cahier B, n°. 9, page 282. Je joindrai à ce texte l'explication de *Ly-koang-ty*, qu'on trouve à la page 283 du même cahier B. Les notes qui accompagnent, & le texte & l'explication, sont du P. Amiot. Je les transcrirai ici sous leurs mêmes numéros.

TEXTE.

« Voici les divisions qui conviennent à chaque lune (88) :

» Tsee . . . . 1. . . . . XIe. Lune. . Hoang-tchoung.
» Tcheou . . . . . 3. 2. . . . . . . XIIe. . . . . . Ta-lu.
» Yn . . . . 9. 8. . . . . . . Ie. , ... Tay-tsou.
» Mao . . . . 27. 16. . . . . IIe. . . . . . Kia-tchoung.
» Tchen . . . . . 81. 64. . . . . IIIe. . . . . . Kou-si.
» See . . . . . . 243. 128. . . . IVe. . . . . . Tchoung-lu.
» Ou . . . . . . 729. 512. . . . Ve. . . . . . Joui-pin.
» Ouei . . . . 2187. 1024. . . . VIe. . . . . . Lin-tchoung.
» Chen . . . . 6561. 4096. . . . VIIe. . . . . Y-tsê.
» Yeou . . . 19683. 8192. . . VIIIe. . . . . Nan-lu.
» Su . . . . . 59049. 32768. . . IXe. . . . . . Ou-y.
» Hai . . . . 177147. 65536. . . Xe. . . . . . Yng-tchoung (89).

Explication.

« *Tsai-che* des montagnes de l'Ouest, dit que le nombre 3
» fait les tons hauts ou bas, selon qu'il est diviseur ou multipli-
» cateur, qu'il est ajouté ou soustrait. Depuis 3 en haut, tous
» les nombres sont pris de la division du *hoang-tchoung*. Le *lu*
» qui répond à *tsee* est le dividende.

» Le *lu* de *yn* (c'est-à-dire, le *tay-tsou*) se divise en pou-
» ces (90), celui de *tchen* en lignes, celui de *ou* en dixiemes

« (88) C'est-à-dire, aux *lu*
» correspondans à chaque lune ».
» (89) A côté des chiffres de
» chaque lune, j'ai ecrit les *lu* cor-
» respondans, pour la commodité
» du Lecteur ».

« (90) Il me semble qu'il seroit
» mieux de dire : le nombre assi-
» gné au *tay-tsou*, exprime celui
» des pouces, le nombre de *kou-si*
» exprime celui des lignes, &c. »

» de ligne, celui de *chen* en centiemes, celui de *fu* en millie-
» mes ; pour ce qui eſt des ſix qui reſtent, à ſavoir, les *lu* de
» *tcheou, mao, ſee, ouei, yeou* & *hai*, ils ont chacun trois
» diviſions, parmi leſquelles il y a des pouces, des lignes, des
» dixiemes, des centiemes, & des milliemes parties de ligne.

» Les chiffres qui ſont à côté de ceux des lunes *tcheou, yn,*
» *mao*, &c., expriment le nombre des parties du *hoang-tchoung*
» qui convient à chaque *lu*. Par exemple : *tſee*, qui déſigne le
» *hoang-tchoung*, eſt le dividende ; *tcheou* 3, 2, ſignifie que
» ſi on diviſe le *hoang-tchoung* en trois parties egales, *tcheou*
» aura deux tiers du *hoang-tchoung*. Ainſi, ſuppoſant le *hoang-*
» *tchoung* diviſé en trois parties, dont chacune ſera de trois
» pouces, on dit : 3 multiplié par 3, donne 9 ; les deux tiers
» de 9 ſont 6 ; donc *tcheou* aura ſix pouces. Si le *hoang-tchoung*
» a 27 parties egales, *mao* aura ſeize de ces parties ; & ainſi
» des autres. Telle eſt la méthode par laquelle on peut ſavoir
» la doctrine du ciel & de la terre (91) ».

Que l'on adopte ou non cette explication de *Ly-koang-ty*,
il eſt toujours conſtant que le texte nous préſente la progreſſion
triple, appliquée à l'ordre des lunes, telle qu'on la trouve ſur
la figure dont il s'agit dans cette obſervation. Il y a ſeulement
une différence dans l'ordre des *lu*, ajoutés au texte par le P.
Amiot. Mais cet ordre etant le même que celui que les Chinois
modernes regardent encore comme l'ordre primitif, même en y
appliquant des demi-tons, ainſi qu'on l'a vu aux articles 2 & 3
de la ſeconde Partie, pages 95 & 99, il s'enſuit que ce même
ordre, vraiment primitif, & antérieur à tout autre arrangement

---

» (91) En adoptant l'explica-
» tion de *Ly-koang-ty*, on doit
» expoſer le texte de cette manie-
» re : la onzieme lune, qui repré-
» ſente *hoang-tchoung*, eſt le divi-
» dende, egal à 1. La douzieme
» lune, qui repréſente le *ta-lu*, de
» trois parties du *hoang-tchoung*,
» en a deux. La premiere lune,
» qui repréſente le *tay-tſou*, de
» neuf parties du *hoang-tchoung*,
» en a huit ; & ainſi des autres ».

des *lu*, doit nécessairement répondre à une série de consonnances, puisqu'on ne sauroit appliquer la progression triple à des demi-tons, comme *fa*, *fa*✖, *sol*, *sol*✖, *la*, &c., sans tomber, pour ainsi dire, dans la plus grande des absurdités (*a*).

Si les Chinois modernes, sans doute, depuis les ecrits de *Hoai-nan-tsee*, semblent regarder les demi-tons comme les premiers élémens de la génération des sons, & si d'une certaine somme de ces demi-tons ils recomposent ensuite les quintes & les quartes (en *descendant* de huit, & en *montant* de six), la progression triple, mise à côté des lunes, déposera toujours en faveur des consonnances, prises, par les Instituteurs, pour premiers principes dans la génération des sons; & ces consonnances seront, pour ainsi dire, l'interprétation qu'il faudra joindre, soit à l'ordre des lunes : *tsée*, *tcheou*, &c., soit à celui des *lu* : *hoang-tchoung*, *ta-lu*, &c., soit à la série des nombres 1, 3, 9, &c. (*b*).

(*a*) Je ne m'arrêterai pas ici à le démontrer. Ce que j'ai dit au sujet d'un passage de Plutarque, dans la *seconde Lettre* à l'Auteur du Journal des Beaux-Arts & des Sciences, page 37, peut suffire à cet egard. Voyez ce même Journal, Août 1771, page 229.
Plutarque, dans son Traité de la création de l'ame, applique les nombres 27, 81, 243, 729, de la progression triple, à l'ordre des planetes : la *lune*, *mercure*, *vénus*, le *soleil*, répondant aux sons diatoniques *la*, *sol*, *fa*, *mi* du système des Grecs, au lieu de faire correspondre ces nombres à un ordre de consonnances, à l'arrangement qu'ont entr'elles les planetes lorsqu'elles désignent les jours de la semaine : la *lune*, *mars*, *mercure*, *jupiter*, ou *la*, *re*, *sol*, *ut*, c'est-à-dire, *lundi*, *mardi*, *mercredi*, *jeudi*.

On peut remarquer qu'au moins, dans Plutarque, les sons diatoniques, *la sol fa mi*, sont pris en descendant. Que seroit-ce donc si on appliquoit les mêmes nombres, la même progression triple, à des sons qui monteroient par demi-tons ? comme :

1. 3. 9. 27. 81. 243. 729.
fa fa✖ *sol sol*✖ *la la*✖ *si*, &c.

(*b*) Les exemples que je donnerai à la fin de cette Observation en convaincront encore davantage. J'exprimerai à notre maniere, c'est-à-dire, en notes de musique, ce que représentent les nombres, tant du texte que de la figure. On y verra comment les divers inter-

Ce qui a pu conduire les Chinois postérieurs aux Instituteurs des principes de la Musique, à faire correspondre une férie de demi-tons à l'ordre primitif des *lu*; c'est sans doute, comme je l'ai fait remarquer à la note *h* de la seconde partie, page 95, l'ordre des tuyaux, appellés du nom de *lu*, & rangés par demi-tons dans certains instrumens. Voyez à l'article 8 de la premiere Partie, la description du *koan-tsee*, page 66, & la figure 27. On peut voir encore dans le *Chou-king*, mis au jour par M. de Guignes, l'instrument n°. 6 de la planche 1.

Figurons-nous l'ordre des lunes, par lesquelles les Chinois divisent l'année, comme nous concevons celui de nos mois : *Janvier*, *Février* (*c*), &c. Nous avons vu à l'article 5 de la seconde Partie, page 123, que cet ordre des lunes est aussi familier à un Chinois, que peut l'être à un Européen celui des mois.

Or, comment avec cet ordre des lunes, que les Chinois ont toujours présent à l'esprit : avec des tuyaux, appellés *lu*, rangés suivant l'ordre de leurs différentes longueurs (figure 27), & le premier de ces tuyaux, le premier *lu*, répondant à la

valles musicaux sont engendrés des consonnances. Vérité qu'au bout de quatre mille ans, Rameau & Tartini ont de nouveau apperçue, pour le fond, dans leurs systêmes sur la génération des sons, mais dont ils se sont ecartés à l'egard de quelques détails, pour les ramener aux erreurs des modernes dont ils etoient imbus.

(*c*) C'est de l'année solaire que je parle ici. Cette année commence au solstice d'hiver, & répond, pour le tems, à notre mois de Décembre, & au signe du capricorne. Voyez le *Chou-king*, Paris 1770, Discours Préliminaire, p. 50.

Comme ce n'est ici qu'une comparaison que je fais des lunes des Chinois aux mois romains, la ressemblance entre ces deux objets consiste en ce que les Chinois commencent leur année par la onzieme lune, comme nous la commençons par Janvier, qui est le onzieme des mois romains, Février le douzieme, & Mars le premier. Ainsi lorsqu'un Chinois rapporte les *lu* aux lunes : *tsee*, *tcheou*, *yn*, &c., nous pouvons très-bien, pour nous rendre ces objets plus familiers, les rapporter à nos mois ; le premier *lu* à Janvier, le second à Février, le troisieme à Mars, &c.

lune qui commence l'année, à Janvier ou *tſee* : comment, dis-je, avec tout cela, le ſecond tuyau, le ſecond *lu*, n'auroit-il pas néceſſairement eté Février ou *Tcheou*, le troiſieme, Mars ou *Yn*, &c., pour les Chinois, qui n'ayant plus les yeux de la théorie, venoient à fixer ces tuyaux, & ſavoient d'enfance l'ordre des noms *tſee*, *tcheou*, *yn*, *mao*, *tchen*, &c., &c., &c. ?

De-là les noms propres des LU : *hoang-tchoung*, *ta-lu*, &c., ſuivant exactement l'ordre des lunes, ces noms ſe font trouvés correſpondre à des demi-tons, à des *lu* rangés *ſuivant l'ordre de leurs différentes longueurs*, au lieu de répondre à des quintes, à des LU *principes*, *regles*, & modeles d'intonation. Voyez note *a*, de la premiere Partie, page 28.

Cet ordre de demi-tons, devenu l'ordre primitif dans l'eſprit des Chinois, l'ancien ordre des quintes n'a plus eté pour eux qu'un réſultat, une combinaiſon du nouvel ordre, & ils en ont formé la ſuite des noms *hoang-tchoung*, *lin-tchoung*, &c., que préſente la figure 9, *b*, pour exprimer ces quintes, ci-devant génératrices, & produiſant tout ce qui ſe nomme intervalle, *engendrées* maintenant elles-mêmes d'une longue ſuite de demi-tons. Mais il eſt conſtant, par l'uſage qu'ont fait les anciens Chinois de la progreſſion triple, que ce ſont les conſonnances, les quintes, qui leur ont fourni, & leurs tons, & leurs demi-tons; en un mot, tous les ſons dont un ſyſtême muſical peut être compoſé, ſous quelque forme que ces ſons ſe préſentent, ſoit comme des degrés plus ou moins rapprochés, ſoit comme des intervalles plus ou moins grands. On peut voir dans la Lettre que j'ai citée à la note *a*, *Journal des Beaux-Arts & des Sciences*, Août 1771, page 208 (ou page 16 de la Lettre imprimée à part), ce que j'ai dit touchant la queſtion : *ſi c'eſt d'une ſuite de degrés conjoints que ſont formées les conſonnances, ou ſi ce n'eſt pas au contraire d'une ſérie de conſonnances que les degrés conjoints tirent leur origine*. Cette queſtion bien examinée fera connoître ſi les Inſtituteurs de la Muſique, chez les Chinois, ont eu pour premiers principes une férie de demitons, comme ſemblent le penſer les Chinois plus modernes, vraiſemblablement d'après les ecrits de *Hoai-nan-tſee*, ou ſi ces premiers principes ont eté les conſonnances, comme tout le démontre (*d*).

Voici les exemples que j'ai annoncés à la note *b*. Le premier eſt l'expreſſion du texte de la page 191, d'après l'explication de *Ly-koang-ty*. Le ſecond, préſente le même objet, mais conformément à l'explication de la figure 9, *b*, touchant les nombres en progreſſion double & quadruple.

Parmi les divers moyens que j'ai eſſayés, de rendre ces objets encore plus ſenſibles que dans la figure ou dans le texte, je n'ai rien trouvé de plus clair, & qui pût dire plus de choſes dans un moindre eſpace, que notre maniere de noter les ſons. Les Lecteurs tant ſoit peu muſiciens pourront en juger.

Au reſte, je n'ecris pas les noms des *lu*, à cauſe de la différence d'ordre entre ceux que porte la figure & ceux du texte. On pourra, ſur chaque exemple, ſous-entendre l'un ou l'autre

---

(*d*) « C'eſt de la progreſſion triple qu'emanent toutes les formes authentiques des divers intervalles, que les Grecs nous ont tranſmiſes. Leurs définitions de la quinte 2 : 3, de la quarte 3 : 4, du ton 8 : 9, du limma, ou ſemi-ton diatonique, 243 : 256, de l'apotome, ou ſemi-ton chromatique, 2048 : 2187, ne ſont autre choſe que des réſultats d'une férie de douziemes, données par la progreſſion triple ». *Seconde Lettre à l'Auteur du Journal des Beaux-Arts & des Sciences*, page 42, ou page 234 de ce même Journal, Août 1771.

Ces *douziemes*, données par la progreſſion triple, vont ſe trouver rapprochées ſous la forme de quintes & de quartes alternatives, dans les deux exemples ſuivans ; d'où il ſera aiſé de conclure que la ſuite des conſonnances, repréſentée par cette même progreſſion, eſt la baſe du ſyſtême chinois, comme elle l'eſt de celui des Grecs, & de tout ſyſtême muſical où l'oreille eſt conſultée.

ordre, comme on voudra. Le *fa*, dans les deux exemples, eſt le *hoang-tchoung* des *lu* moyens, dits naturels, & les guidons déſignent toujours ce même *hoang-tchoung*, premier générateur de tous les autres ſons, & auquel il faut appliquer les nombres inférieurs.

Texte de l'Hiſtoire, d'après l'explication de Ly-koang-ty.

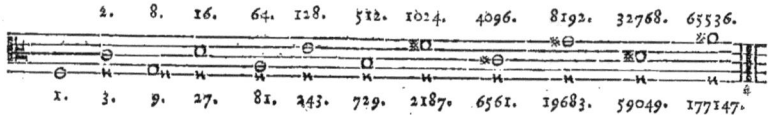

Figure 9, b, *d'après l'explication du P. Amiot.*

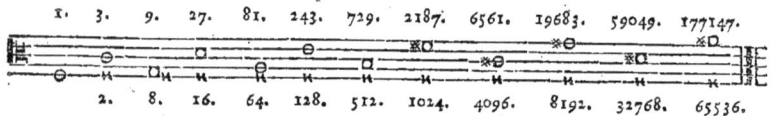

On voit dans ces exemples la vraie poſition de chaque ſon, relativement au nombre qui l'exprime. Il eſt aiſé d'y remarquer une ſérie de quintes & de quartes alternatives, d'où réſulte la juſte proportion de chaque intervalle que cette ſérie forme dans ſa marche : la quinte (*fa ut*), comme de 3 à 2 ; le ton, comme de 9 à 8 ; la ſixte majeure, comme de 27 à 16, &c., &c.

On peut relire l'explication de *Ly-koang-ty*, pour voir que ſi, dans le premier exemple, le *hoang-tchoung*, ou *fa*, déſigné par un guidon, contient trois parties, ſa quinte *ut* en aura deux ; que ſi ce même *fa* contient 9 parties, le *ſol*, qui forme un ton avec lui, en aura huit ; & ainſi du reſte.

Quant au ſecond exemple, en voici la clef.

De 1 à 3, c'eſt-à-dire, de *fa* à *ut*, il y a l'intervalle d'une douzieme. Or, ſi on eleve d'une octave le *fa*, déſigné par un guidon, en le portant à 2, on n'aura plus que la ſimple quinte de *fa* à *ut*, dans le rapport de 2 à 3 ; ſi on eleve ce même *fa* de trois octaves, en le portant à 8, on aura le ton *fa fol*, dans le rapport de 8 à 9, & ainsi du reste (*e*).

En comparant à ces exemples le tableau de la page 248 de mon Mémoire, tous ces objets deviendront encore plus sensibles pour les personnes à qui notre maniere de noter les sons n'est pas bien familiere.

Mais ce que tout le monde peut aisément remarquer dans ces exemples, c'est cette distribution des sons, comme en deux parties séparées; l'une inférieure, l'autre supérieure. Les six notes inférieures, *fa fol la si ut* ✕ *re* ✕, forment les *yang-lu* des anciens Chinois; les six notes supérieures, *ut re mi fa* ✕ *fol* ✕ *la* ✕, présentent leurs *yn-lu*. Je dis *des anciens Chinois*, parce que les modernes, à compter peut-être depuis *Hoai-nan-tsée* (Voyez note *s*, page 118), faisant correspondre l'ordre primitif des *lu* à des demi-tons, leurs six *yn-lu* sont différens, quant à l'ordre des sons. Mais on voit, par la figure 15, *a*, de la seconde Partie, & par ce qui est dit à l'article 7 de cette même Partie, touchant la génération des *lu*, pag. 128, 129, que les Chinois modernes se rapprochent quelquefois, pour le fond, des idées des Anciens. Les six *yn-lu* que présente cette

(*e*) L'explication que donne le P. Amiot de la figure 9, *b*, porte que les nombres 2, 8, 16, &c., *sont en progression double & quadruple, pour rapprocher les tons, au moyen de leurs octaves*. Cette explication, si elle etoit prise à la rigueur, laisseroit entrevoir un trop grand intervalle entre le *fa*, désigné par un guidon, & les trois sons *fa* ✕, *fol* ✕, *la* ✕. Mais le texte que j'ai rapporté, en confirmant la justesse des nombres que porte la figure, fait voir que ces trois sons ne peuvent être rapprochés davantage du *fa*, sans détruire l'ordre des consonnances qui composent cet exemple. L'objet que se sont proposé les Chinois dans cette figure, n'est pas de mettre sous les yeux les moindres intervalles que le *fa*, le *hoang-tchoung*, puisse former avec les autres sons qu'il engendre, mais de présenter, dans une suite de quintes & de quartes alternatives, le tableau des douze *lu* sous une forme plus rapprochée de la pratique.

figure, ne different de ceux des exemples, que par l'inverſion des noms des *lu*. Cette inverſion même ſe prouve par le vice des *yn-lu* modernes.

D'après ce qui en eſt dit à l'article 2 de la ſeconde Partie, page 96, les ſix *yn-lu* ſont : *ta-lu*, *kia-tchoung*, *tchoung-lu*, *lin-tchoung*, *nan-lu* & *yng-tchoung*, c'eſt-à-dire, *fa*✕, *ſol*✕, *la*✕, *ut*, *re*, *mi*. Or, on voit ici entre *la*✕ & *ut* (*tchoung-lu* & *lin-tchoung*), une interruption notable dans la marche des *yn-lu*, ces deux ſons ne pouvant former l'intervalle d'un ton, obſervé entre tous les autres *lu*, tant *yang*, que *yn*.

Suppoſera-t-on que l'*ut* eſt la même choſe que *ſi-dieſe* ? Mais alors le même inconvénient ſe trouvera entre *ſi*✕ & *re*, dont l'intervalle ne ſauroit être regardé comme un ton. Je ſais bien qu'un *Températeur* ne manquera pas de dire qu'un *ut* deux fois *dieſe* eſt la même choſe que *re*, & qu'il pouſſera peut-être la ſuppoſition juſqu'à regarder les trois ſons *ſi*✕, *ut*✕✕, *re*✕✕, comme les ſynonymes de *ut*, *re*, *mi*. Mais la Muſique n'a pas encore adopté une pareille transformation de ſons & de noms ; il eſt démontré que *ſi*✕ n'eſt pas *ut*, & l'erreur, à cet egard, de quelques Praticiens bornés, ne fait pas corps avec les principes immuables de la Muſique (*f*). Il y a donc toujours un vice dans les ſix *yn-lu* des Chinois modernes, en tant qu'ils commencent par *fa*✕.

Si l'on prend ces *yn-lu* tels qu'ils ſont expoſés à la figure 15, *a*, déja citée, on trouvera les ſix ſons *ut re mi fa*✕ *ſol*✕ *la*✕ ſans interruption, ſans lacunes, formant tous entr'eux

---

(*f*) Les Compoſiteurs ſur l'epinette font quelquefois uſage de cette transformation de ſons. Nous avons actuellement en France un Opéra, où dans une ſuite de modulations très-rapides & ſans liaiſon, le Compoſiteur, arrivé à un *ſol-dieſe*, le prend pour un *la-bémol*, ecrit *la-bémol* ; & dans l'exécution, l'orcheſtre ne craint pas de détonner pour jouer cet abſurde *la-bémol*, qui doit faire oublier le *ſol-dieſe*. Voyez *Iphigén. en Aul.* pag. 183 de la Partition.

l'intervalle d'un ton, & fous la même proportion que dans les exemples. Et cela doit être, puifque cette figure, d'une ligne entiere à une ligne brifée, ne préfente que les mêmes fons, la même férie de quintes & de quartes alternatives, exprimée par les fyllabes *fa ut fol*, &c., dans la figure, & ecrites en notes de mufique dans les exemples.

Je laiffe aux Muficiens le foin de réfléchir fur la beauté, la précifion & la fimplicité de cette antique doctrine des Chinois; aux Théoriciens qui ne peuvent ou ne veulent pas vérifier les chofes par eux-mêmes, le plaifir de nous répéter que la tierce de *fa* à *la* eft dans le rapport de 4 à 5, ou 64 : 80, l'intervalle de *fa* à *mi*, dans celui de 128 à 240 (*g*), &c.; & à ceux dont les connoiffances fur la Mufique & fur la théorie, font reftraintes aux inftrumens à touches, la confolation de regarder l'expreffion numérique des fons comme une chofe idéale (*h*), ou la folle prétention d'etablir que *la fcience des proportions harmoniques, inventée par Pythagore, & cultivée jufqu'à nos jours, n'eft qu'une fcience trompeufe* (*i*).

(*g*) Au lieu de 64 : 81, & 128 : 243, qu'on voit dans les exemples. Au refte, les proportions factices qu'on trouve dans tous les Théoriciens Européens qui ont ecrit depuis environ deux fiecles, ne font qu'une répétition de ce qu'a cru etablir Zarlin dans fes Inftitutions harmoniques, & perfonne n'a penfé encore à verifier fi Zarlin avoit raifon, & fi les proportions qu'il adopte ont un principe. Voyez le *Mémoire fur la Mufique des Anciens*, pages 89, 160, & le dernier alinea de la page 250.

(*h*) « Dans le monde idéal tout » eft facile .... c'eft des fons fur- » tout qu'on s'occupe dans ces » régions aëriennes. On y fixe le » tems, le lieu & la méthode, » d'après laquelle l'octave s'eft » complettée de treize fons; on » calcule comment s'engendre » l'harmonie, &c. » *Traité de Mufique*, *dédié à Monfeigneur le Duc de Chartres*, Paris 1776, Difcours fur *l'origine des fons*, page 8.

(*i*) *Chiunque abbia qualche lume della volgar Aritmetica*, dit encore un Difcoureur fur l'origine des fons, *vedra beniffimò in generale che la fcienza de' numeri armonici inventata da Pitagora, e coltivata in fino a' tempi noftri, è una pura fallacia.* Dell' origine e delle Regole della

TROISIEME

TROISIEME OBSERVATION.

Source des proportions factices des Chinois modernes.

EN circonscrivant leurs douze *lu* à douze sons déterminés, les Chinois modernes n'ont pu avoir douze modulations, sans être forcés d'altérer les proportions d'une partie de ces sons.

Musica. In Roma 1774; *Introduzione*, pag. 1.

La raison de l'Auteur de cet Ouvrage est que quand il veut se mettre à son clavecin, qui vraisemblablement est de l'espece de ceux qui n'ont qu'une touche pour *re-dièse*, par exemple, & *mi-bémol*, il faut que son Accordeur détruise toutes les proportions que la théorie assigne aux divers sons à l'usage de la Musique : *e qual sciocchezza non è questa*, s'ecrie-t-il alors, suppore *la Musica fondata in certe ragioni, che bisogna guastare per ridurre la Musica ad esecuzione ?* Ibid. Lib. 1, cap. 1, pag. 71.

Mais voici ce que pensoit le fameux *Becattelli*, autrefois Maître de Musique à *Prato*, en Toscane, touchant la différence entre les dièses & les bémols, que les Praticiens mêmes les plus bornés distinguent sur les instrumens libres, tels que le violon, le violoncelle, &c.

« Se ne' communi strumenti di
» tasti, per la mancanza delle pro-
» prie voci si prendono e per
» diesis, e per bmolli quei tasti
» che tali non sono, a questo ci
» astringe la necessità, prenden-
» do per quelli che dovrebbero
» essere (*fondati in certe ragioni*),
» quelli che a' detti suoni son più
» vicini e più prossimi..... Ma
» quando un tasto per un altro si
» prende, il nome suo allora è
» quello per loquale è preso,....
» dove che altrimenti facendo,
» non solo patisce il senso dell'
» udito, ma tutto il nobile com-
» posto della musica si rovina e
» confonde.

» Se prenderemmo un cembalo,
» di quelli che cromatici son
» chiamati (*cembali spezzati*); oh
» quanto scorderanno le parti tra
» loro nelle sole accompagnature
» del medesimo cembalo »! *Supplementi al Giornale de' Letterati d'Italia*, Tome III, Venise 1726; pages 29, 30, 32.

On voit par ce passage, que si l'Auteur *dell' origine* eût appris la Musique sur un de ces clavecins que les Italiens appellent *spezzati* (clavecins *brisés*), & qui ont leur touche pour *la-dièse*, & leur touche pour *si-bémol*, &c., la science des proportions, qu'il croit inventée par Pythagore, ne lui eût pas

C'est ce que je me propose d'examiner dans cette Observation, où je ferai voir en même tems quels sont les moyens qu'on peut employer pour obtenir réellement douze modulations, emanées d'un même principe, ou, ce qui est la même chose, pour avoir, dans un systême musical, tous les sons légitimes qui doivent former douze gammes différentes.

Au reste, il ne s'agit ici que de modulations ou de gammes, en mode majeur, soit qu'on les arrange à l'européenne, c'est-à-dire, sur le modele de notre gamme d'*ut*, soit qu'on les dispose à la maniere des Chinois, dont la gamme *fa sol la si ut re mi fa* est le modele, & où le quatrieme son, le *pien-tché*, forme avec le *koung*, ou premier son, une quarte superflue. Venons à notre Observation.

D'un son donné à son octave, on compte douze demi-tons, dont sept sont appellés diatoniques, ou *limma*, & cinq

paru une science trompeuse, *una pura fallacia*, puisque ces clavecins devant avoir leurs quintes justes, c'est-à-dire, dans la proportion de 3 à 2, telle qu'on l'a vue dans les exemples, pag. 197, son Accordeur n'auroit pas eu la peine de corrompre cette proportion.

En effet, ce qu'on appelle *tempérament*, à l'egard des instrumens qui n'ont pas tous les tuyaux, toutes les cordes, toutes les touches qu'il leur faut, n'est que l'action d'altérer la forme de chaque quinte, jusqu'au point nécessaire pour en obtenir des demi-tons neutres, qui ne soient ni le majeur, ni le mineur (Voyez note *q* de la seconde Partie, page 116); ou ce qui est la même chose : *le tempérament*, selon qu'il a déja eté défini, *consiste à discorder tous les demi-tons qui se rencontrent entre un son donné & son octave, de maniere qu'aucun de ces demi-tons ne puisse être dit appartenir à tel ou tel mode* (*). Or, cette action d'*altérer* des sons, de les *discorder*, ne sauroit être regardée comme une perfection dans la Musique, encore moins comme un principe sur lequel on pût jamais etablir *les regles* de cette science (**).

(*) Voyez le *Mémoire sur la Musique des Anciens*, note 34.

(**) C'est d'après le clavecin que l'Auteur *Dell'Origine* etablit les regles de la Musique, comme si dès long-tems avant que l'Auteur vint au monde, avant qu'il existât des clavecins ou autres instrumens à touches, inventés dans des siecles de barbarie, la Musique n'avoit pas eu ses *regles!*

chromatiques, ou *apotome*. Le nombre des uns & des autres eſt toujours le même, de quelque maniere que ces démi-tons ſoient formés, c'eſt-à-dire, ſoit par des dieſes, ſoit par des bémols, comme dans les deux exemples ſuivans, où les limma ſont déſignés par *l*, & les apotome par *a*.

	a.	l.	a.	l.	a.	l.	l.	a.	l.	a.	l.	l.
1er. exemple.	*fa*	*fa*✕	*ſol*	*ſol*✕	*la*	*la*✕	*ſi*	*ut*	*ut*✕	*re*	*re*✕	*mi* *fa*.

	l.	a.	l.	a.	l.	a.	l.	l.	a.	l.	a.	l.
2me. exemple.	*fa*	*ſol*♭	*ſol*	*la*♭	*la*	*ſi*♭	*ſi*	*ut*	*re*♭	*re*	*mi*♭	*mi* *fa*.

Le limma eſt un intervalle beaucoup moindre que l'apotome; celui-ci etant dans le rapport de 2048 à 2187, tandis que le limma eſt comme de 243 à 256. D'où il réſulte que les chants formés par l'un ou par l'autre de ces exemples, ne ſont pas les mêmes; celui du premier, procédant ſucceſſivement par apotome & limma juſqu'à *ſi*, & enſuite par limma & apotome depuis *ſi* juſqu'à *mi*, tandis que dans le ſecond exemple, le chant procede au contraire par limma & apotome, juſqu'au même *ſi*, & enſuite, depuis *ut*, toujours différemment que dans le premier exemple.

De cette variété d'intonation, entre le limma & l'apotome, il réſulte encore qu'aucun des deux exemples ne peut fournir autant de modulations qu'il contient de ſons différens. C'eſt ainſi que le *ſol* du ſecond exemple, le *la*, le *ſi*, &c., ne peuvent avoir leurs modulations complettes, leurs gammes, puiſqu'on ne trouve point, dans cet exemple, de limma au-deſſous de ces ſons, c'eſt-à-dire, de *fa*✕ au-deſſous de *ſol*, de *ſol*✕ au-deſſous de *la*, &c. (*k*).

(*k*) Je me borne à prendre notre gamme d'*ut* pour modele. Celle des Chinois auroit, pour la modulation de *ſol*, dans cet exemple, le double inconvénient de manquer de *pien-koung*, ou *fa*✕, & de *pien-tché*, ou *ut*✕. Si pour la gamme de *fa*, on trouve le *pien-tché*, ou *ſi*, dans ce même exemple, en revanche notre gamme

De même, le premier exemple ne sauroit fournir autant de modulations qu'il contient de sons, puisque *fa*𝄪, *sol*𝄪, & plusieurs autres sons, n'ont point de limma au-dessous d'eux; le *fa*𝄪 n'ayant au-dessous de lui que l'apotome *fa*, au lieu du limma *mi*𝄪; le *sol*𝄪 n'ayant egalement qu'un apotome au-dessous de lui, qu'un *sol*, au lieu de *fa*𝄪𝄪, & ainsi du reste.

Or, les Chinois modernes n'employant dans leur système musical que les douze sons différens contenus dans le premier exemple, & qui forment leurs douze *lu*, n'ont pu avoir douze modulations, sans altérer plusieurs de ces *lu*, plusieurs de ces mêmes sons, afin que ceux qui formoient des apotomes avec leurs voisins, pussent leur servir à-peu-près de limma dans le besoin. C'est-là l'unique raison, la seule source, de ces *correctifs*, de ces *supplémens*, dont le Prince *Tsai-yu* recommande de faire usage à l'egard de la progression triple. Voyez l'article 5 de la seconde Partie, page 116.

Mais il y avoit un moyen plus simple, & en même tems plus légitime & plus conforme aux vûes & aux principes des Anciens, pour obtenir tous les sons qu'exigent douze modulations différentes. Ce moyen paroît indiqué en particulier par ce qui est enoncé à l'article 6 de la même seconde Partie, touchant la double génération des *lu*, pag. 125, 126, où l'on voit que les deux extrêmes *fa*, *si*, des sept *lu* naturels *fa ut sol re la mi si*, sont dits agir l'un sur l'autre, en ce que de *fa* on aboutit à *si*, par la marche directe *fa ut sol*, &c., & que de *si* on aboutit à *fa* par la marche rétrograde *si mi la*, &c. Or, en continuant l'une & l'autre de ces deux marches, on aura, par la premiere, une suite de dieses, au-dessus des sept *lu* primitifs

d'*ut* n'y sauroit être arrangée à la maniere des Chinois, puisqu'on ne trouve pas de *fa*𝄪, dans cet exemple, pour être le *pien-tché*, ou le limma, de *sol*.

ou naturels, & une suite de bémols au-deſſous de ces mêmes *lu*, ſi l'on prend la marche rétrograde, c'eſt-à-dire, celle qui commence par *ſi*.

Il paroît même, d'après ce que j'ai rapporté des anciens manuſcrits du P. Amiot, dans la premiere Obſervation, page 189, que l'opération que j'indique ici n'a pas toujours eté inconnue aux Chinois, puiſqu'on voit, dans le paſſage que j'ai tranſcrit, la progreſſion triple priſe indifféremment en montant ou en deſcendant; & bien que dans ce paſſage le même ſon, le même *hoang-tchoung*, réponde alternativement, & au premier terme de la progreſſion triple, & au douzieme, il eſt à croire que la double génération, par *fa* & par *ſi*, dont nous venons de parler, emane de la double maniere de prendre cette même progreſſion. Car le *fa*, par exemple, appliqué au douzieme terme, donne les quintes montantes qui engendrent les dieſes, & le *ſi*, appliqué au premier terme, donne les quintes deſcendantes qui engendrent les bémols.

On objectera ſans doute que les Chinois n'admettant dans leur ſyſtême que douze *lu*, cette double opération leur en donneroit un bien plus grand nombre. Mais il faut obſerver que ſi les Chinois ne parlent jamais que de douze *lu*, ils ne font mention non plus que de *cinq* tons & de *ſept* principes. Or, ces cinq tons & ces ſept principes, ne ſont pas individuellement tels ou tels ſons déterminés, puiſque parmi les douze *lu* on trouve, ſelon eux, pluſieurs fois les cinq tons, & pluſieurs fois les ſept principes (*l*). Quel inconvénient y auroit-il donc

(*l*) On peut même remarquer que pour former, ſur chaque *lu*, ces cinq tons & ces ſept principes, ils ſont obligés de prendre le *hoang-tchoung*, ou *fa*, pour *mi-dieſe*, le *lin-tchoung*, ou *ut*, pour *ſi-dieſe*, &c. Abſurdité qui n'eſt qu'une conſéquence de la réduction du ſyſtême muſical à douze ſons déterminés. Auſſi voyons-nous en Europe, nos joueurs d'inſtrumens à touches, & en général tous ceux qui bornent le ſyſtême muſical à douze ſons, plongés dans la même erreur, faire d'un *ſi-dieſe* un *ut*, d'un *re-dieſe* un *mi-bémol*, &c.

qu'ils euffent une longue férie de *lu*, parmi lefquels ils choifi-roient les douze vrais *lu*, les douze fons particuliers qui peuvent légitimement divifer chaque octave par demi-tons, plutôt que d'employer, dans plufieurs de ces octaves, des fons irrationnels, & par conféquent faux, tels que ceux dont j'ai fait l'analyfe dans la premiere obfervation?

Avec une férie de *lu*, de telle longueur qu'on veuille la fuppofer, qui empêche de ne compter jamais que cinq tons, fept principes & douze *lu*? Cinq tons, parce que cinq *lu* fuffifent pour les obtenir; fept principes, parce qu'il ne faut que fept *lu* pour former une gamme complette; & enfin, douze *lu*, parce que ce nombre fuffit pour divifer une octave en douze demi-tons.

Mais comme cette divifion peut fe faire de deux manieres, felon ce qu'on a vu à la page 203, il eft clair que douze *lu* feulement ne peuvent fournir la divifion propre à chaque octave, ou ce qui eft la même chofe: le limma n'etant pas l'apotome, ni celui-ci le limma, il eft evident qu'au defir de l'oreille, & en ne fuivant même en ceci que le fimple raifonnement, il faut, dans un fyftême de mufique où l'on admet douze modulations, douze gammes toutes calquées fur une premiere gamme donnée, il faut, dis-je, avoir autant de fons que les regles de l'intonation & le modele de cette premiere gamme le prefcrivent.

Or, puifque les Chinois etabliffent une gamme, une modulation, fur chacun de leurs douze *lu*, c'eft une fuite de leur propre fyftême qu'ils aient tous les fons que ces gammes exigent.

Ces fons, fous la forme de limma & d'apotome, font au nombre de dix-huit; il feroit donc abfurde de vouloir, avec douze *lu* feulement, fuppléer ces dix-huit fons, & encore plus abfurde de dénaturer pour cela la plus grande partie de ces *lu*, en y subſtituant des ſons irrationnels, qui dans ce cas ne repréſenteroient plus, ni les *lu* qu'ils doivent repréſenter, ni aucun des dix-huit ſons que comportent douze modulations différentes.

REMARQUE.

La doctrine que j'ai tâché d'etablir, ou pour mieux dire, que je n'ai fait que rappeller dans cette obſervation, touchant la différence entre deux ſons, conſidérés, l'un comme demi-ton diatonique, l'autre comme demi-ton chromatique, cette doctrine, dis-je, n'eſt point etrangere aux Chinois ; elle a dû leur être connue dans certains tems. Je viens de trouver dans la traduction manuſcrite de l'Ouvrage de *Ly-koang-ty*, par le P. Amiot, cahier B, n°. 10, page 308, un texte du *Toung-tien ;* ou *Abrégé de l'Hiſtoire*, qui préſente la même doctrine, la même exactitude dans la diſtinction de l'une ou l'autre ſorte de demi-tons. Je vais rapporter ici ce qu'il y a de plus eſſentiel dans ce texte. Je l'accompagnerai de quelques notes, pour le mettre à la portée d'un plus grand nombre de Lecteurs.

TEXTE DU *TOUNG-TIEN*.

« La premiere année du regne de *Chen-kouei*, Roi de *Ouei*,
» un des Miniſtres de ce Prince, nommé *Tchen-tchoung-jou*,
» lui parla ainſi : Il ſeroit à propos d'adopter, par rapport aux
» *Tiao* (*m*), & aux huit ſortes de ſons, la méthode de *King-*
» *fang* (*n*). Selon cet Auteur, continua-t-il, voici quel eſt le

---

(*m*) *Tiao*, ſelon le P. Amiot, cahier A, note 57, *ſignifie proprement pluſieurs choſes rangées de ſuite les unes auprès des autres, echelle, ou telle autre choſe ſemblable*. Ici il ſignifie l'ordre des cinq tons, dans le même ſens que nous dirions *premier degré, ſecond degré*, &c. Voyez note *p* de la ſeconde Partie, page 114.

(*n*) Il eſt parlé de cet Auteur à la page 31, & au Tome 2 de ces Mémoires, pag. 197, n°. 19.

» principe des *Tiao*. Le *koung* & le *chang* doivent être graves,
» le *tché* & le *yu* doivent être aigus. Si vous suivez la méthode
» de *Koung-foun-tchoung*, QUI N'EMPLOIE QUE LES DOUZE
» LU, qui dit que chacun d'eux fait le *koung*, & que le grave
» & l'aigu indifféremment sont egalement bons, vous n'aurez
» qu'une mauvaise musique, &c.

» *Hoang-tchoung* doit faire le *koung*, *tay-tsou* le *chang*, &
» *lin-tchoung* le *tché* (*o*). Si au contraire, &c.

» Si *ou-y* fait le *koung*, le seul *tchoung-lu* fera le *tché*, & il
» n'y aura aucune mélodie pour les tons *chang*, *kio* & *yu* (*p*).

» Si le *tchoung-lu* fait le *koung*, il n'y aura aucun *lu* qui ne
» soit dérangé (*q*), & il n'y aura aucune mélodie.....

» Suivant la méthode de *King-fang*, le *tchoung-lu* fait le

(*o*) *Hoang-tchoung* répond à *fa*, *tay-tsou* à *sol*, & *lin-tchoung* à *ut* (Voyez la figure 9, *a*, de la seconde Partie); donc les tons *koung*, *chang* & *tché*, dont il est parlé ici, sont *fa*, *sol*, *ut*. Exemple :
fa   sol   la   ut   re.
koung, chang, kio, tché, yu.

(*p*) Le *lu ou-y* répond à *re*※, & *tchoung-lu* à *la*※ ; voyez la figure 9, *a* de la seconde Partie. Ainsi *re*※ faisant le *koung*, les autres tons seront *mi*※, *fa*※※, *la*※, *si*※. Or, dans la série des *lu* de la figure citée, on ne trouve ni *mi*※ pour être *chang*, ni *fa*※※ pour être *kio*, ni *si*※ pour être *yu* ; le seul *tchoung-lu*, comme dit le texte, ou *la*※, pourra faire le *tché*. Car *hoang-tchoung*, ou *fa*, ne peut tenir lieu de *mi*※, *tay-tsou*, ou *sol*, ne peut remplacer *fa*※※, & *lin-tchoung*, ou *ut*, ne peut être employé pour *si*※. Voici le rapport des sons vrais avec ceux que donnent les *lu* de la figure 9, *a*.

EXEMPLE.

Sons donnés par les *lu*..	*Re*※	*fa*	*sol*	*la*※	*ut*.
Sons vrais.........	{ *Re*※	*mi*※	*fa*※※	*la*※	*si*※.
	Koung,	chang,	kio,	tché,	yu.

(*q*) On vient de voir que *tchoung-lu* est *la*※, or si *la*※ fait le *koung*, aucun son de la série des *lu* ne pourra l'accompagner. Exemple :

Sons donnés par les *lu* ..	*La*※	*ut*	*re*	*fa*	*sol*.
Sons vrais	{ *La*※	*si*※	*ut*※※	*mi*※	*fa*※※.
	Koung,	chang,	kio,	tché,	yu.

» *koung*,

» *koung*, après lequel vient le *chang* & le *tché* (*r*) ; il réſulte
» de tout cela une véritable mélodie. Cette mélodie s'evanouira
» ſi *tchoung-lu* faiſant le *koung*, *lin-tchoung* fait le *chang*, &
» *hoang-tchoung* le *tché* (*s*) ».

Le ſens des trois derniers alinea de ce téxte, en ſuppoſant qu'on n'ait pas aſſez fait attention aux notes qui l'accompagnent, eſt : 1°. Que ſi le *lu ou-y*, ou *re* ※ , fait le *koung*, c'eſt-à-dire, eſt premier degré, on ne trouvera dans la ſérie des *lu* (figure 9, *a*, ou note *u*, ci-après), que le ſeul *la* ※ pour être le cinquieme degré, ou *tché* (*t*), cette ſérie ne fourniſſant, ni le ſecond degré, *mi* ※ , ni le troiſieme, *fa* ※※ , ni le ſixieme , *ſi* ※ . Voyez l'exemple de la note *p* ci-devant.

2°. Que ſi le *tchoung-lu*, ou *la* ※ , eſt premier degré, *il n'y aura aucun lu qui ne ſoit dérangé*, comme dit le texte, puiſqu'il faudroit diſcorder l'*ut*, ou avoir un autre tuyau, pour en faire un *ſi* ※ ; diſcorder le *re* pour en faire un *ut* ※※ , le *fa* pour en faire un *mi* ※ , & le *ſol* pour en faire un *fa* ※※ . Voyez l'exemple de la note *q*.

3°. Que par la méthode de *King-fang*, lorſque ce même *tchoung-lu*, ou *la* ※ , etoit premier degré, on avoit, par cette méthode, un *ſi* ※ pour le ſecond degré, un *ut* ※※ pour le troiſieme, un *mi* ※ pour le cinquieme, & un *fa* ※※ pour le ſixieme : *la* ※ , *ſi* ※ , *ut* ※※ , *mi* ※ , *fa* ※※ ; d'où réſulte, ſelon le texte, une véritable mélodie. Or cette mélodie s'evanouit, ſi, au lieu de *ſi* ※ , vous employez le *lu* qui ſonne *ut* ;

(*r*) Le *chang* eſt *ſi* ※ , le *tché* eſt *mi* ※ , comme dans l'exemple de la note précédente.

(*s*) *Lin-tchoung*, dans la ſérie des *lu*, répond à *ut*, & *hoang-tchoung* à *fa* ; or on voit dans l'exemple de la note *q*, comment *ut* & *fa* ne peuvent faire, ni le *chang*, ni le *tché*, puiſque *ut* n'eſt pas *ſi* ※ , & que *fa* n'eſt pas *mi* ※ . D'ailleurs l'intervalle *la* ※ *ut* peut-il former un ton entre le *koung* & le *chang* ?

(*t*) Voyez note *p* de la ſeconde Partie, page 114, au ſujet des degrés.

fi au lieu d'*ut* ✕✕ , vous employez le lu *re* ; au lieu de *mi*✕, le *hoang-tchoung*, ou *fa* ; & au lieu de *fa*✕✕, le lu qui donne *fol*. Voyez l'exemple de la note *q* ci-devant.

Ce dernier paſſage ſeul prouve que les *lu* des Chinois n'ont pas toujours eté reſtraints individuellement à ceux dont on a fait uſage dans ce Mémoire, & qui, dans la génération par quintes, ont *la*✕ pour dernier terme (*u*), puiſque la méthode de *King-fang* admet les lu ultérieurs qui ſuivent *la*✕, dans cette même génération, ſavoir : *mi*✕, *fi*✕, *fa*✕✕, *ut*✕✕, &c. Ou ce qui eſt la même choſe, ce paſſage prouve que les Chinois n'ont pas toujours confondu le *limma* avec l'*apotome*, c'eſt-à-dire, le demi-ton diatonique, comme *mi fa*, avec le demi-ton chromatique *mi mi*✕, &c. D'où l'on peut conclure que lorſqu'ils ont voulu obtenir les demi-tons chromatiques de *fi*, de *mi*, de *la*, &c., ils ont dû néceſſairement employer des lu correſpondans à nos ſons *fi*♭, *mi*♭, *la*♭, &c., afin de ne pas faire *evanouir*, pour m'exprimer comme eux, *toute mélodie* de leurs modulations, en y faiſant ſervir, contre le ſentiment de l'oreille, un *la*✕ pour un *fi*♭, un *re*✕ pour un *mi*♭, &c., &c.

En un mot, la doctrine touchant la différence entre le demiton diatonique & le demi-ton chromatique, eſt ſi bien etablie dans ce texte, qu'après en avoir fait la découverte dans l'Ouvrage de *Ly-koang-ty*, traduit par le P. Amiot, j'ai balancé ſi je ne ſupprimerois pas mon obſervation. Néanmoins, comme elle préſente plus en détail l'objet dont il s'agit ici, j'ai cru devoir la laiſſer ſubſiſter. Elle conduit d'ailleurs au développement du texte, & le texte à ſon tour confirme & fortifie la doctrine expoſée dans l'obſervation. Doctrine de la plus grande

(*u*) Fa ut ſol re la mi ſi fa✕ ut✕ ſol✕ re✕ la✕.
    1   2   3   4   5   6   7   8   9   10   11   12.

importance ; qui découle des principes fondamentaux de la Muſique (*x*), & qu'on ne ſauroit préſenter ſous trop de faces aux Européens, parmi leſquels un grand nombre de températeurs & de joueurs d'inſtrumens à touches prêchent continuellement le contraire (*y*).

(*x*) La différence entre les deux ſortes de demi-tons, eſt donnée par une ſuite de quintes, comme on le verra à la note ſuivante.

(*y*) Pour s'aſſurer de la différence entre le demi-ton *mi fa*, par exemple, & le demi-ton *fa fa*✳, on peut former une ſuite de quintes, depuis *fa* juſqu'à *fa*✳ ; en rapprochant enſuite les trois ſons *mi*, *fa*, *fa*✳, on s'appercevra de l'extrême différence qu'il y a entre l'intonation *mi fa* & l'intonation *fa fa*✳, ſi les quintes ont été juſtes.

Rapprochez du *fa*✳ les ſons *mi* & *fa*, en les elevant par autant d'octaves qu'il ſera néceſſaire. Or, pour avoir l'octave d'un ſon dont la valeur eſt connue, il faut doubler cette valeur. Ainſi l'octave de *fa*, evalué dans cet exemple à 128, ſera le double de 128, c'eſt-à-dire, 256. Ce nombre etant doublé donnera 512 ; celui-ci, par la même opération, donnera 1024 ; & 1024, donnera 2048. Quant au *mi* 972, il n'a beſoin d'être elevé que d'une ſeule octave. Le double de 972 etant 1944, on aura les deux demi-tons *mi fa* & *fa fa*✳ dans le rapport ſuivant :

1944. 2048. 2187.
mi   *fa*   *fa*✳.

En voici la démonſtration.

On ſait que le rapport de la quinte eſt comme de 2 à 3, c'eſt-à-dire, comme d'un nombre quelconque à celui qui réſulte de l'addition de ce nombre avec ſa moitié, & c'eſt ce que les Anciens appelloient le rapport *ſeſquialtere*, puiſqu'ici le nombre 2, additionné avec 1, qui eſt ſa moitié, donne 3, valeur de la quinte de 2. Voici une ſérie de quintes dans ce même rapport :

128. 192. 288. 432. 648. 972. 1458. 2187.
fa   *ut*   *ſol*   *re*   *la*   *mi*   *ſi*   *fa*✳.

Il eſt aiſé de remarquer ici que l'intervalle de *fa* à *fa*✳, eſt de beaucoup plus grand que celui de *mi* à *fa*, puiſque la différence de *fa* à *fa*✳, c'eſt-à-dire, de 2048 à 2187, eſt de 139, tandis que la différence de *mi* à *fa*, ou de 1944 à 2048 n'eſt que de 104.

On voit par-là que la diſtinction de *limma* & d'*apotome*, de demi-ton diatonique, & demi-ton chromatique, qu'admettent les principes de la Muſique, entre ces deux ſortes d'intervalles, n'eſt qu'une ſuite néceſſaire de la valeur fixée à la quinte ; & cette vérité ſe découvre encore par la maniere dont on accorde l'orgue, le clavecin, &c., puiſqu'il faut y altérer la

QUATRIEME OBSERVATION.

Expofition du principe des proportions authentiques des anciens Chinois.

LA progreffion triple fur laquelle les anciens Chinois ont fondé les dimenfions de leurs *lu*, n'eft autre chofe que le réfultat d'une premiere confonnance donnée, dont la proportion, fuffifamment conftatée par l'expérience, a été le modele de toutes celles qu'on a ajoutées à cette premiere, pour en former une fuite ou progreffion d'intervalles femblables.

Ce n'eft au refte que pour la facilité du calcul, & pour eviter les fractions, qu'on a choifi le rapport de 1 à 3 dans la progreffion, dite triple à raifon de ce rapport; & il faut obferver que l'intervalle de douzieme, repréfenté par ces nombres, eft une forte de fynonyme de la quinte, puifque celle-ci, portée à une octave plus haut ou plus bas, devient douzieme, ou ce qui eft la même chofe, puifque la douzieme n'eft que l'octave de la quinte.

On fait que *l'octave*, en mufique, eft regardée comme une *equifonnance*, comme la réplique d'un même fon, mais entendu à huit degrés plus haut ou plus bas. Ainfi la progreffion triple, en remontant à fa fource, n'eft au fond que le réfultat d'une premiere quinte, evaluée à la proportion de 2 à 3, & portée, pour la commodité du calcul, à fon octave 1 : 3.

De cette equifonnance de l'octave, il réfulte encore qu'une quinte, prife en montant ou en defcendant, pourra être repré-

proportion de chaque quinte pour avoir ces demi-tons neutres & fans caractere, dans lefquels fe complaifent les Amateurs de ces fortes d'inftrumens. Voyez ce que j'ai dit au fujet du *tempérament*, à la fin de la note *i*, feconde Obfervation, page 202.

sentée par la quarte, prise en sens contraire, puisque cette quarte ne sera alors que l'octave de la quinte déja trouvée (*z*).

Le rapport de l'octave est reconnu généralement pour être comme de 1 à 2, c'est-à-dire, comme d'un nombre donné à celui qui en est le double.

On a défini la quinte, dans le rapport de 2 à 3, ou 3 : 2, & la quarte, dans celui de 3 à 4, ou 4 : 3.

Or, pour s'assurer si ces deux rapports sont justes, il faut, d'après ce que nous avons remarqué, que la quinte d'un son, prise dans un sens, & sa quarte, prise dans le sens contraire, donnent entr'elles le rapport de l'octave, c'est-à-dire, la proportion double, sinon le rapport de la quinte ou celui de la quarte aura eté mal assigné.

Prenons, par exemple, la quinte au-dessus de *fa*, evalué à 3 ; cette quinte, par la proportion fixée à cet intervalle, sera *ut* 2. Si nous prenons ensuite la quarte au-dessous du même *fa* 3, la quarte etant dans la proportion de 3 à 4, nous aurons *ut* 4. Or, 4 est le double de 2, ou ce qui est la même chose, l'*ut* au-dessous de *fa* nous a donné une valeur double de celle qu'avoit l'*ut* au-dessus de ce même *fa*, donc le rapport de la quinte, 2 : 3, & celui de la quarte, 3 : 4, assignés depuis plus de quarante siecles à ces deux intervalles, sont justes l'un & l'autre (*aa*).

(*z*) Si l'on monte de quinte depuis *ut*, par exemple, on aboutira à *sol*, comme : *ut re mi fa sol* ; & si l'on descend de quarte depuis le même *ut*, on arrive à un autre *sol*, octave du premier, comme, *ut si la sol*. Il en est de même si l'on monte de quarte, comme, *ut re mi fa*, ou qu'on descende de quinte, comme, *ut si la sol fa* ; les deux extrêmes, *fa*, seront toujours l'octave l'un de l'autre.

(*aa*) Ce développement etoit nécessaire ici, parce que des Théoriciens Européens, partant des proportions factices qu'ils assignent à certains intervalles, ont voulu elever des doutes sur la proportion de la quinte, sans penser à s'assurer auparavant si les proportions par lesquelles ils vouloient juger de la quinte, etoient légitimes ;

De tout ce que nous venons d'obferver, il réfulte qu'il n'a fallu, aux anciens Chinois, qu'une feule quinte ou une feule quarte une fois trouvée, pour avoir tout le refte de leur fyftême, quelqu'etendue qu'ils aient voulu lui donner, puifqu'il n'eft befoin pour cela que d'ajouter au premier intervalle trouvé, une fuite d'intervalles femblables (*bb*).

Voici un texte chinois qui préfente les douze *lu*, engendrés par ce même principe, c'eft-à-dire, ou comme quinte, ou comme quarte l'un de l'autre, & dans la proportion que je viens de décrire pour ces deux intervalles. C'eft un texte du *Han-chou* (*cc*), extrait de l'Ouvrage de *Ly-koang-ty*, traduit par le P. Amiot, quatrieme Partie, cahier B, n°. 9, page 290. Je joindrai à ce précieux texte l'excellente note que le P. Amiot y a ajoutée; & pour le rendre encore plus intelligible, je vais donner une fuite de *lu*, rangés par demi-tons, ordre d'après lequel l'Auteur du texte s'eft enoncé. J'ajouterai dans le texte même, mais entre des parenthefes, tout ce qui fera néceffaire pour l'expliquer.

ou fi même elles avoient un principe. Voyez à ce fujet le *Mémoire fur la Mufique des Anciens*, note 35, §. 208, page 215.

(*bb*) « D'une feule quarte ou d'une feule quinte donnée, découle tout le fyftême muſical, puifque la quarte d'une premiere quarte, ou la quinte d'une premiere quinte, devra naturellement être dans la même proportion qu'on aura reconnue pour la premiere, quelle que foit cette proportion..... Une troifieme quarte ou une troifieme quinte, devra néceffairement être comme la premiere & comme la feconde, & ainfi de fuite de l'une de ces confonnances à l'autre, en obfervant toujours entr'elles le rapport etabli pour la premiere. Or, c'eft de l'affemblage d'un certain nombre de ces confonnances, combinées de différentes manieres, que naiffent les *tierces*, les *fixtes*, le *ton*, & les divers *demi-tons* dont on peut raifonnablement faire ufage dans un fyftême de Mufique ». *Mém. fur la Muſ. des Anc.* page 1 de l'*Avertiffement*, note *a*.

(*cc*) C'eft fans doute du *Si-han-chou*, c'eft-à-dire, de l'hiftoire des *Han* occidentaux qu'il s'agit ici, puifque *Ly-koang-ty* rapporte enfuite des textes du *Heou-han-chou*, hiftoire des *Han* poftérieurs, ou orientaux.

En recourant du texte, à l'exemple suivant, on se rappellera que l'intervalle *d'en-bas*, chez les Chinois, est notre quinte en montant, & que leur intervalle *d'en-haut* est notre quarte en descendant. Voyez note 7 de la seconde Partie, page 122.

Ordre des Lu par demi-tons.

a.	Hoang-tchoung	*fa.*
b.	Ta-lu	*fa* ✕.
c.	Tay-tsou	*sol.*
d.	Kia-tchoung	*sol* ✕.
e.	Kou-si	*la.*
f.	Tchoung-lu	*la* ✕.
g.	Joui-pin	*si.*
h.	Lin-tchoung	*ut.*
i.	Y-tsê	*ut* ✕.
k.	Nan-lu	*re.*
l.	Ou-y	*re* ✕.
m.	Yng-tchoung	*mi.*
n.	Hoang-tchoung	*fa.*
o.	Ta-lu	*fa* ✕.
p.	Tay-tsou	*sol.*
q.	Kia-tchoung	*sol* ✕.
r.	Kou-si	*la.*
s.	Tchoung-lu	*la* ✕.

Texte du Han-chou.

« Hoang-tchoung est comme le roi des autres tons. Il n'en
» est aucun qui puisse lui ressembler. Des trois parties du hoang-
» tchoung (*a*, ou *fa*, dans l'exemple ci-dessus), qu'on en ôte
» une, on aura le lin-tchoung d'en bas (*h*, ou *ut*).

» Aux trois parties dont est composé le lin-tchoung (*ut*),
» qu'on en ajoute une semblable, on aura le tay-tsou d'en-haut

» (c , ou *fol*). Des trois parties du tay-tfou (*fol*), qu'on en
» ôte une, on aura le nan-lu d'en bas (k , ou *re*).

» Aux trois parties du nan-lu (*re*), qu'on en ajoute une fem-
» blable, on aura le kou-fi d'en haut (*e* , ou *la*). Des trois
» parties du kou-fi (*la*), qu'on en ôte une, on aura le yng-
» tchoung d'en bas (*m* , ou *mi*).

» Aux trois parties du yng-tchoung (*mi*), qu'on en ajoute
» une femblable, on aura le joui-pin d'en haut (*g* , ou *fi*). Des
» trois parties du joui-pin (*fi*), qu'on en ôte une, on aura le
» ta-lu d'en bas (*o* , ou *fa* ✕).

» Aux trois parties du talu (*fa* ✕), qu'on en ajoute une
» femblable, on aura le y-tfê d'en haut (*i* , ou *ut* ✕). Des
» trois parties de y-tfê (*ut* ✕), qu'on en ôte une, on aura le
» kia-tchoung d'en bas (*q* , ou *fol* ✕).

» Aux trois parties du kia-tchoung (*fol* ✕), qu'on en ajoute
» une femblable, on aura le ou-y d'en haut (*l* , ou *re* ✕).
» Enfin, fi des trois parties dont eft compofé le ou-y (*re* ✕),
» on en ôte une, on aura le tchoung-lu d'en bas (*s* , ou
» *la* ✕) ». Voici la *Note du P. Amiot* (cahier *B* , n°. *14* ,
page *34*).

» Pour epargner au Lecteur la peine de calculer les *lu*, fuivant
» la méthode de ce texte, je les ai calculés moi-même, & j'ai
» trouvé :

» Hoang-tchoung, egal à 177147.
» Lin-tchoung d'en bas = 118098.
» Tay-tfou d'en haut = 157464.
» Nan-lu d'en bas = 104976.
» Kou-fi d'en haut = 139968.
» Yng-tchoung d'en bas = 93312.
» Joui-pin d'en haut = 124416.
» Ta-lu d'en bas = 82944.
» Y-tfê d'en haut = 110592.
» Kia-tchoung d'en bas = 73728.
» Ou-y d'en haut = 98304.
» Tchoung-lu d'en bas = 65536 ».

Voici

DES CHINOIS, IV. Obs. 217

Voici, selon notre maniere de noter les sons, tout le contenu, tant du texte que de cette note du P. Amiot, c'est-à-dire, la génération des douze lu, par quintes & par quartes alternatives, avec l'expression numérique de chaque son, calculée par le P. Amiot, & que je ne fais que transporter sur les notes (dd).

177147. 118098. 157464. 104976. 139968. 93312. 124416. 82944. 110592. 73728. 98304. 65536.

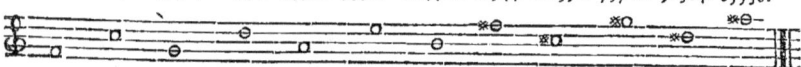

Si l'on veut faire l'analyse de ces nombres, on trouvera que fa 177147 est le douzieme terme de la progression triple ; & que les autres nombres sont les différentes octaves de chacun des termes de la même progression, prise en rétrogradant, comme dans l'exemple de la page 188 (ee).

(dd) Nos Théoriciens Européens pourront voir, par cet exemple, combien il seroit absurde d'imaginer qu'après les quatre premiers sons fondamentaux fa ut sol re, il fallût donner au la une autre proportion que celle qu'il obtient comme quarte de re; ou de prétendre que ce même la, en tant que quarte juste au-dessous de re, ne pût, comme tel, former un ton juste avec sol, une tierce mineure avec ut, une tierce majeure avec fa, &c.; & cela parce que, depuis la fin du seizieme siecle, un homme auroit ecrit que la tierce fa la doit être de 4 à 5, &, ce qui en est une suite, le ton sol la de 9 à 10, la tierce mineure la ut de 5 à 6, &c., &c. On peut voir ce que j'ai dit à ce sujet, note g de la seconde Observation, page 200.

(ee) Si l'on prend l'un & l'autre exemple dans un sens contraire, c'est-à-dire, en commençant par la✵, on aura alors les termes de la progression triple dans leur ordre naturel 1, 3, 9, 27, &c., comme dans l'exemple suivant, où les petits chiffres joints à chaque terme de cette progression, marquent le nombre d'octaves dont il est elevé, soit dans la note du P. Amiot, soit dans l'exemple qui la représente.

1^{16}. 3^{15}. 9^{13}. 27^{12}. 81^{10}. 243^{9}. 729^{7}. 2187^{6}. 6561^{4}. 19683^{3}. 59049^{1}. 177147. Radical.
la✵ re✵ sol✵ ut✵ fa✵ si mi la re sol ut fa.

Il est aisé de voir par ces nombres que la valeur 65536 qui répond au la✵, dans l'exemple, n'est autre chose que le terme 1,

E e

On peut conclure de la méthode simple & uniforme, suivie dans ce texte du *Han-chou*, combien les proportions factices des deux illustres Princes *Tsai-yu* & *Hoai-nan-tsee*, exposées aux articles 3 & 5 de la seconde Partie de ce Mémoire, s'ecartent de la doctrine des anciens Chinois. Doctrine, la seule vraie, la seule raisonnable, si l'on veut y réfléchir, la seule en un mot qu'on puisse adopter dans tout système de Musique où l'on voudra se guider par le sentiment de l'oreille.

elevé de seize octaves; que le *re*※, evalué à 98304, est la quinzieme octave de 3 ; le *sol*※, la treizieme octave de 9, & ainsi du reste. On peut vérifier tous ces calculs sur les Tables qui sont à la fin de mon Mémoire.

Ces divers exemples doivent nous ramener à ce que j'ai d'abord annoncé à la note *c*, de la premiere Partie, page 32, savoir : que *la regle d'une série de douze termes en progression triple, la regle des lu, ou la regle d'une suite de sons à la quarte, à la quinte ou à la douzieme l'un de l'autre, sont une seule & même regle, un seul & même principe sous des formes différentes.*

Fin des Observations.

EXPLICATIONS DES FIGURES.

PREMIERE PARTIE.

Figure 1. L'ordre des huit fortes de fons fe prend, dans cette figure, depuis la cafe du milieu, infcrite *fon de la peau*, en allant à celles qui la fuivent à droite : *fon de la pierre, fon du métal*, &c.

De la correfpondance des huit fortes de fons aux trigrammes de *Fou-hi*, naiffent d'autres rapports avec tout ce qui eft repréfenté par ces trigrammes, comme les huit points cardinaux du monde, les huit aires de vent, & plufieurs autres objets qui forment une erudition chinoife, mais qui n'intérefferoient guere les Européens.

Les chiffres qu'on voit dans cette figure au-deffous des cinq tons *koung, chang, kio, tché, yu*, défignent les différentes longueurs de la corde qui donne chacun de ces tons. *Koung*, placé au centre de la figure, & qui eft le principe, le générateur, & le premier des autres tons, eft donné par une corde qu'on fuppofe divifée en 81 parties egales. De ces 81 parties il en faut 72 pour former le ton *chang*, 64 pour le ton *kio*, 54 pour le ton *tché*, & 48 pour le ton *yu*. Cette maniere de divifer la corde eft très-ancienne chez les Chinois. On a ainfi les cinq tons dans la proportion fuivante :

$$\begin{cases} 81. & 72. & 64. & 54. & 48. \\ \text{Koung} & \text{chang} & \text{kio} & \text{tché} & \text{yu.} \\ fa & fol & la & ut & re. \end{cases}$$

Figure 2. Tambour, nommé *tfou-kou*. Sa longueur d'*a* à *b* eft de trois pieds. Le diametre de chacun des deux côtés, couverts de peau, eft de 4 pieds ; le diametre du milieu, de *c* à *d*, eft de 6 pieds, 6 pouces, 6 lignes (*a*).

(*a*) Le P. Amiot ne fpécifie pas le pied fur lequel doivent fe prendre ces mefures, bien qu'il y eût deux fortes de pieds chez les anciens Chinois, le pied dit muſical, & le pied ordinaire, comme on le verra à l'article 3 de la feconde Partie de ce Mémoire. Néanmoins, d'après ce qui eft dit dans ce même article, nous préfumons que ce n'eft point le pied muſical qu'il faut entendre ici, ni dans les

Le *tsou-kou* est du tems même du grand *Yu*. Ainsi son antiquité remonte pour le moins jusqu'à l'an 2205 avant l'ere chrétienne. C'etoit le tambour propre de la Dynastie des *Hia*. Il etoit traversé par une piece de bois equarrie, dont le bout entroit dans un pied, fait en forme de croix ; c'est ce qui l'a fait appeler *tsou-kou*. On lui donnoit aussi le nom de *pen-kou*. Il en est du *pen-kou*, dit le *Ché-king*, comme de la cloche *young* (*pen-kou ouei young*). Cette espece de tambour fut adoptée par les *Tcheou*.

Figure 3. Tambour, nommé *yng-kou*. Sa longueur de *c* à *d*, est de douze pieds. Le diametre de chacun des deux côtés, couverts de peau, est de 4 pieds ; le diametre du milieu, de *e* à *f*, est de 6 pieds, 6 pouces, 6 lignes.

L'*yng-kou* est le tambour particulier de la seconde Dynastie, dite indifféremment *chang* ou *yn*, & dont le Fondateur monta sur le Trône, l'an avant J. C. 1783. Il etoit traversé par une piece de bois équarrie, mais cette piece de bois n'avoit point de pied ; on l'enfonçoit dans la terre, & c'est ce qui lui a fait donner le nom de *yng-kou*. On l'appelloit encore du nom de *kao-kou*. Le son du tambour *kao-kou*, dit le *Ché-king*, est le plus fort de tous les sons (*kao-kou fou cheng*). La Dynastie des *Tcheou* adopta encore l'*yng-kou*, comme elle avoit adopté le *tsou-kou*.

Figure 4. Tambour, nommé *hiuen-kou*. Ce tambour est particulier à la Dynastie des *Tcheou* ; il en est parlé dans le *Tcheou-ly*, sous le nom de *kien-kou*.

Il y a un autre tambour correspondant à celui-ci, appellé *yng-kou*, & dont le petit tambour regarde le côté opposé à celui du *hiuen-kou*. Le *hiuen-kou*, dit le *Ly-ki*, doit être placé du côté de l'occident, & l'*yng-kou* du côté de l'orient.

Les deux petits tambours qui accompagnent ceux-ci, sont appellés, l'un *chouo-pi*, l'autre *yng-pi*. Le premier ressemble au tambour des

explications suivantes, mais le pied ordinaire, dit *tou-tché*, ou *pied de compte*, composé de 10 pouces, & chaque pouce de 10 lignes, d'autant que c'est ce même pied qui est enoncé dans les explications des figures 13 & 14 ci-après. La différence entre ces deux sortes de pieds ne consiste que dans leur division en 9 ou en 10 pouces. Voyez la figure 4 *a*, de la seconde Partie, où ces deux pieds sont représentés dans leur grandeur naturelle.

cavaliers & se frappe légérement ; l'*yng-pi* est plus petit, il ressemble au tambour des fantassins, & se frappe un peu fort.

Figure 6. Tambour, appellé *kin-kou*. Sa longueur est de 6 pieds, 6 pouces ; le diametre de chacun des côtés est de 4 pieds, celui du milieu, de 6 pieds, 6 pouces, 6 lignes. En général ce tambour est le même que celui qu'on appelloit *kien-kou*, mais on lui donnoit le nom de *lei-kou*, quand on y avoit représenté le tonnerre, les vents, & des nuages ; & on l'appelloit *ling-kou* ou *lou-kou*, selon qu'on y avoit peint des oiseaux mystérieux, ou simplement des cicognes, des cygnes, ou autres oiseaux qui sont le symbole de la longue vie.

Figure 7. Tambour, nommé *tao-kou*, dont il y a deux sortes : le grand & le petit. Le grand *tao-kou* a un pied de longueur, & un pied de diametre dans chacun de ses côtés ; le bâton qui le traverse est long de 4 pieds, 5 pouces. Le petit *tao-kou* est long de 7 pouces, & ses deux diametres ont chacun 7 pouces ; le bâton qui le traverse a 3 pieds, 2 pouces de longueur.

a & *b* sont deux nœuds faits avec de la peau, & enfilés à la cordelette *c*, qui pend de chaque côté du tambour. Celui qui est chargé de cet instrument le tient par le manche en *d*, & en tournant la main alternativement de gauche à droite, & de droite à gauche, les nœuds vont frapper en *e* & en *f*.

Figure 10. Tambour, nommé *ya-kou*. Sa longueur est d'un pied, 4 pouces ; le diametre de chacun de ses côtés est de 7 pouces.

Figure 11. Tambour, nommé *po-fou*. Sa longueur est d'un pied, 4 pouces ; le diametre de chacun de ses côtés est de 7 pouces. La table qui supporte cet instrument a un pied de hauteur & un pied de largeur.

Figure 13. Instrument de pierres sonores, nommé *pien-king* (*b*). Cet

---

(*b*) Pendant qu'on imprimoit ces explications, nous avons trouvé dans les *Réflexions sur la Poésie & sur la Peinture*, par l'Abbé du Bos, un passage fort intéressant sur une sorte de pierre sonore, connue des Anciens, en Europe. Voici ce que dit cet illustre Académicien, troisieme Partie, vers la fin de la section XII, edition de Paris 1755, page 220.

« Pline, en parlant des pierres curieuses, dit que la pierre qu'on appelle » *calcophonos* ou *son d'airain*, est noire ; » & que, suivant l'etymologie de son » nom, elle rend un son approchant du » son de ce métal lorsqu'on la touche ». Il rapporte ensuite le passage de Pline en ces termes : *Calcophonos nigra est ; sed illisa, æris tinnitum reddit.* Lib. 37, cap. 10.

Comme le *king* isolé du Cabinet de M. Bertin (Voyez le Discours Préliminaire, page 18), est précisément d'une pierre noire, & rend effectivement un

instrument est composé de 16 pierres, dont les dimensions se prennent suivant les regles des *lu*. Pour rendre le son plus grave, on prend sur l'epaisseur, dont on ôte autant qu'il en faut ; on prend au contraire sur la longueur, quand on veut rendre le son plus aigu. Le *pien-king* etant à l'octave au-dessus des *lu* moyens, dits naturels, ses dimensions se prennent sur les *lu* aigus, appellés *demi-lu*, & on se sert du pied, dit *tou-tché*, composé de 10 pouces, & le pouce de 10 lignes.

Figure 14. Forme & dimensions du *cheng-king* & du *soung-king*.

Chaque pierre de ces deux instrumens a deux parties ou branches, comme on voit par la figure. La branche *a*, *b*, *e*, *i*, est appellée *la partie supérieure*, ou *la cuisse*; & la branche inférieure *a*, *c*, *d*, *i*, est appellée *la partie inférieure*, ou *le tambour*. Les Chinois partagent la ligne *b*, *e* en deux parties egales. Du point de division *h*, ils abaissent une perpendiculaire sur la ligne *a*, *c*; ils partagent de même la ligne *c*, *d* en deux parties egales, & abaissent une perpendiculaire sur la ligne *a*, *b*; le point d'intersection *f*, est l'endroit qu'ils percent pour pouvoir suspendre l'instrument.

La mesure générale des *king* se prend sur celle des *lu*. Ainsi le *cheng-king* a un *lu* & demi d'*a* à *b*, c'est-à-dire, un pied & demi, le *lu* valant un pied, & le pied 10 pouces. Le côté *b*, *e* est long de trois quarts d'un *lu*, son côté *a*, *c*, de deux *lu* un quart, & son côté *c*, *d*, d'un demi-*lu*. L'epaisseur de la pierre, dans toutes ses parties, est d'un sixieme de *lu*; le diametre du trou *f*, est d'un quatorzieme de *lu*. On frappe l'instrument vers le point *g*.

Quant au *soung-king*, sa longueur d'*a* à *b* est de deux *lu*. La longueur de *b* en *e*, est d'un *lu*, celle d'*a* en *c* est de trois *lu*, & celle de *c* en *d* est de deux tiers de *lu*, c'est-à-dire, de 6 pouces, 6 lignes, & 6 dixiemes de ligne. L'epaisseur de la pierre est de 17 lignes 2 dixiemes de ligne, le diametre du trou *f* de 3 lignes cinq dixiemes de ligne.

Ces deux instrumens se plaçoient en dehors de la salle sur la derniere marche de l'escalier : le *cheng-king*, du côté de l'orient, & le *soung-king*, du côté de l'occident. Le *cheng-king* etoit ainsi appellé, parce qu'il s'accordoit en particulier avec l'instrument appellé *cheng*, dont on parlera à l'article 9 de cette premiere Partie ; & le *soung-king*

son d'airain, nous nous proposons de revenir sur cet objet à la fin des explications, pour faire connoître à quelle classe de pierres peut appartenir ce *king*, qui paroît avoir toutes les propriétés du *calcophonos* de Pline.

etoit ainsi appellé, parce qu'on s'en servoit dans l'accompagnement des Hymnes, appellés *Soung*. En général les *king*, comme etant des instrumens fixes, servoient à donner le ton.

Figure 16. Ancienne cloche des *Tcheou*. Les Chinois distinguent, sur cette cloche, trois parties principales : la partie supérieure, depuis *o* jusqu'à *n*; la partie du milieu, depuis *d* jusqu'à *h*; & la partie inférieure, depuis *h* jusqu'à *l*.

La partie supérieure se divise egalement en trois parties : le cou, *a*, *b*; le corps, *c*, *c*; & le pied, *p*, *q*. Le long du cou, le point *a* s'appelle *heng*, c'est-à-dire, *point d'equilibre*; & le point *b* s'appelle *young*, c'est-à-dire, *point de direction*; ou, selon quelques Auteurs, *heng* signifie *la gorge*, & *young*, *le conduit*. Le corps *c*, *c*, est appellé *hiuentchoung*, comme qui diroit, *animaux qui environnent* pour servir de soutien, parce que c'est par-là qu'on suspendoit la cloche. Le pied *p*, *q* est fait de façon qu'il paroît sortir du sein de la cloche, avec laquelle il fait un tout.

Cette partie supérieure de la cloche est un solide, fait d'un même jet avec la cloche elle-même. Sa hauteur depuis *o* jusqu'à *n*, est de 8 pouces; sa circonférence, à l'extrémité *o*, est de 5 pouces un tiers. La circonférence du soutien *c*, *c*, est de 12 pouces; sa hauteur, d'un pouce sept neuviemes. La circonférence du pied *p*, *q*, est de huit pouces; sa hauteur, de *p* en *q*, est de huit neuviemes de pouce.

La partie de la cloche, dite le milieu, *d*, *h*, est partagée en cinq zones, ou bandes, dont trois, plus grandes que les autres, sont chargées de douze mamelles chacune. Ces mamelles représentent les douze maisons du soleil, les douze lunaisons dont une année commune est composée, les douze *lu* musicaux, &c. Les deux petites bandes, sont unies & sans avoir rien d'apparent sur leur surface, parce qu'elles doivent représenter les champs qui renferment dans leur sein les différentes semences qu'on leur a confiées, & qui pousseront dans leur tems, &c. Le sommet de cette partie du milieu n'est point convexe, les points *d*, *d* sont appellés *ou*, & ce nom s'ecrit par le caractere qui signifie *danse*, *danseurs*, &c., parce que ce sont les deux points d'agitation de la cloche; quelques Auteurs donnent à ces deux points le nom d'*epaules*. Les points *h*, *h*, qui terminent cette partie du milieu, portent le nom de *loan*, c'eſt-à-dire, *qui ne ſauroit recouvrer les forces perdues*, &c.

Enfin la partie inférieure de la cloche ſe prend depuis *h* juſqu'en *l*. Cette partie eſt terminée en forme de croiſſant, pour déſigner la lune. Les points *l*, *l* ſont l'endroit où l'on frappe la cloche ; le point *k* eſt appellé le *tambour*. La lettre *m* déſigne le milieu de la cloche ; les Chinois penſent que de ce point le ſon va en droiture juſqu'à *e*, & qu'il ſe diviſe, en chemin faiſant, à *g* & *f*, &c.

La hauteur de la cloche, depuis *d* juſqu'à *l*, eſt de douze pouces & demi ; & depuis *n* juſqu'en *k*, de dix pouces. Le diametre de *l* à *l* eſt de dix pouces, & de *k* au bord oppoſé, de huit pouces. Le diametre de la partie ſupérieure a huit pouces, de *d* en *d*; & ſix pouces, quatre lignes, de *n* au côté oppoſé.

On ne ſauroit dire au juſte quand a commencé l'uſage de cette eſpece de cloche ; ce qu'on ſait ſûrement, c'eſt qu'elle etoit déja ancienne du tems de Confucius. Sa forme tout-à-fait ſinguliere, renferme une foule d'allégories pour les Chinois. Je me ſuis contenté d'en décrire les proportions d'après leurs Livres les plus authentiques.

Figures 17, 18. Les cloches nommées *té-tchoung*, de la Dynaſtie des *Tcheou*, etoient applaties & avoient la même forme, qui eſt repréſentée à la figure 17. Elles s'accordoient avec les *lu* aigus, ou demi-*lu*, & l'aſſortiment n'etoit compoſé que de douze cloches.

L'aſſortiment appellé *pien-tchoung*, de la figure 18, etoit compoſé de ſeize cloches, dont douze etoient accordées ſur les *lu* moyens, dits naturels, & etoient par conſéquent plus groſſes ; les quatre autres s'accordoient ſur les demi-*lu*, ou *lu* aigus. Cet aſſortiment faiſoit ainſi un inſtrument complet.

Pour accorder les cloches ſur les *lu*, on avoit egard à la hauteur, à l'epaiſſeur & au diametre. Quand elles donnoient un ſon trop bas, on retranchoit ſur la hauteur ; quand au contraire elles donnoient un ſon trop haut, on amoindriſſoit l'epaiſſeur, juſqu'à ce qu'on eût attrapé le ton.

Figures 19, 20. Inſtrumens de terre cuite, appellés *hiuen*. La figure 19 repréſente le grand *hiuen*, la figure 20, le petit *hiuen*; *a* eſt le devant de l'inſtrument, & *b* le derriere.

Le

Le grand *hiuen* a de hauteur trois pouces & demi, sa plus grande circonférence est de sept pouces & demi, & le diametre du fond est de deux pouces, quatre lignes. Le diametre de l'embouchure, qui est à la pointe, est de trois lignes & demie ; celui des trous qui donnent les tons, est d'une ligne & sept dixiemes de ligne.

Le petit *hiuen* a de hauteur trois pouces & demi, sa plus grande circonférence est de cinq pouces & demi, & le diametre du fond est d'un pouce, sept lignes, & cinq dixiemes de ligne. Le diametre de l'embouchure est de trois lignes, celui des trous qui donnent le ton est d'une ligne, cinq dixiemes de ligne.

Figure 21. Kin à sept cordes. Il y a trois sortes de *kin*, qui ne different entr'eux que par la grandeur : le grand *kin*, le *kin* moyen, & le petit *kin*. Le corps de cet instrument est fait de bois de *toung-mou*, qu'on vernit en noir ; sa longueur totale est de 5 pieds, 5 pouces. La tête a de largeur 9 pouces ; la queue 6 pouces, & les epaules 10 pouces. Depuis le chevalet, sur lequel appuient les cordes, jusqu'à la queue, il y a 5 pieds. Le *kin* moderne est fait comme cet ancien *kin*.

Figure 22. Instrument à 25 cordes, appellé *ché*. Il y a quatre sortes de *ché*, qui ne different entr'eux que par la grandeur. En général le *ché* a de longueur 9 pieds ; sa tête a 9 pouces de long, sur 2 pieds de large, & sa queue 1 pied, 8 pouces de long, & 1 pied, 6 pouces de large. D'un chevalet à l'autre il y a 6 pieds, 3 pouces. Le bas de l'instrument, appellé la queue, doit représenter des nuages ; on en sculpte 6 de chaque côté. Ce *ché* a la même forme que l'instrument qu'on appelle aujourd'hui *tseng*.

Figure 23. Instrument nommé *tchou*. Cet instrument est fait avec des planches de *kieou-mou*. Le *kieou-mou* est un arbre, dont le tronc est semblable à celui du pin, & dont les feuilles sont comme celles du cyprès. Les planches de cet instrument doivent avoir 9 lignes d'épaisseur. L'ouverture supérieure du *tchou*, est de 2 pieds, 4 pouces en quarré, sa profondeur est d'un pied, 8 pouces, de même que le fond. Le pied sur lequel il pose a deux pouces de hauteur. Au milieu de l'un des côtés, il y a une ouverture en rond, dans laquelle on passe la main pour prendre le manche du *tché*, ou marteau de bois. Ce manche a de longueur 1 pied, 8 pouces, & le battant un pied. Le bout du manche entre dans un trou, pratiqué dans le fond, & y est arrêté par

F f

une goupille, sur laquelle il se meut à droite & à gauche, lorsqu'on veut frapper l'instrument avec le *tché* ou marteau.

Figure 24. Instrument appelé *ou*. Il est fait avec du bois de *kieou*, ou *tsieou*, le même dont j'ai parlé dans l'explication précédente. Le tigre qu'il représente pose sur une caisse de même bois, qui a 3 pieds, 6 pouces de longueur, 1 pied, 8 pouces de largeur, & 1 pied de hauteur. Le rebord sur lequel cette caisse appuie a 2 pouces de haut.

Sur le dos du tigre sont 27 chevilles, ayant la pointe en haut, & de même bois que le reste de l'instrument. Elles ressemblent aux dents d'une scie, & sont appellées *tsou-yu*, c'est-à-dire, *dents qui sont hors de rang*. La figure *A*, qui est au-dessous de l'instrument, s'appelle *tchen*. C'est une planchette mince, du même bois que l'instrument. Elle a un pied de longueur, un pouce de largeur, & une ligne d'epaisseur. On la passe légérement sur les chevilles du tigre, pour tirer le son propre de cet instrument.

Figures 25, 26. Instrument appelé *tchoung-tou*, ou *les planchettes*. La figure 26 représente les planchettes, liées ensemble, dont on se servoit anciennement pour battre la mesure. La figure 25 représente les mêmes planchettes séparées. Elles etoient au nombre de douze (*on s'est contenté d'en représenter trois dans la figure*). Ces douze planchettes etoient de bambou, larges d'un pouce, & d'un pied & un pouce de long. Au-dessous de l'extrémité supérieure, & à la distance de deux pouces, il y avoit une ouverture de chaque côté, longue de deux lignes ; c'est dans ces sortes de trous qu'on passoit la courroie qui les lioit les unes aux autres. Les caracteres ecrits sur les planchettes, représentées dans cette figure, composent une des Odes du *Ta-ya* du *Ché-King*. Cette Ode est composée de huit stances ; chaque stance, de quatre vers, & chaque vers de quatre pieds, ou syllabes. Les stances sont séparées par des ronds, mis entre la fin de l'une & le commencement de l'autre. Je me suis dispensé de traduire cette Ode, parce qu'elle n'est pas du sujet que je traite, elle n'a eté transcrite sur la figure, que pour donner un exemple de la maniere dont les anciens Chinois ecrivoient leurs Ouvrages. Quand les planchettes etoient couvertes de caracteres, on les lioit, comme on voit à la figure 26, mais d'une maniere plus serrée ; la premiere planchette etoit seule à découvert, afin qu'on pût voir d'un coup-d'œil, ou le titre, ou le sujet, ou le commencement de l'Ouvrage. C'est avec une de ces sortes de livres qu'on battoit la mesure dans la musique des grandes cérémonies, pour rappeller le souvenir de l'invention de l'ecriture ; & lorsqu'on sacrifioit au Ciel, on lui rendoit graces de ce don fait aux hommes, comme de tous les autres dont il les a comblés.

Figure 27. Instrument appellé *koan-tsee*, composé de douze tuyaux de bambou, d'une seule venue. Il y avoit trois sortes de *koan-tsee* sous cette même forme. Les plus grands donnoient les sons graves, les seconds les sons moyens, & les plus petits les sons aigus. Le plus long tuyau des grands *koan-tsee*, c'est-à-dire, le premier tuyau, avoit deux pieds de longueur, celui des moyens *koan-tsee* avoit un pied, & le premier des petits *koan-tsee* avoit un demi-pied. Ces premiers tuyaux répondoient, pour le ton, au premier des *lu*, dit *hoang-tchoung*, & les autres qui se suivoient par demi-tons en montant, répondoient à l'ordre ultérieur des *lu*, & avoient leurs mêmes proportions.

Figure 34. Instrument nommé *siao*. On distingue cet instrument en grand & petit. Le plus long tuyau du grand *siao* avoit deux pieds, & le plus long du petit avoit un pied, ensorte que tous les tuyaux du petit *siao* etoient à la moitié de ceux du grand. Ces deux sortes de *siao* avoient chacun seize tuyaux, qui donnoient les tons de seize *lu*, savoir, le grand *siao*, 12 *lu* graves & 4 moyens, le petit *siao*, 12 *lu* moyens & 4 aigus, dans cet ordre :

1. Hoang-tchoung.
2. Ta-lu.
3. Tay-tsou.
4. Kia-tchoung.
5. Kou-si.
6. Tchoung-lu.
7. Joui-pin.
8. Lin-tchoung.
9. Y-tsê.
10. Nan-lu.
11. Ou-y.
12. Yng-tchoung.
13. Hoang-tchoung. ⎫
14. Ta-lu. ⎬ Octaves des 4 premiers tuyaux.
15. Tay-tsou. ⎪
16. Kia-tchoung. ⎭

Figure 36. Flûte appellée *yo*. Cet instrument, tel qu'il est représenté en *A*, se distingue en grand, moyen & petit. Il y en avoit douze de chacune de ces trois especes, dont les proportions & les longueurs etoient comme celles des trois différentes classes de *lu*, graves, moyens & aigus.

La figure *B* n'est que pour satisfaire au systême de ceux qui ont imaginé que le *yo* avoit six trous, formant des demi-tons de l'un à l'autre.

Figure 39. Flûte appellée *ty*. Cet instrument, tel qu'on le voit en *A*, est le même que le *yo* à trois trous ; il n'en differe que par l'embouchure. On le distingue de même en grand, moyen & petit ; ses dimensions sont les mêmes que celles du *yo*. Voyez l'explication précédente. La figure *B* n'est encore ici que pour représenter l'idée de ceux qui pensent qu'il y avoit anciennement des *yo* & des *ty* à six trous.

Figure 42. Flûte appellée *tché*. *A* représente le devant de l'instrument, & *B* le derriere, qui est tout uni. On distingue cet instrument en grand & petit. Le grand *tché* a de longueur un pied, quatre pouces ; son diametre est d'un pouce. L'embouchure *C* a trois lignes & demie de diametre ; les trous qui sont sur les deux côtés ont chacun, de diametre, une ligne, sept dixiemes & cinq centiemes de ligne.

Le petit *tché* a de longueur un pied, deux pouces ; son diametre est de huit lignes & demi. L'embouchure a de diametre trois lignes, & les trous de côté chacun une ligne & demie.

Figure 45. Instrument nommé *cheng*, & anciennement *yu*, composé de 24 tuyaux, dont douze sont apparens ; les autres sont supposés garnir l'autre moitié de la circonférence. Les *cheng* plus petits que celui-ci avoient la même forme, ils n'en différoient que par le nombre, l'ordre & la longueur des tuyaux.

Dans le *cheng* que présente cette figure, les 24 tuyaux sont distribués en six ordres de grandeurs différentes, chaque ordre etant composé de quatre tuyaux, deux d'un côté, deux de l'autre, qui sont de même longueur. Les quatre tuyaux les plus longs, ou du premier ordre, ont 2 pieds, 2 pouces de longueur ; les quatre du second ordre ont un pied, 8 pouces ; les quatre du troisieme ordre ont un pied, 3 pouces, 5 lignes ; les quatre du quatrieme ordre ont un pied ; les quatre du cinquieme ordre ont 7 pouces, 5 lignes ; enfin les quatre du sixieme ordre ont 5 pouces, 5 lignes.

La longueur des tuyaux se prend depuis l'ouverture intérieure où est la languette, jusqu'à l'ouverture d'en haut.

Chaque tuyau, comme on voit sur la figure, a un trou dans sa partie inférieure ; c'est par ce trou que le vent s'echappe, lorsqu'on souffle dans le tuyau recourbé qui sert d'embouchure, & la languette, qui est dans le corps de l'instrument, ne reçoit aucune agitation. Pour faire parler un tuyau, il faut boucher ce trou, précisément au contraire de nos instrumens; alors l'air, forcé de passer du côté de la languette, l'agite & fait entendre le son que doit donner le tuyau.

Chaque tuyau porte le nom du *lu* dont il donne le ton. La figure *A* représente le dessus du *cheng*, avec tous les trous dans lesquels entrent les tuyaux qu'il supporte, à la maniere d'un sommier d'orgue. Le premier tuyau, ou ce qui est la même chose, le premier trou de cette sorte de sommier, est du côté du bec recourbé ; les autres viennent par ordre, en suivant les chiffres marqués dans les trous. Voici les noms des vingt-quatre tuyaux qui entrent dans ces trous. Il y en a qui répondent à des *lu* graves, & d'autres à des *lu* moyens, selon que je vais l'exprimer (*c*).

1. Hoang-tchoung grave . . *fa.*
2. Kou-si grave . . . . *la.*
3. Y-tsé grave . . . . . . *ut*※.
4. Hoang-tchoung moyen . . *fa.*
5. Kou-si moyen . . . . . . *la.*
6. Y-tsé moyen . . . . . . *ut*※.
7. Ou-y moyen . . . . . . *re*※.
8. Hoang-tchoung moyen . . *fa.*
9. Tay-tsou moyen . . . . . *sol.*
10. Ou-y grave . . . . *re*※.
11. Joui-pin grave . . . . . *si.*
12. Tay-tsou grave . . . . . *sol.*
13. Kia-tchoung grave . . . *sol*※.
14. Lin-tchoung grave . . . . *ut.*
15. Yng-tchoung grave . . . . *mi.*
16. Kia-tchoung moyen . . *sol*※.
17. Lin-tchoung moyen . . . . *ut.*
18. Yng-tchoung moyen . . . *mi.*
19. Nan-lu moyen . . . . . . *re.*
20. Tchoung-lu moyen . . . *la*※.
21. Ta-lu moyen . . . . . . *fa*※.
22. Nan-lu grave . . . . *re.*
23. Tchoung-lu grave . . . . *la*※.
24. Ta-lu grave . . . . . . *fa*※.

Cheng à dix-neuf tuyaux.

Ce *cheng*, dit anciennement *ho*, a cinq ordres de tuyaux, de longueurs différentes. Le premier ordre est composé de trois tuyaux, longs chacun d'un pied, 9 pouces. Le second ordre est composé de quatre tuyaux d'un pied, 4 pouces ; le troisieme ordre, de quatre tuyaux d'un pied ; le quatrieme ordre, de quatre tuyaux de 7 pouces ; & le cinquieme ordre, de quatre tuyaux de 5 pouces.

Ces tuyaux rangés par ordre sur un fond ou sommier, qui a 19

(*c*) Nous avons ajouté aux noms des *lu*, tant pour ce *cheng*, que pour les suivans, les notes européennes, afin qu'on pût se représenter plus aisément l'accord & l'ordre des tuyaux qui composent ces différens *cheng*.

trous, répondent aux *lu* suivans, en commençant du côté de l'embouchure, comme à la figure *A*.

1. *Hoang-tchoung* grave . . . *fa*.
2. *Kou-fi* grave . . . . *la*.
3. *Y-tsé* grave . . . . *ut*✳.
4. *Hoang-tchoung* moyen . . *fa*.
5. *Kou-fi* moyen . . . . . . *la*.
6. *Joui-pin* moyen . . . . . . *fi*.
7. *Tay-tfou* moyen . . . . . *fol*.
8. *Ou-y* grave . . . . *re*✳.
9. *Joui-pin* grave . . . . . . *fi*.
10. *Tay-tfou* grave . . . . . *fol*.
11. *Kia-tchoung* grave . . . *fol*✳.
12. *Lin-tchoung* grave . . . . *ut*.
13. *Yng-tchoung* grave . . . . *mi*.
14. *Kia-tchoung* moyen . . *fol*✳.
15. *Tchoung-lu* moyen . . . *la*✳.
16. *Ta-lu* moyen . . . . . . *fa*✳.
17. *Nan-lu* grave . . . . *re*.
18. *Tchoung-lu* grave . . . *la*✳.
19. *Ta-lu* grave . . . . *fa*✳.

Autre *cheng* à 19 tuyaux.

Les tuyaux qui composent ce *cheng* sont rangés différemment que dans le précédent, & sont sur un autre ton (*d*). A l'arrangement près, tout le reste est le même; car les *lu* sont immuables. Les tuyaux de ce *cheng* répondent aux *lu* suivans.

1. *Hoang-tchoung* moyen . . *fa*.
2. *Kou-fi* moyen . . . . . . *la*.
3. *Y-tsé* moyen . . . . . . *ut*✳.
4. *Hoang-tchoung* aigu . . . . *fa*.
5. *Ou-y* moyen . . . . . . *re*✳.
6. *Joui-pin* moyen . . . . . . *fi*.
7. *Tay-tfou* moyen . . . . . *fol*.
8. *Ou-y* grave . . . . *re*✳.
9. *Joui-pin* grave . . . . . . *fi*.
10. *Lin-tchoung* grave . . . . *ut*.
11. *Yng tchoung* grave . . . . *mi*.
12. *Kia-tchoung* moyen . . *fol*✳.
13. *Lin-tchoung* moyen . . . . *ut*.
14. *Yng-tchoung* moyen . . . *mi*.
15. *Nan-lu* moyen . . . . . . *re*.
16. *Tchoung-lu* moyen . . . *la*✳.
17. *Ta-lu* moyen . . . . . . *fa*✳.
18. *Nan-lu* grave . . . . *re*.
19. *Y-tsé* grave . . . . . . , *ut*✳.

Petit *cheng* à 13 tuyaux.

Ce *cheng* a quatre ordres de tuyaux. Le premier ordre est composé de trois tuyaux, longs d'un pied, trois pouces; le second ordre a quatre tuyaux, longs de 9 pouces; le troisieme ordre, quatre tuyaux de 6 pouces; & le quatrieme ordre, deux tuyaux de 4 pouces.

(*d*) Dans le *cheng* précédent le tuyau le plus bas est le *hoang-tchoung* grave, c'est-à-dire, *fa*, au dessous de la clef d'*ut*, & le tuyau le plus aigu est le *joui-pin* moyen, c'est-à-dire, *fi*, tierce au-dessus de la clef de *fol*; au lieu que dans le *cheng* dont il s'agit ici, le tuyau le plus bas est le *joui-pin* grave; c'est-à-dire, *fi*, immédiatement au-dessous de la clef d'*ut*, & le tuyau le plus aigu est la double octave du *hoang-tchoung* grave, c'est-à-dire, *fa*, au-dessus de la clef de *fol*. Ainsi ce *cheng* a, du côté des sons graves, six tuyaux de moins que le précédent: depuis *fa* jusqu'à *fi*, par demi-tons; & du côté des sons aigus il a six tuyaux de plus: depuis *fi* jusqu'à *fa*, par demi-tons.

Ces tuyaux rangés successivement comme à la figure *A*, répondent aux *lu* suivans.

1. *Hoang-tchoung* moyen	*fa.*	8. *Kia-tchoung* moyen	*sol*※.
2. *Kou-si* moyen	*la.*	9. *Lin-tchoung* moyen	*ut.*
3. *Y-tsé* moyen	*ut*※.	10. *Yng-tchoung* moyen	*mi.*
4. *Hoang-tchoung* aigu	*fa.*	11. *Nan-lu* moyen	*re.*
5. *Ou-y* moyen	*re*※.	12. *Tchoung-lu* moyen.	*la*※.
6. *Joui-pin* moyen	*si.*	13. *Ta-lu* moyen	*fa*※.
7. *Tay-tsou* moyen	*sol.*		

SECONDE PARTIE.

F IGURE 1. Tuyaux des douze *lu*. On distingue les *lu* en graves, moyens & aigus. Les *lu* graves sont, pour la longueur, le double des *lu* moyens; & les *lu* aigus en sont la moitié. Ainsi le premier tuyau des *lu* graves, celui qui donne le *hoang-tchoung*, a de longueur deux pieds, mesure des *hia*, dont le modele sera représenté à la figure suivante, & dont on voit ici le demi-pied. Le *hoang-tchoung* des *lu* moyens, a un pied de longueur, & le *hoang-tchoung* des *lu* aigus, un demi-pied, ou 5 pouces.

En général, les douze *lu*, soit graves, moyens ou aigus, répondent aux caracteres cycliques, par lesquels les Chinois désignent les douze heures, qui composent chez eux un jour entier, depuis onze heures du soir, jusqu'à la même heure du jour suivant. Voici les noms des *lu*, avec leur correspondance aux heures chinoises.

Noms des lu.	Heures chinoises.	Sons.	
1. Hoang-tchoung	Tsee	*fa.*	XI^h.— minuit.
2. Ta-lu	Tcheou	*fa*※.	I – II.
3. Tay-tsou	Yn	*sol.*	III – IV.
4. Kia-tchoung	Mao	*sol*※.	V – VI.
5. Kou-si	Tchen	*la.*	VII – VIII.
6. Tchoung-lu	See	*la*※.	IX – X.
7. Joui-pin	Ou	*si.*	XI – midi.
8. Lin-tchoung	Ouei	*ut.*	I – II.
9. Y-tsê	Chen	*ut*※.	III – IV.
10. Nan-lu	Yeou	*re.*	V – VI.
11. Ou-y	Hiu (*e*)	*re*※.	VII – VIII.
12. Yng-tchoung	Hai	*mi.*	IX – X.

(*e*) Ce caractere se lit egalement *hiu*, *siu* ou *su*. Voyez le Tome II de ces Mémoires, pag. 96.

Figure 4, a. Cette figure repréſente l'ancienne meſure, fixée par la longueur du tuyau qui ſonnoit le *hoang-tchoung* moyen, & par la capacité intérieure du même tuyau, qui contenoit douze cens grains de *chou*, dont le poids fut appellé *yo*. Voyez l'article premier de cette ſeconde Partie, & particuliérement l'article 3, où tout ce qui concerne ces deux ſortes de pieds eſt expliqué, pag. 103 & ſuivantes.

Figure 4, b. Cette figure repréſente le ſyſtême muſical des Anciens, fixé à 24 *lu* : douze moyens, ſix graves & ſix aigus.

Les *lu* aigus, diſent les Auteurs chinois, ne montent au-deſſus des *lu* moyens ou naturels, que depuis *tſee*, juſqu'à *ſee* (*f*), c'eſt-à-dire, depuis *hoang-tchoung* juſqu'à *tchoung-lu*.

Les *lu* graves, diſent-ils encore, ne deſcendent au-deſſous des *lu* moyens que depuis *ou* juſqu'à *hai* (*g*), c'eſt-à-dire, depuis *yng-tchoung* juſqu'à *joui-pin*.

Figure 8. Le *koung*, ecrit au centre de la figure, eſt le nom du premier des tons. Ce ton, donné par le *hoang-tchoung*, le premier des douze *lu*, eſt cenſé le principe & le générateur de tous les autres tons.

J'avertis ici, afin qu'on ne diſe pas que j'explique le ſyſtême chinois à ma maniere, & non pas tel qu'il eſt, que je traduis tous les caracteres (ceux de la planche chinoiſe), auſſi littéralement qu'il m'eſt poſſible (*h*). Le Lecteur ſuppléera de lui-même à l'expreſſion, & ſubſtituera la véritable à celle qui pourroit lui paroître barbare.

(*f*) Noms des caracteres cycliques qui répondent au premier *lu* & au ſixieme. Voyez l'exemple qui termine l'explication de la figure 1, page précédente.

(*g*) Caracteres cycliques qui répondent au ſeptieme *lu* & au douzieme. Voyez l'exemple de la page précédente.

Les caracteres cycliques & les *lu* etant intimement liés enſemble, dans le ſyſtême muſical, les Chinois prennent indifféremment le nom de l'un, lequel que ce ſoit, pour déſigner l'autre.

(*h*) La traduction du P. Amiot eſt exacte, mais la planche chinoiſe eſt fautive dans les deux exemplaires, celui de la Bibliotheque du Roi, & celui de M. Bertin. A la caſe n°. 2, *ta-lu*, on lit, dans l'un & l'autre exemplaire, 8 *en haut*, il faut 6, au lieu de 8. Aux caſes, n°. 4, *kia-tchoung*, n°. 6, *tchoung-lu*, n°. 8, *lin-tchoung*, on lit 8 *en bas*, il faut 6 *en haut* ; aux caſes n°. 10, *nan-lu*, & n°. 12, *yng-tchoung*, on lit 8 (*en haut*), il faut 6.

Les planches chinoiſes, comme nous l'avons dit, portent les mêmes fautes, excepté qu'à la caſe 8, qui répond à *lin-tchoung*, des deux caracteres qui déſignent 8 *en haut*, il n'y a que le premier de fautif : il faut 6, au lieu de 8. La figure même nous a ſervi à faire, dans cette edition, les corrections que nous venons d'indiquer. Le Lecteur pourra lui même les vérifier, en ſe ſouvenant que l'*en bas* ſe prend de droite à gauche, ſelon l'ordre des *lu* (ou des chiffres), & que l'*en haut* ſe prend de gauche à droite, ſelon l'ordre rétrograde des *lu*. Le premier ordre donnant, à l'Européenne, des quintes en montant, & l'ordre rétrograde donnant des quartes en deſcendant.

Figure

Figure 9, b. L'ordre des *lu*, dans cette figure, va de droite à gauche, comme on l'a vu à la figure 8, & commence de même au caractere cyclique *tsee*, & au lu *hoang-tchoung*.

Les nombres qui, dans chaque cafe, font placés à gauche, & sous lesquels font ecrits les noms des notes, désignent la formation des *lu* par la progression triple, depuis 1 jusqu'à 177147. Les nombres placés à droite ; savoir : 2, 8, 16, &c., font en progression double & quadruple, pour rapprocher les tons, au moyen de leurs octaves (*i*).

Figure 10. Dans cette figure les deux *lu* du milieu, *tchoung-lu* & *joui-pin*, n'engendrent qu'en montant, parce que depuis *tchoung-lu*, en descendant, on ne trouve que sept *lu* au lieu de huit, & qu'on n'en trouve plus que six, en descendant depuis *joui-pin*. Or la génération descendante, comme on l'a vu sur la planche même, se faisant *après un intervalle de huit*, on prend, pour ces deux *lu*, la génération montante, qui se fait par un intervalle de six.

Figure 12, a. Le *ta-lu* & le *yng-tchoung* soutiennent des deux côtés le *hoang-tchoung*, pour l'aider à marcher de droite à gauche, ou de gauche à droite suivant le besoin. C'est par le moyen du *ta-lu*, que ce son fondamental produit le *tay-tsou*, & que continuant cette marche il produit les autres tons ; & c'est par le moyen du *yng-tchoung* qu'il se reproduit lui-même.

Tous les tons de l'octave sont formés de l'union de deux *lu*, à l'exception du *tché* & de la reproduction du *koung*, qui sont formés par le concours de trois *lu*.

On appelle cette figure le *hiuen-koung*, c'est-à-dire, la circulation du *koung*.

Figure 13. Le *tchoung-lu* & le *lin-tchoung*, dit le texte chinois, soutiennent *hoang-tchoung* par le milieu.

En comptant de droite à gauche, & de gauche à droite, dans cette figure, les tons s'engendrent de deux manieres, comme je l'explique aux pages 125, 126.

Outre les noms qu'on donne à cette double génération, on l'appelle encore *l'ordre du milieu*, *l'ordre moyen*, &c., parce que *koung* & *tchoung*, en se regardant dans la figure, en occupent le milieu.

(*i*) Voyez à ce sujet la note *e* de la seconde Observation, page 198.

Figure 15, a. Hoang-tchoung, dans cette figure, est le premier 9 du koa ou hexagramme *kien;* il engendre *lin-tchoung* en descendant, c'est-à-dire, en passant au premier 6 de l'hexagramme *kouen*. Celui-ci engendre en montant *tay-tsou*, second 9 du koa *kien*, & *tay-tsou* engendre en descendant, *nan-lu*, second 6 du koa *kouen*, & ainsi de suite pour les *lu* ultérieurs.

Figure 15, b. Le koa, ou hexagramme, *ouei-ki*, se lit en montant, depuis *yng-tchoung* jusqu'à *kou-si*.

L'hexagramme *ki-ki*, se lit en descendant, depuis *tchoung-lu* jusqu'à *ou-y*.

Il résulte de cet arrangement une echelle de nos tons, tels que je les ai marqués à côté de chaque ligne des hexagrammes.

Figure 15, c. Cette figure représente la génération des *lu* par les douze koa. Le premier, appellé *fou*, & qui correspond à la onzieme lune, engendre le premier nombre parfait, qui est 1. Ce nombre engendre le *hoang-tchoung*. Le *ki* du *hoang-tchoung* va jusqu'à *tchoung-lu*, place du koa *kien* de la quatrieme lune, qui engendre les six lignes entieres. C'est pour cette raison qu'on lui a donné le nom de *pi-hou*, c'est-à-dire, *qui ouvre les deux battans d'une porte, pour laisser le passage entiérement ouvert*.

Le koa *keou*, de la cinquieme lune, engendre la ligne imparfaite, ou brisée, de laquelle vient *joui-pin*, dont le *ki* va jusqu'à la dixieme lune, place du koa *kouen*, d'où vient *yng-tchoung* qui engendre les six lignes brisées, appellées les imparfaites. On lui a donné le nom de *ho*, c'est-à-dire, *qui ferme les deux battans d'une porte*, parce que tout est complet alors.

Figure 17. Les loix invariables & eternelles de la nature ayant fixé à 10 pouces, la longueur du véritable *hoang-tchoung*, les cinq tons sont naturellement formés par ce *hoang-tchoung*, de la maniere qui suit.

Yu est désigné par 1; il est formé par un tuyau qui a six pouces de long.

Tché est désigné par 2; il est formé par un tuyau qui a sept pouces de long.

Kio est désigné par 3; il est formé par un tuyau qui a huit pouces de long.

Chang est désigné par 4; il est formé par un tuyau qui a neuf pouces de long.

Koung est défigné par 5 ; il est formé par un tuyau qui a dix pouces de long.

Figures 19, 20. Les calculs qui concernent ces deux figures ont été faits du tems des *Ming*, c'est-à-dire, sous la Dynastie qui gouvernoit l'Empire, immédiatement avant les Tartares Mantchoux, qui sont aujourd'hui sur le Trône. Voici l'evaluation des mesures dont on suppose qu'on devra faire usage.

EVALUATION des mesures pour la détermination de l'aire des lu, *figure 19.*

    100 *hou* font un *fee*.
    100 *fée* font un *hao*.
    100 *hao* font un *ly*.
    100 *ly* font un *fen*.
    100 *fen* font un *tsun*.
    100 *tsun* font un *tché*.
    100 *tché* font un *tchang*.

EVALUATION des mesures pour la détermination de la capacité des lu, *figure 20.*

    1000 *hou* font un *fee*.
    1000 *fée* font un *hao*.
    1000 *hao* font un *ly*.
    1000 *ly* font un *fen*.
    1000 *fen* font un *tsun*.
    1000 *tsun* font un *tché*.
    1000 *tché* font un *tchang*.

TROISIEME PARTIE.

FIGURE 1. On voit dans cette figure, comment *koung* engendre *tché*, c'est-à-dire, comment de *koung*, principe des autres tons, on passe à *tché*, ou de 1, à 3 ; comment de *tché* on passe à *chang*, ou de 3, à 9 ; de *chang* 9, à *yu* 27, & de *yu* 27 à *kio* 81 ; ce qui met sous les yeux la progression triple 1, 3, 9, 27, 81, & la série de consonnances *fa ut sol re la*, de laquelle se forme la combinaison des sons rapprochés, *fa sol la ut re*, ou *koung, chang, kio, tché, yu*, qui forment les cinq tons des Chinois.

Figure 9. Cette figure représente le premier vers de l'Hymne en l'honneur des Ancêtres, noté à la maniere des Anciens Chinois (*k*).

(*k*) Cet Hymne ainsi noté, comprend 24 planches, dans le manuscrit du P. Amiot, c'est-à-dire, depuis le numéro 9 jusqu'à 32 ; chaque planche ne présentant qu'un seul vers de quatre syllabes ou mots chinois. Nous avons cru qu'au moyen des développemens que nous joignons à l'explication succinte du P. Amiot, la seule planche qui présente le premier vers, pouvoit donner à tout Lecteur, une idée suffisante de la maniere de noter des anciens Chinois. D'ailleurs, nous présentons deux objets de plus, dans cette figure, en mettant dans les quarrés

236 EXPLICATIONS

Les *lu*, ecrits comme ils le font dans cette forte d'echelle chromatique, font eux-mêmes les notes muficales.

La premiere note de chaque portion de chant, eft toujours jointe à un *lu*, au moyen d'une petite ligne horizontale. De cette note aux fuivantes, il n'y a qu'à fuivre la ligne tracée d'un quarré à l'autre. Dans les quarrés à droite, font, en caracteres chinois, les paroles de l'Hymne, *fee hoang fien tfou*, qui forment le premier vers, chaque mot, dans l'ecriture chinoife, etant exprimé par un caractere, & c'eft en cela que confifte cette ancienne maniere de noter les fons, ou pour mieux dire, d'indiquer le fon qui répond à une fyllabe ; car ce n'eft pas proprement la note qu'on écrit ici fur la parole, c'eft au contraire la parole qu'il faut ecrire à côté de la note.

J'ai ajouté à gauche, dans les quarrés correfpondans à ceux des paroles, les notes chinoifes modernes. Ainfi les quatre notes que préfente cette figure, & qui répondent aux *lu hoang-tchoung*, *lin-tchoung*, &c., font : *koung, tché, kio, koung*, felon les Anciens, & *ho, tché, y, ho*, felon les modernes, c'eft-à-dire, *fa, ut, la, fa*.

Cet Hymne eft dans la modulation *koung*, & n'a pour elémens que les cinq tons des Chinois, *fa fol la ut re*, fans qu'on y ait fait ufage des deux *pien, mi* & *fi* (*l*).

Figure 36. Le tambour *tao-kou* eft placé contre le *king*, dans cette figure, parce que c'eft ordinairement celui qui joue du *king* qui eft chargé du *tao-kou*. Avec cet inftrument il donne d'abord le fignal pour faire commencer le chant, il paffe enfuite au *king* fur lequel il fait fa partie avec les autres.

Figure 38. Ces deux joueurs d'inftrumens, l'un du *ché*, l'autre du *po-fou*, font placés enfemble, dans cette figure, parce que ces deux inftrumens accompagnent les voix, & qu'ils font regardés comme les

à droite & à gauche, les caracteres qui leur correfpondent dans la planche chinoife, au lieu des mots *fee, hoang*, &c., & *ho, tché*, &c., que porte fimplement, dans ces mêmes quarrés, la planche traduite par le P. Amiot. On aura ainfi, fous une même figure, le texte original & fa traduction, tant pour les paroles que pour les notes modernes. A l'egard de la colonne des *lu*, il eft aifé de fe figurer que la planche chinoife porte, dans les mêmes places où ils font ecrits, les caracteres qui fe lifent, *hoang-tchoung, ta-lu, tay-tfou*, &c.

(*l*) On trouve cet Hymne, noté à l'Européenne, dans le *Supplément à l'article 3*, page 184.

plus effentiels pour l'exécution de la mufique à la maniere des Anciens (*m*).

Ceux qui jouent de ces inftrumens font repréfentés en aveugles, parce que l'ancienne tradition eft que c'etoient des aveugles qui etoient les Muficiens dans les premiers fiecles de la Monarchie. Le Prince *Tfai-yu* trouve la fource de cette tradition dans l'attention avec laquelle les anciens Muficiens jouoient de leurs inftrumens. *Ils fermoient les yeux*, dit-il, *pour empêcher qu'aucun objet ne pût les diftraire : de-là*, conclut-il, *eft venu le nom d'aveugles qu'on leur a donné.*

Figure 39. Cette figure repréfente l'arrangement des Muficiens dans le *tay-miao*, ou grande falle, c'eft-à-dire, celle des cérémonies religieufes.

Au fond, du côté du midi, eft la table des parfums, placée devant la repréfentation des Ancêtres.

A droite, c'eft-à-dire, du côté du couchant, font rangés par ordre : *a*, ceux qui frappent fur la cloche ; *b*, ceux qui battent la mefure ; *c*, les joueurs de la flûte *fiao* ; *d*, les joueurs de *cheng.*

A gauche, du côté de l'orient, font dans le même ordre : *e*, ceux qui battent fur le tambour ; *f*, les joueurs du *tao-kou* ; *g*, les joueurs du *koan* ; *h*, les joueurs du *ty.*

Figure 40, a. Les divifions qui font marquées fur la circonférence de cette figure, divifée en 24 points, défignent les pas de ceux qui font les evolutions en chantant, c'eft-à-dire, des danfeurs. Les chiffres infcrits dans les ronds de l'intérieur de la figure, défignent les danfeurs de chaque rang, & les points où ils doivent fe placer pour fe combiner entr'eux. En attendant le *Fils du Ciel* (l'Empereur), ils font rangés comme le défignent les chiffres. Lorfque le Fils du Ciel eft arrivé devant la table des parfums, ils fe rangent comme on le verra dans la figure fuivante.

A & B font ici les places des porte-etendards.

Figure 40, b. Les danfeurs, pendant la cérémonie en l'honneur des Ancêtres, fe combinent de trente-deux manieres différentes, &

(*m*) Le *ché* foutient la voix des chanteurs, & leur fournit l'intonation ; le *po-fou* les dirige pour le mouvement & la mefure. Car ce tambour ne pouvant faire entendre qu'un feul fon, il ne peut être regardé comme *effentiel pour l'exécution de la mufique*, qu'à l'egard de la mefure, qui eft en effet l'ame de la mufique.

prennent à chaque evolution, ou combinaison, des attitudes qui expriment ce que l'on chante.

Cette figure représente la premiere combinaison, & exprime le premier vers de l'Hymne, noté à la figure 9 : *fee hoang fien tfou*, c'est-à-dire, *lorfque je penfe à vous, ô mes fages Aïeux*.

On peut fe faire une idée des autres combinaifons fur celle-ci.

Fin des Explications.

AVERTISSEMENT.

Nous avons promis à la note *b* de ces explications, pag. 221, de faire connoître à quelle claffe de pierres peut appartenir celle dont les Chinois font leurs *king* ordinaires. Voici le réfultat des expériences faites par M. le Duc de Chaulnes fur un *king* du Cabinet de M. Bertin (*n*).

ANALYSE CHIMIQUE
De la Pierre noire des King Chinois.

On a demandé à l'Académie des Sciences, à M. Romé Delifle, & à plufieurs autres Savans minéralogiftes, s'ils connoiffoient la Pierre noire des *king* : ils ont répondu, par le paffage de Pline, cité dans le Dictionnaire de Bomare, dans Boece de Bôtt, dans Linneus (*), & ont ajouté que M. Anderfon parloit, dans fon Hiftoire naturelle d'Iflande, d'une pierre bleuâtre & très-fonore. Comme la pierre noire des Chinois devient bleuâtre quand on la lime, c'eft vraifemblablement la même; aucun de ceux qu'on a confultés d'ailleurs ne l'avoit vue.

(*n*) Avant d'entrer dans le détail de fes recherches & de fes expériences, M. le Duc obferve que les Chinois font auffi des *king* de cryftal, qui réuffiffent très-bien, & qu'il y en a un de cette efpece à Saint-Brice, dans le Cabinet de M. de la Tour, Secrétaire du Roi; qu'ils emploient egalement une efpece d'albâtre, & qu'il eft venu de la Chine, à M. Bertin, des morceaux de cet albâtre, figurés comme les *king* de pierre noire, qu'on annonce comme fonores, mais qui ne paroiffent rendre aucun fon ; enfin, que la pierre de *yu*, dont les Chinois font auffi des *king* (Voyez pag. 40), n'eft autre chofe qu'une agathe.

(*) A l'article *faxum*, fous la dénomination de *faxum tinnitans*.

ANALYSE CHIMIQUE.

Voici le paſſage de Pline : *Calcophonos nigra eſt, & illiſa æris tinnitum reddit.*

La Pierre des Chinois reſſemble entiérement, au premier coup-d'œil, au marbre noir, & eſt calcaire comme lui, mais le marbre ordinairement n'eſt point ſonore. Elle reſſemble egalement, pour ſon extérieur, à la pierre de touche, qui eſt un baſalte, & au baſalte volcanique, mais ces deux pierres font des vitrifications.

Sa reſſemblance avec le marbre noir m'a engagé à faire les expériences comparativement.

Elle n'eſt pas phoſphorique, ni le marbre noir non plus.

Elle ne fait aucun effet ſur le barreau ſuſpendu, & ne contient par conſéquent pas de fer, dans l'etat métallique.

Les diſſolutions dans les acides, eprouvés auparavant, pour voir s'ils ne contenoient pas de fer, montrent, par l'alkali phlogiſtiqué, que la pierre en contient un indice.

Comme le marbre noir ne donnoit point le même phénomene, on a examiné plus attentivement la pierre ſonore, à la loupe, & on y a découvert des points pyriteux auxquels on l'attribue.

Diſſoute d'ailleurs par les acides, vitriolique, nitreux & marin, elle donne toujours les mêmes phénomenes que le marbre noir; elle fait un *magna* griſeâtre (qui n'eſt qu'une chaux teinte par le bitume) avec l'acide vitriolique, & laiſſe en arriere une portion noire, inſoluble dans les acides nitreux & marin, qui eſt, comme dans le marbre noir, un véritable bitume combuſtible.

Le marbre noir & la pierre ſonore calcinés, deviennent entiérement blancs, & donnent des chaux très-vives; ils perdent leur bitume par l'action du feu.

La pierre ſonore paroît cependant contenir un peu moins de matiere phlogiſtique ou colorante, car les précipités par l'alkali fixe, ſont un peu plus blancs (& même bleuâtres) que celui du marbre noir.

Eſſayée par l'alkali volatil, elle ne contient point de cuivre.

Les autres précipités par les différentes ſubſtances, donnent tous les mêmes apparences.

On en etoit-là de cette analyſe, lorſqu'en prenant des informations chez les Marbriers, ils ont dit que le marbre bleu-turquin etoit très-ſonore. On en a effectivement vu de grandes tablettes, qui le font beaucoup; mais ayant fait faire un *king* avec ce marbre, il n'avoit point cette qualité. En essayant des marbres noirs de Flandres, on en a enfin trouvé des morceaux qui ont beaucoup de son, & on en a fait tailler un *king*, qui est presque aussi sonore que ceux de la Chine.

Tout ceci met en etat d'assurer que les pierres des *king* ne sont autre chose qu'un marbre noir, entiérement composé des mêmes principes que nos marbres, mais que quelque différence, dans l'organisation, rend plus ou moins sonores.

Première Partie. *Mémoires sur les Chinois.* Tom. VI. Pl. I.

Les Cinq Tons et les huit différentes sortes de Sons, avec la réprésentation de deux Tambours, le Tsou-Kou, et l'Yng-Kou.

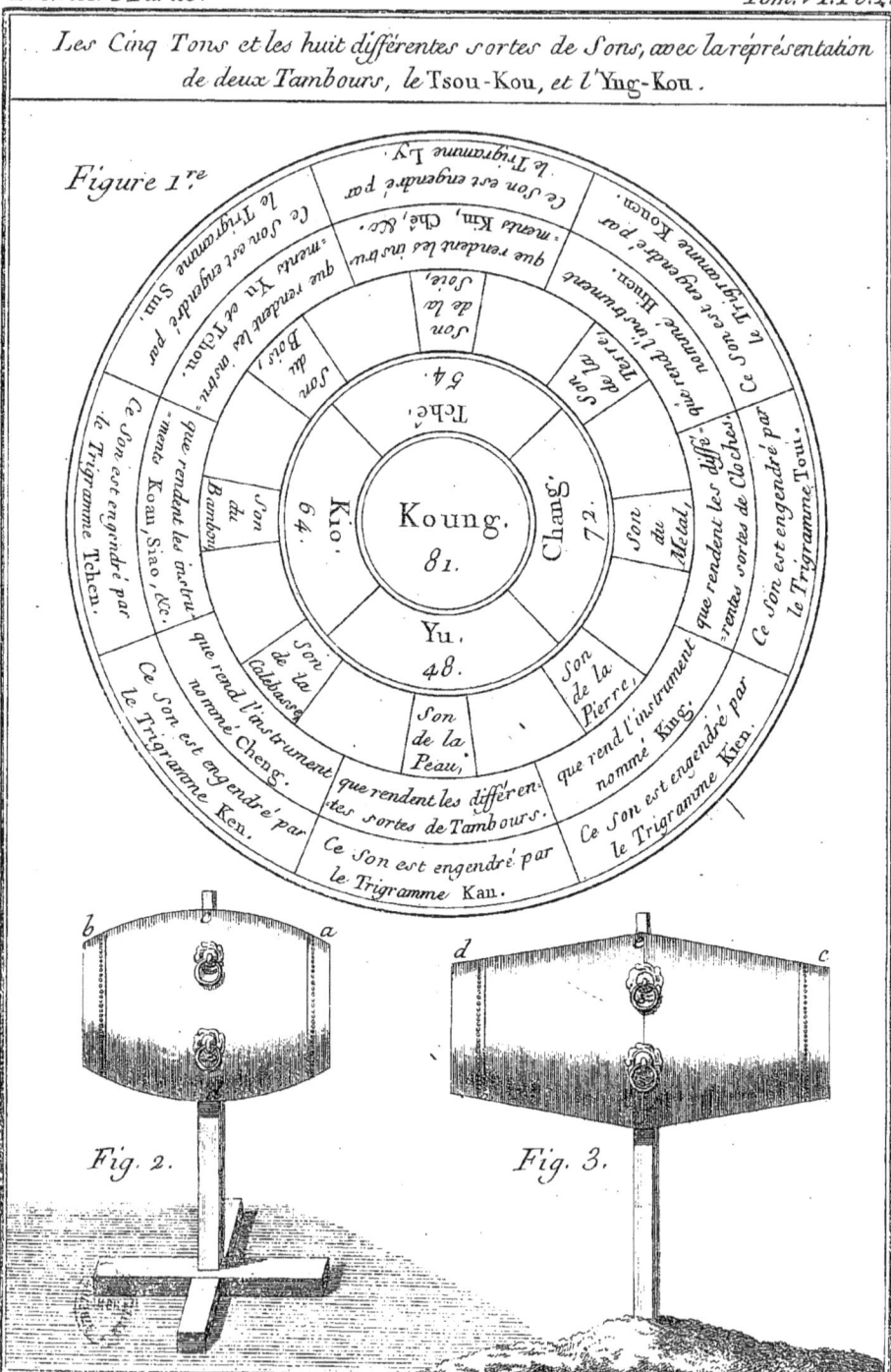

Première Partie. *Mémoires sur les Chinois.* Tom. VI. Pl. II.

Représentation de divers Tambours.

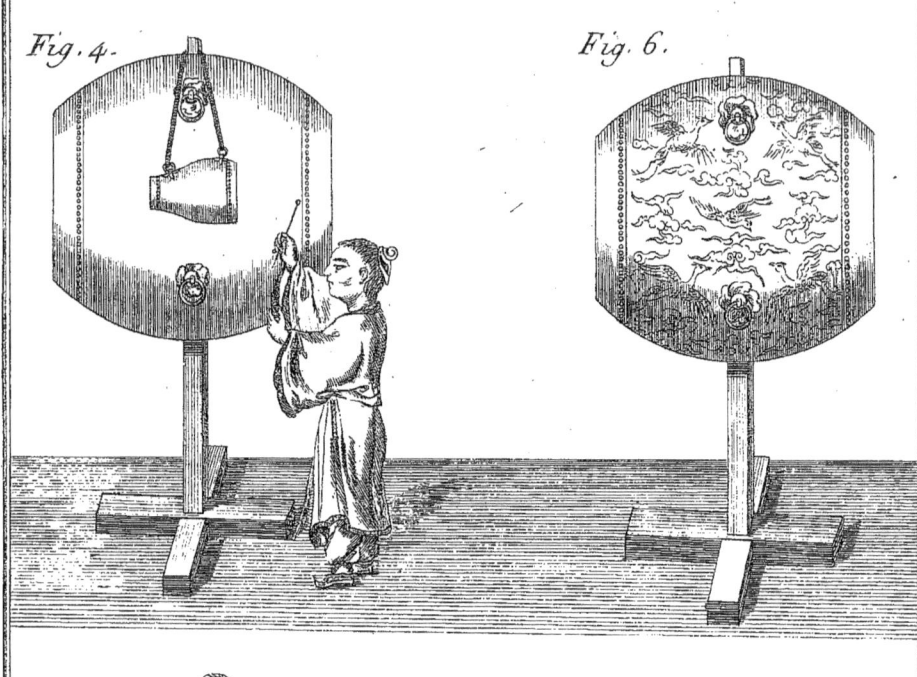

Fig. 4.   Fig. 6.

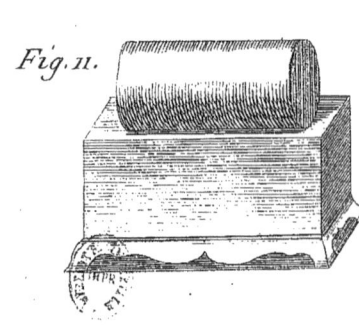

Fig. 10.

Fig. 11.

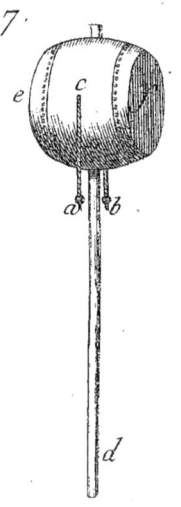

Fig. 7.

Premiere Partie. Mémoires sur les Chinois. Tom. VI. Pl. II.

Divers Instruments.

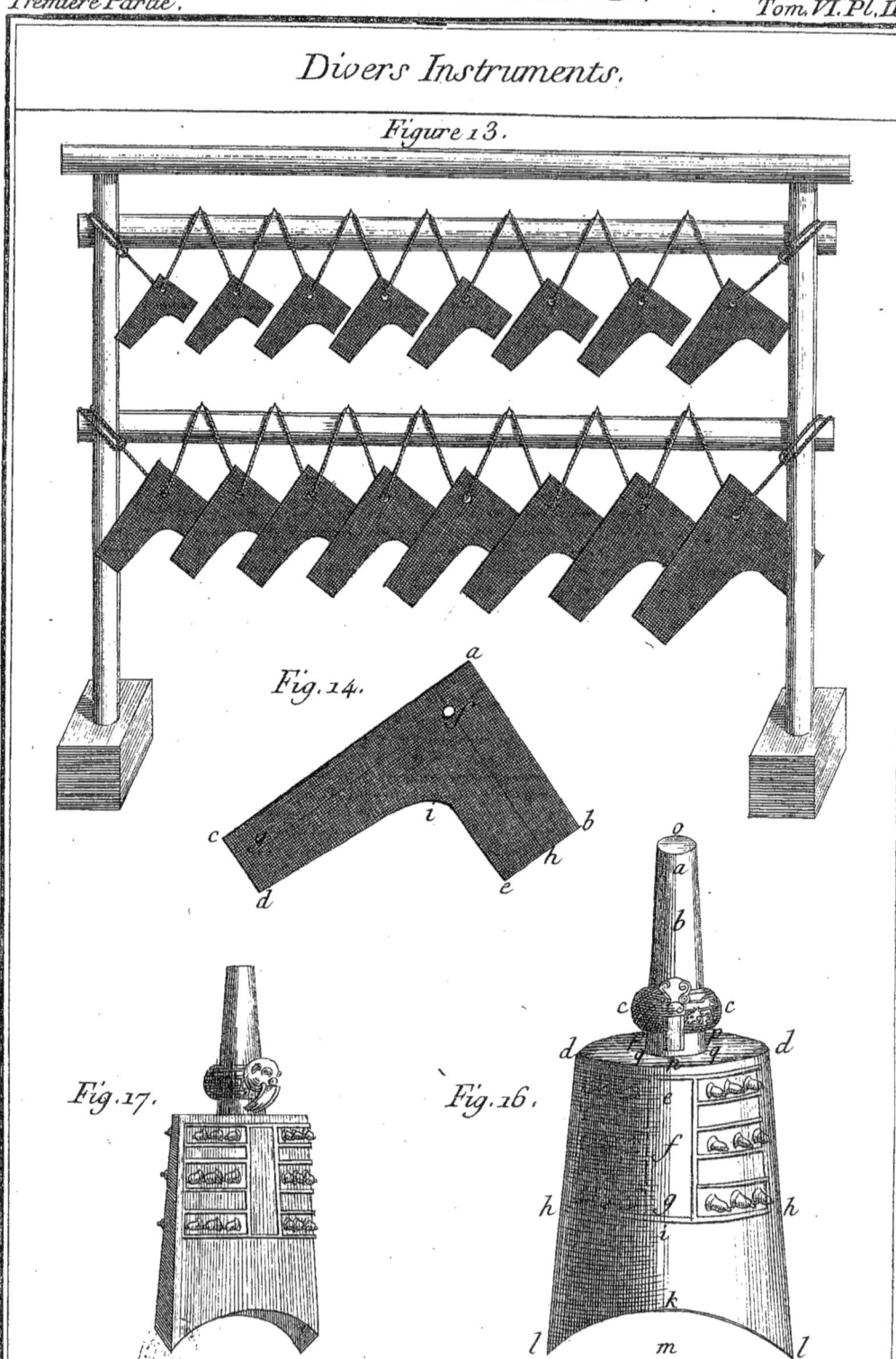

Premiere Partie.   Mémoires sur les Chinois.   Tom. VI. Pl. IV.

Divers Instrumens.

Fig. 18.

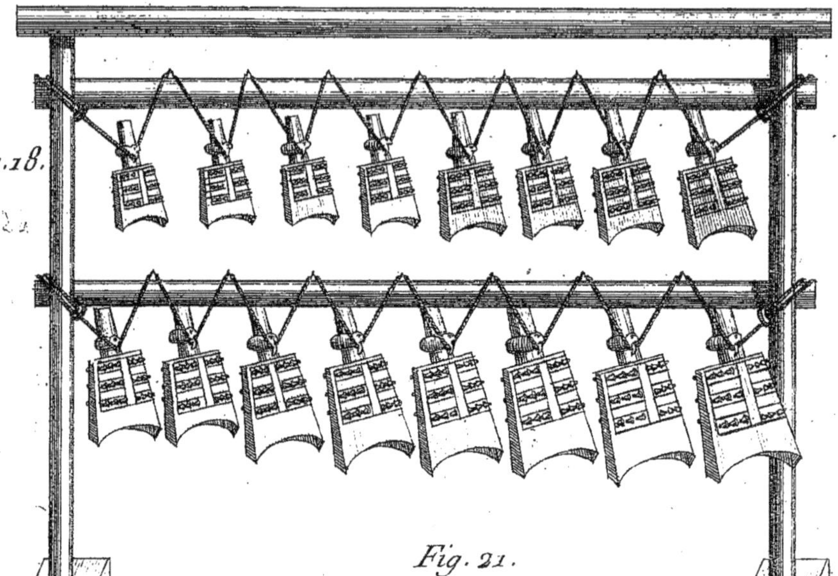

Fig. 21.

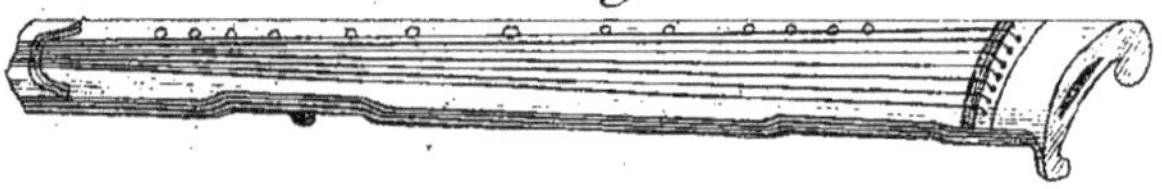

Fig. 22.

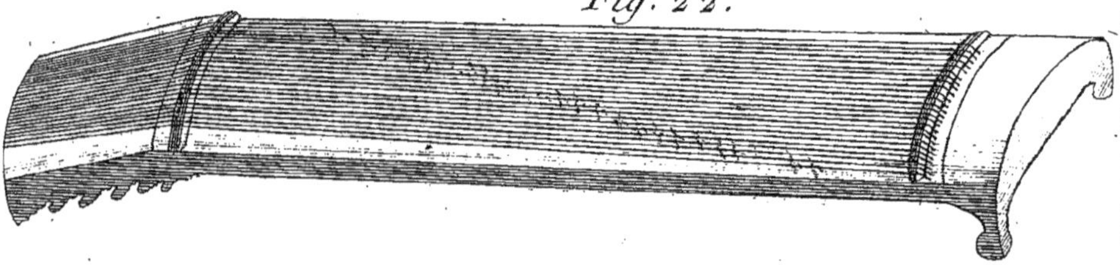

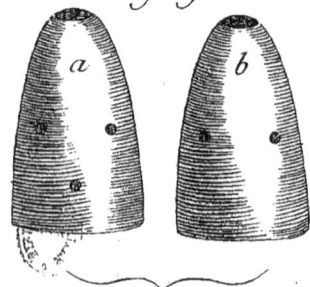

Fig. 19.

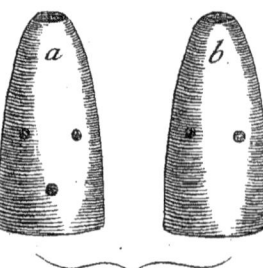

Fig. 20.

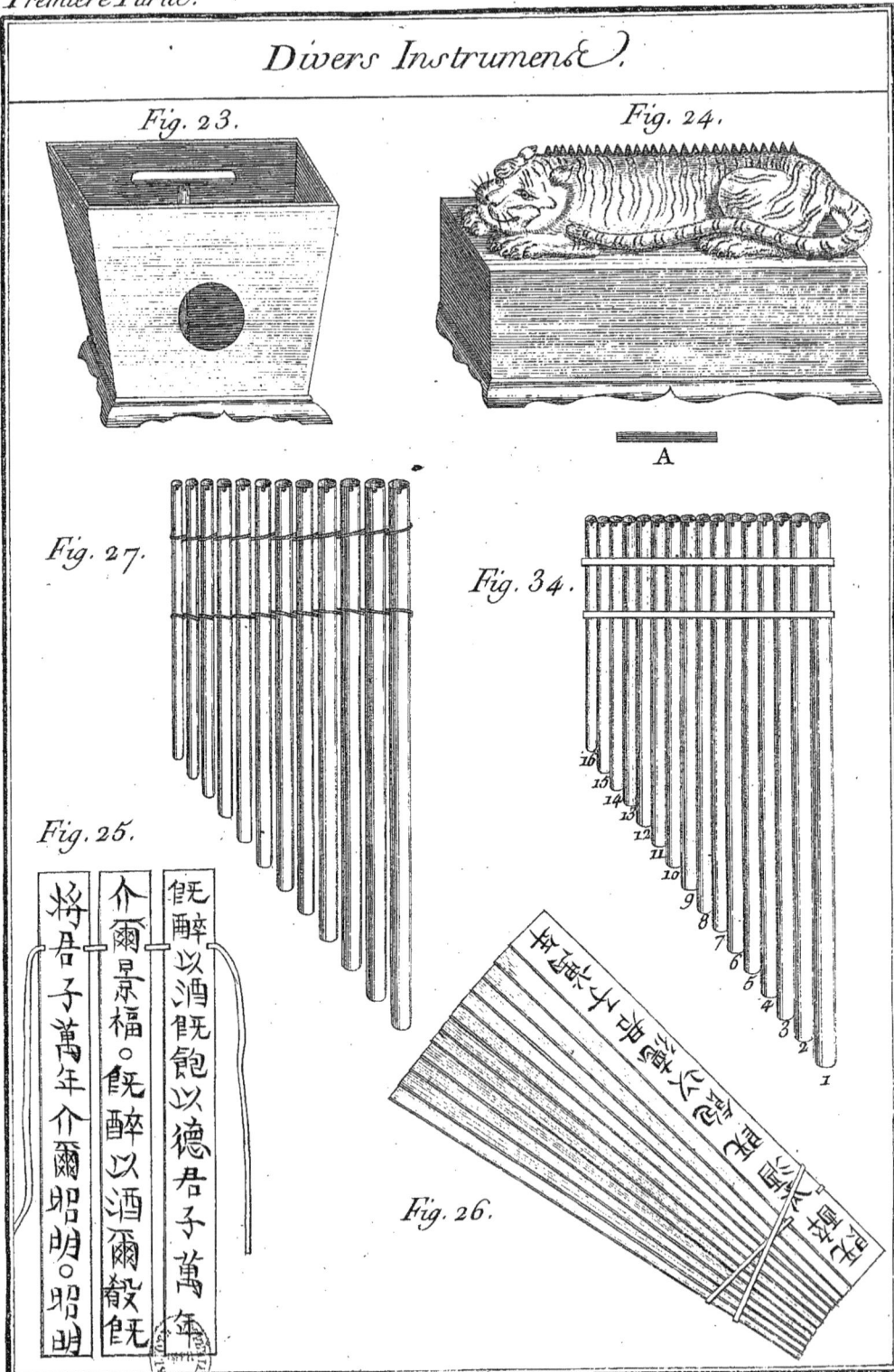

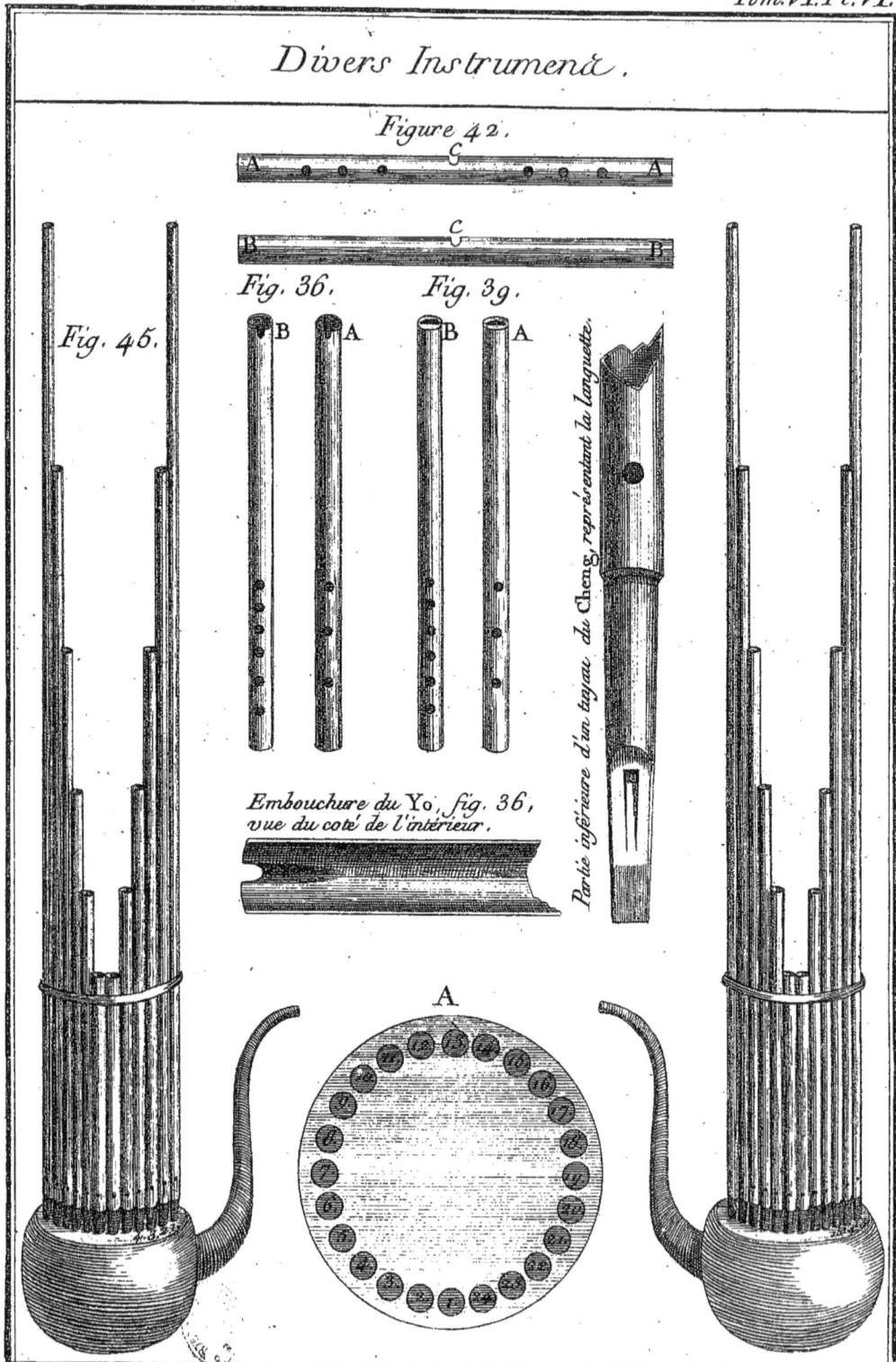

Seconde Partie.   *Mémoires sur les Chinois.*   *Tom. VI. Pl. VII.*

Les douze Lu et le demi-pied des Hia.

Figure 1.re

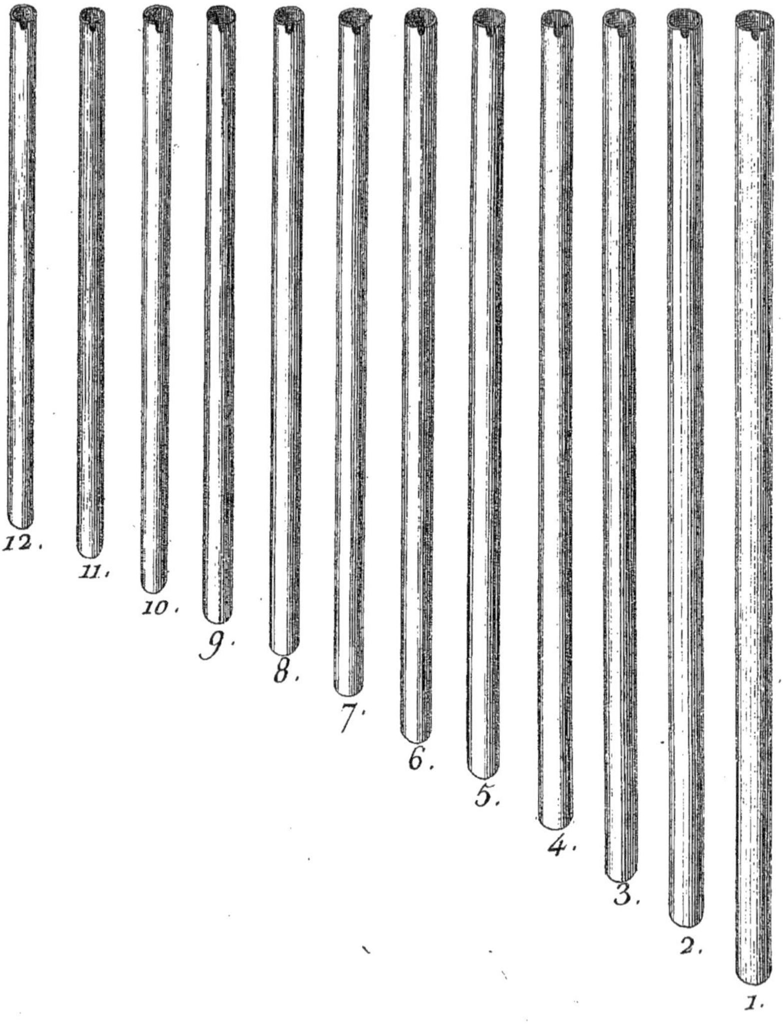

12. 11. 10. 9. 8. 7. 6. 5. 4. 3. 2. 1.

Demi-pied des Hia, *contenant cinq Pouces.*

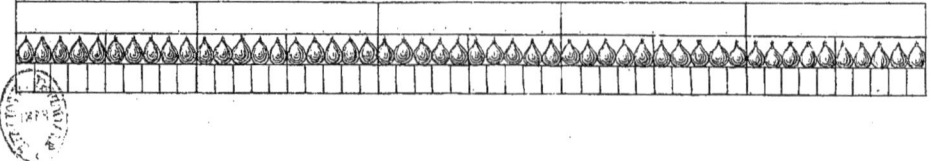

Seconde Partie.   Mémoires sur les Chinois.   Tom. VI. Pl. VI.

Pied des Hia dans sa grandeur naturelle.

Figure 4, a.

Face de devant.

Pied Musical divisé en 9. pouces et le pouce en 9. lignes.

Face de derriere.

Pied de Compte divisé en 10. pouces et le pouce en 10. lignes.

Coté gauche.

Inscription concernant le Pied Musical.

Coté droit.

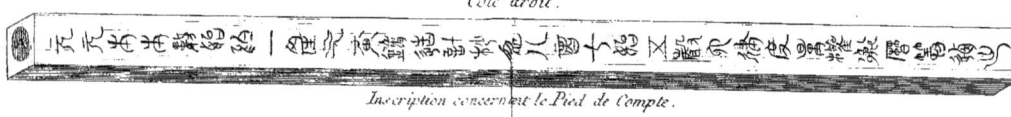

Inscription concernant le Pied de Compte.

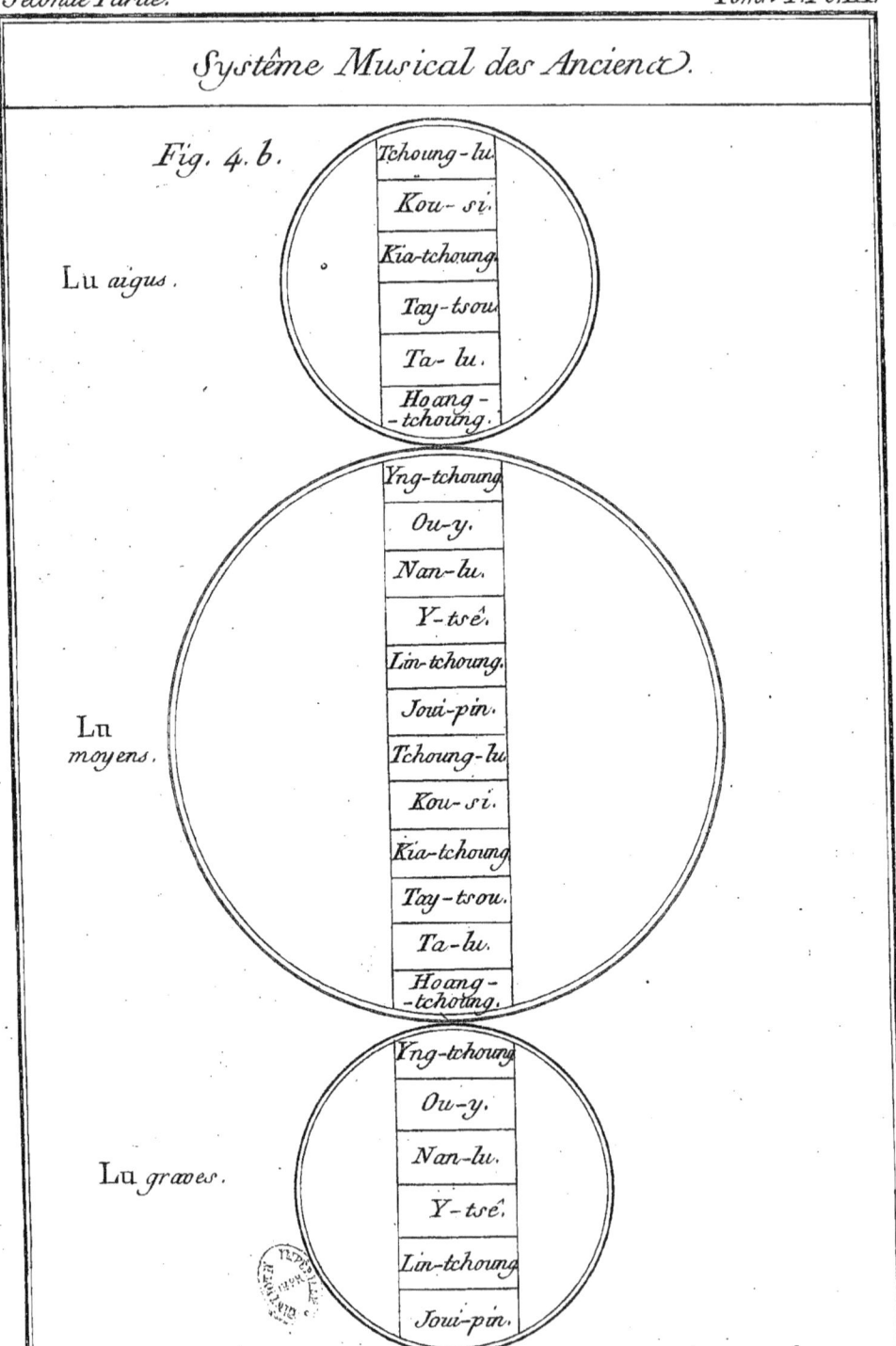

Seconde Partie.   *Mémoires sur les Chinois.*   Tom.VI.Pl.X

Formation du Systême des Anciens, pour la modulation des 5 Tons.

Fig. 5, b.

Tons Modernes.			Noms des Lu.	Noms anciens des Tons.	
la	亿	Kien-y.	Tchoung-lu.		la
			Kou-si.	Kio.	
			Kia-tchoung.		
sol	五	Ou.	Tay-tsou.	Chang.	sol
			Ta-lu.		
fa	六	Lieou.	Hoang-tchoung	Koung.	fa
mi	凡	Fan.	Yng-tchoung.	Pien-Koung.	mi
	嘘		Ou-y.		
re	工	Kong.	Nan-lu.	Yu.	re
	嘘		Y-tsé.		
ut	尺	Tché.	Lin-tchoung.	Tché.	ut
si	上	Chang.	Joui-pin.	Pien-tché.	si
la	乙	Y.	Tchoung-lu.		la
			Kou-si.	Kio.	
	覆		Kia-tchoung.		
sol	四	See.	Tay-tsou.	Chang.	sol
	菹		Ta-lu.		
fa	合	Ho.	Hoang-tchoung	Koung.	fa
mi	凡	Fan.	Yng-tchoung.	Pien-Koung.	mi
	嘘		Ou-y.		
re	工	Kong.	Nan-lu.	Yu.	re
	嘘		Y-tsé.		
ut	尺	Tché.	Lin-tchoung.	Tché.	ut
si	上	Chang.	Joui-pin.	Pien-tché.	si

Picquet Sculp.

SECONDE PARTIE.

Figure 6. PLANCHE XI.

LES CINQ TONS, LES DEUX PIEN ET LES QUATRE-VINGT-QUATRE MODULATIONS.

Hoang - tchoung module en KOUNG.	*Nota.* Depuis le premier *lu* de chaque colonne jusqu'à la double ligne, font les *lu* moyens, dits naturels; & depuis cette double ligne en bas, font les *lu* aigus.					
Ta - lu.	Ta - lu module en KOUNG.					
Tay - tsou module en CHANG.	Tay - tsou.	Tay - tsou module en KOUNG.				
Kia - tchoung.	Kia - tchoung module en CHANG.	Kia - tchoung.	Kia - tchoung module en KOUNG.			
Kou - fi module en KIO.	Kou - fi.	Kou - fi module en CHANG.	Kou - fi.	Kou - fi module en KOUNG.		
Tchoung - lu.	Tchoung-lu module en KIO.	Tchoung - lu.	Tchoung-lu module en CHANG.	Tchoung - lu.	Tchoung-lu module en KOUNG.	
Joui - pin module en PIEN-TCHÉ.	Joui - pin.	Joui - pin module en KIO.	Joui - pin.	Joui - pin module en CHANG.	Joui - pin.	
Lin - tchoung module en TCHÉ.	Lin - tchoung module en PIEN-TCHÉ.	Lin - tchoung.	Lin-tchoung module en KIO.	Lin - tchoung.	Lin-tchoung module en CHANG.	
Y - tsé.	Y - tsé module en TCHÉ.	Y - tsé module en PIEN-TCHÉ.	Y - tsé.	Y - tsé module en KIO.	Y - tsé.	
Nan - lu module en YU.	Nan - lu.	Nan - lu module en TCHÉ.	Nan - lu module en PIEN-TCHÉ.	Nan - lu.	Nan - lu module en KIO.	
Ou - y.	Ou - y module en YU.	Ou - y.	Ou - y module en TCHÉ.	Ou - y module en PIEN-TCHÉ.	Ou - y.	
Yng - tchoung module en PIEN-KOUNG.	Yng - tchoung.	Yng - tchoung module en YU.	Yng - tchoung.	Yng - tchoung module en TCHÉ.	Yng - tchoung module en PIEN-TCHÉ.	
	Hoang - tchoung module en PIEN - KOUNG.	Hoang - tchoung.	Hoang - tchoung module en YU.	Hoang-tchoung.	Hoang - tchoung module en TCHÉ.	
		Ta - lu module en PIEN-KOUNG.	Ta - lu.	Ta - lu module en YU.	Ta - lu.	
			Tay - tsou module en PIEN - KOUNG.	Tay - tsou.	Tay - tsou module en YU.	
				Kia - tchoung module en PIEN - KOUNG.	Kia - tchoung.	
					Kou - fi module en PIEN-KOUNG.	

Suite de la Figure 6.

Joui-pin module en KOUNG.					
Lin-tchoung.	Lin-tchoung module en KOUNG.				
Y-tsé module en CHANG.	Y-tsé.	Y-tsé module en KOUNG.			
Nan-lu.	Nan-lu module en CHANG.	Nan-lu.	Nan-lu module en KOUNG.		
Ou-y module en KIO.	Ou-y.	Ou-y module en CHANG.	Ou-y.	Ou-y module en KOUNG.	
Yng-tchoung.	Yng-tchoung module en KIO.	Yng-tchoung.	Yng-tchoung module en CHANG.	Yng-tchoung.	Yng-tchoung module en KOUNG.
Hoang-tchoung module en PIEN-TCHÉ.	Hoang-tchoung.	Hoang-tchoung module en KIO.	Hoang-tchoung.	Hoang-tchoung module en CHANG.	Hoang-tchoung.
Ta-lu module en TCHÉ.	Ta-lu module en PIEN-TCHÉ.	Ta-lu.	Ta-lu module en KIO.	Ta-lu.	Ta-lu module en CHANG.
Tay-tsou.	Tay-tsou module en TCHÉ.	Tay-tsou module en PIEN-TCHÉ.	Tay-tsou.	Tay-tsou module en KIO.	Tay-tsou.
Kia-tchoung module en YU.	Kia-tchoung.	Kia-tchoung module en TCHÉ.	Kia-tchoung module en PIEN-TCHÉ.	Kia-tchoung.	Kia-tchoung module en KIO.
Kou-si.	Kou-si module en YU.	Kou-si.	Kou-si module en TCHÉ.	Kou-si module en PIEN-TCHÉ.	Kou-si.
Tchoung-lu module en PIEN-KOUNG.	Tchoung-lu.	Tchoung-lu module en YU.	Tchoung-lu.	Tchoung-lu module en TCHÉ.	Tchoung-lu module en PIEN-TCHÉ.
	Joui-pin module en PIEN-KOUNG.	Joui-pin.	Joui-pin module en YU.	Joui-pin.	Joui-pin module en TCHÉ.
		Lin-tchoung module en PIEN-KOUNG.	Lin-tchoung.	Lin-tchoung module en YU.	Lin-tchoung.
			Y-tsé module en PIEN-KOUNG.	Y-tsé.	Y-tsé module en YU.
				Nan-lu module en PIEN-KOUNG.	Nan-lu.
					Ou-y module en PIEN-KOUNG.

SECONDE PARTIE.

Figure 7.   PLANCHE XII.

LES CINQ TONS, LES DEUX PIEN ET LES QUATRE-VINGT-QUATRE MODULATIONS.

Hoang-tchoung module en KOUNG.	*Nota.* Au-dessus de la double ligne, font les *lu* moyens; & au-dessous, font les *lu* aigus.				Hoang-tchoung module en TCHÉ.
Ta-lu.	Ta-lu module en KOUNG.				Ta-lu.
Tay-tfou module en CHANG.	Tay-tfou.	Tay-tfou module en KOUNG.			Tay-tfou module en YU.
Kia-tchoung.	Kia-tchoung module en CHANG.	Kia-tchoung.	Kia-tchoung module en KOUNG.		Kia-tchoung.
Kou-fi module en KIO.	Kou-fi.	Kou-fi module en CHANG.	Kou-fi.	Kou-fi module en KOUNG.	Kou-fi module en PIEN-KOUNG.
Tchoung-lu.	Tchoung-lu module en KIO.	Tchoung-lu.	Tchoung-lu module en CHANG.	Tchoung-lu.	Tchoung-lu module en KOUNG.
Joui-pin module en PIEN-TCHÉ.	Joui-pin.	Joui-pin module en KIO.	Joui-pin.	Joui-pin module en CHANG.	Joui-pin.
Lin-tchoung module en TCHÉ.	Lin-tchoung module en PIEN-TCHÉ.	Lin-tchoung.	Lin-tchoung module en KIO.	Lin-tchoung.	Lin-tchoung module en CHANG.
Y-tfé.	Y-tfé module en TCHÉ.	Y-tfé module en PIEN-TCHÉ.	Y-tfé.	Y-tfé module en KIO.	Y-tfé.
Nan-lu module en YU.	Nan-lu.	Nan-lu module en TCHÉ.	Nan-lu module en PIEN-TCHÉ.	Nan-lu.	Nan-lu module en KIO.
Ou-y.	Ou-y module en YU.	Ou-y.	Ou-y module en TCHÉ.	Ou-y module en PIEN-TCHÉ.	Ou-y.
Yng-tchoung module en PIEN-KOUNG.	Yng-tchoung.	Yng-tchoung module en YU.	Yng-tchoung.	Yng-tchoung module en TCHÉ.	Yng-tchoung module en PIEN-TCHÉ.
	Hoang-tchoung module en PIEN-KOUNG.	Hoang-tchoung.	Hoang-tchoung module en YU.	Hoang-tchoung.	
	Ta-lu module en PIEN-KOUNG.		Ta-lu.	Ta-lu module en YU.	
			Tay-tfou module en PIEN-KOUNG.	Tay-tfou.	
				Kia-tchoung module en PIEN-KOUNG.	

Suite de la Figure 7.

Hoang-tchoung module en PIEN-TCHÉ.	Hoang-tchoung.					
Ta-lu module en TCHÉ.	Ta-lu module en PIEN-TCHÉ.	Ta-lu.				
Tay-tsou.	Tay-tsou module en TCHÉ.	Tay-tsou module en PIEN-TCHÉ.	Tay-tsou.			
Kia-tchoung module en YU.	Kia-tchoung.	Kia-tchoung module en TCHÉ.	Kia-tchoung module en PIEN-TCHÉ.	Kia-tchoung.		
Kou-si.	Kou-si module en YU.	Kou-si.	Kou-si module en TCHÉ.	Kou-si module en PIEN-TCHÉ.	Kou-si.	
Tchoung-lu module en PIEN-KOUNG.	Tchoung-lu.	Tchoung-lu module en YU.	Tchoung-lu.	Tchoung-lu module en TCHÉ.	Tchoung-lu module en PIEN-TCHÉ.	
Joui-pin module en KOUNG.	Joui-pin module en PIEN-KOUNG.	Joui-pin.	Joui-pin module en YU.	Joui-pin.	Joui-pin module en TCHÉ.	
Lin-tchoung.	Lin-tchoung module en KOUNG.	Lin-tchoung module en PIEN-KOUNG.	Lin-tchoung.	Lin-tchoung module en YU.	Lin-tchoung.	
Y-tsé module en CHANG.	Y-tsé.	Y-tsé module en KOUNG.	Y-tsé module en PIEN-KOUNG.	Y-tsé.	Y-tsé module en YU.	
Nan-lu.	Nan-lu module en CHANG.	Nan-lu.	Nan-lu module en KOUNG.	Nan-lu module en PIEN-KOUNG.	Nan-lu.	
Ou-y module en KIO.	Ou-y.	Ou-y module en CHANG.	Ou-y.	Ou-y module en KOUNG.	Ou-y module en PIEN-KOUNG.	
Yng-tchoung.	Yng-tchoung module en KIO.	Yng-tchoung.	Yng-tchoung module en CHANG.	Yng-tchoung.	Yng-tchoung module en KOUNG.	
	Hoang-tchoung module en KIO.	Hoang-tchoung.	Hoang-tchoung module en CHANG.	Hoang-tchoung.		
		Ta-lu module en KIO.	Ta-lu.	Ta-lu module en CHANG.		
			Tay-tsou module en KIO.	Tay-tsou.		
				Kia-tchoung module en KIO.		

Seconde Partie. Mémoires sur les Chinois. Tom. VI. Pl. XIII.

Génération des douze Lu, dont 6 sont Yang, ou parfaits, et 6 Yn, ou imparfaits.

Figure 8.

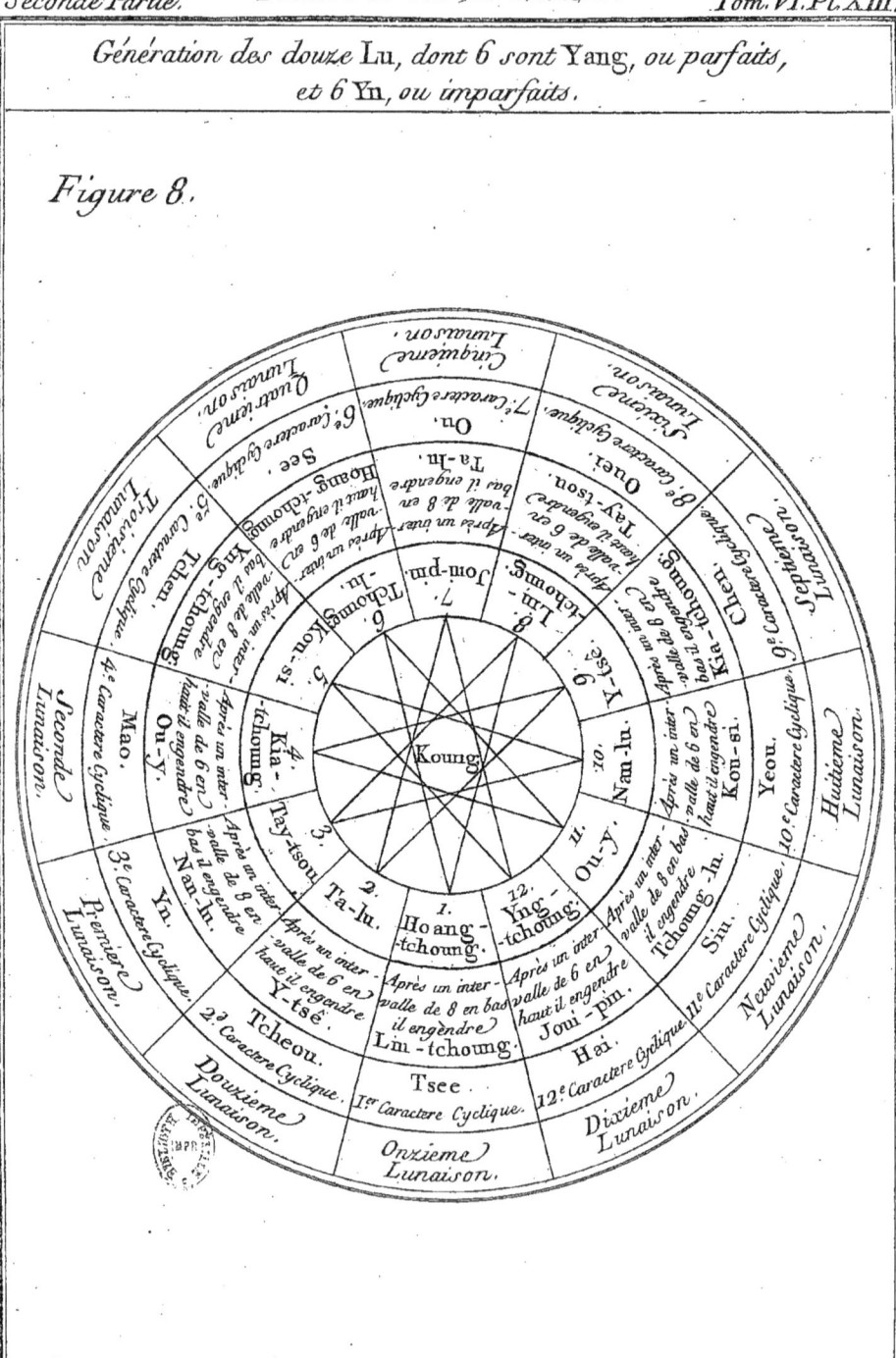

LES DOUZE LU
CALCULÉS PAR LES ANCIENS CHINOIS.

Hoang-tchoung	81	fa.
	40500.	
Ta-lu	76	fa ※.
	38000.	
Tay-tſou	72	ſol.
	36000.	
Kia-tchoung	68	ſol ※.
	34000.	
Kou-ſi	64	la.
	32000.	
Tchoung-lu	60	la ※.
	60000.	
Joui-pin	57	ſi.
	57000.	
Lin-tchoung	54	ut.
	54000.	
Y-tſé	51	ut ※.
	51000.	
Nan-lu	48	re.
	48000.	
Ou-y	45	re ※.
	45000.	
Yng-tchoung	43	mi.
	43000.	

Meſures employées par les anciens Chinois dans le calcul de leurs douze lu.

10 *hou* font un *ſee* . . . . $\frac{1}{1000}$ de ligne.
10 *ſee* font un *hao* . . . . . . $\frac{1}{100}$ de ligne.
10 *hao* font un *ly* . . . . . . $\frac{1}{10}$ de ligne.
10 *ly* font un *fen* . . . . . . ligne.
10 *fen* font un *tſun* . . . . . . pouce.
10 *tſun* font un *tché* . . . . . . pied.
10 *tché* font un *tchang* . . . . . toiſe.

Seconde Partie. Mémoires sur les Chinois. Tom. VI. Pl. XV.

Formation des douze Lu par les Nombres.

Fig. 9, b.

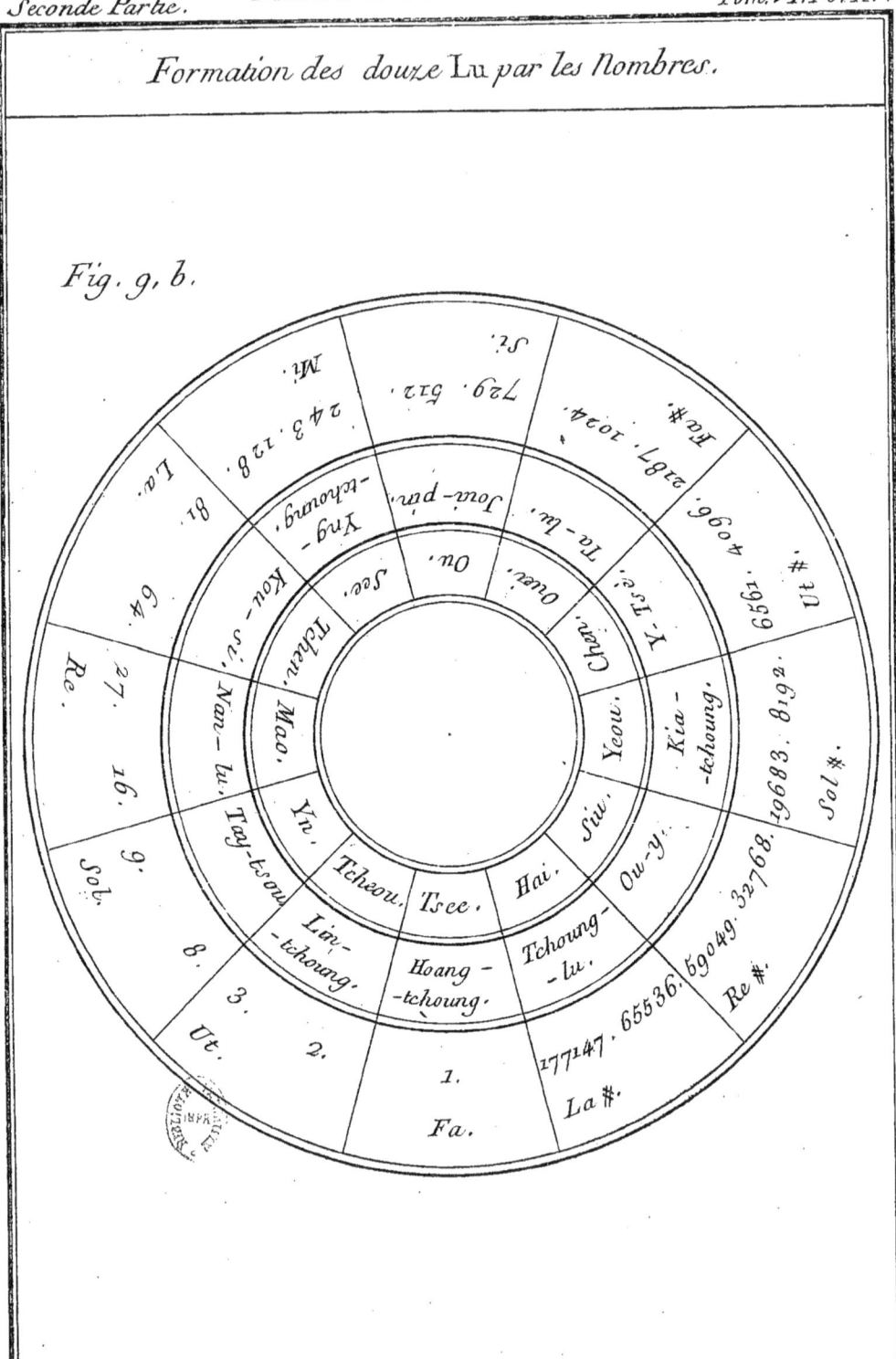

Proquet Sculp.

Seconde Partie.   *Mémoires sur les Chinois.*   Tom.VI.Pl.XVI.

Génération des Tons par les intervalles de Huit et de Six.

Les Lu courts engendrent, en montant, les Lu longs.

Les Lu longs engendrent, en descendant, les Lu courts.

Figure 10.

Hoang-tchoung. *Fa*
Ta-lu.
Tay-tsou. *Sol*
Kia-tchoung.
Kou-si. *La*
Tchoung-lu.
Joui-pm. *Si*
Lin-tchoung. *Ut*
Y-tsé.
Nan-lu. *Re*
Ou-y.
Yng-tchoung. *Mi*

La génération montante se fait après un intervalle de six.

La génération descendante se fait après un intervalle de huit.

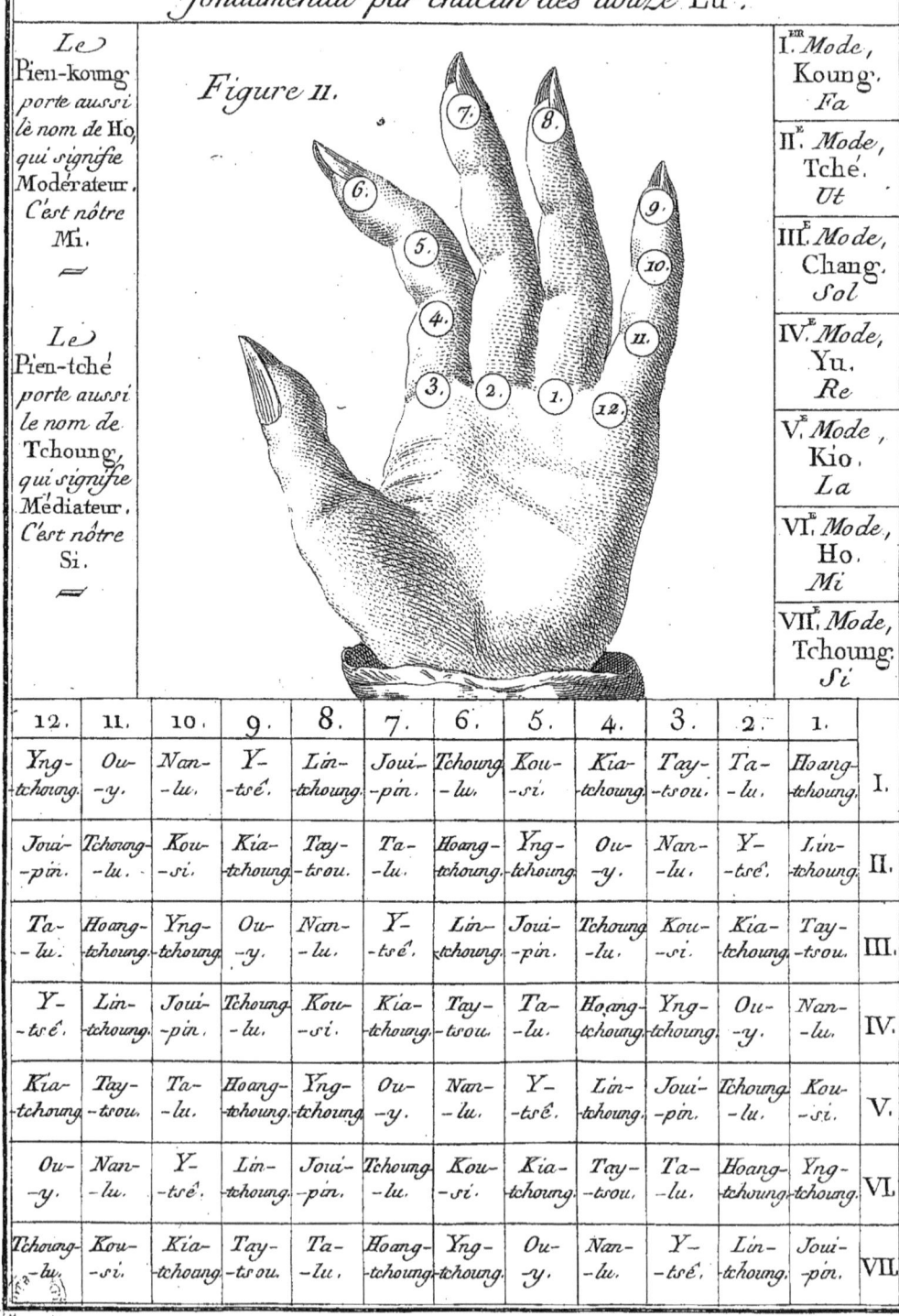

Seconde Partie. *Mémoires sur les Chinois.* Tom. VI. Pl. XV.

Main harmonique sur laquelle on trouve la circulation du Son fondamental par chacun des douze Lu.

Figure II.

Le Pien-koung porte aussi le nom de Ho, qui signifie Modérateur. C'est nôtre Mi.

Le Pien-tché porte aussi le nom de Tchoung, qui signifie Médiateur. C'est nôtre Si.

| I.er Mode, Koung. Fa |
| II.e Mode, Tché. Ut |
| III.E Mode, Chang. Sol |
| IV.E Mode, Yu. Re |
| V.E Mode, Kio. La |
| VI.E Mode, Ho. Mi |
| VII.E Mode, Tchoung. Si |

12.	11.	10.	9.	8.	7.	6.	5.	4.	3.	2.	1.	
Yng-tchoung	Ou-y	Nan-lu	Y-tsé	Lin-tchoung	Joui-pin	Tchoung-lu	Kou-si	Kia-tchoung	Tay-tsou	Ta-lu	Hoang-tchoung	I.
Joui-pin	Tchoung-lu	Kou-si	Kia-tchoung	Tay-tsou	Ta-lu	Hoang-tchoung	Yng-tchoung	Ou-y	Nan-lu	Y-tsé	Lin-tchoung	II.
Ta-lu	Hoang-tchoung	Yng-tchoung	Ou-y	Nan-lu	Y-tsé	Lin-tchoung	Joui-pin	Tchoung-lu	Kou-si	Kia-tchoung	Tay-tsou	III.
Y-tsé	Lin-tchoung	Joui-pin	Tchoung-lu	Kou-si	Kia-tchoung	Tay-tsou	Ta-lu	Hoang-tchoung	Yng-tchoung	Ou-y	Nan-lu	IV.
Kia-tchoung	Tay-tsou	Ta-lu	Hoang-tchoung	Yng-tchoung	Ou-y	Nan-lu	Y-tsé	Lin-tchoung	Joui-pin	Tchoung-lu	Kou-si	V.
Ou-y	Nan-lu	Y-tsé	Lin-tchoung	Joui-pin	Tchoung-lu	Kou-si	Kia-tchoung	Tay-tsou	Ta-lu	Hoang-tchoung	Yng-tchoung	VI.
Tchoung-lu	Kou-si	Kia-tchoung	Tay-tsou	Ta-lu	Hoang-tchoung	Yng-tchoung	Ou-y	Nan-lu	Y-tsé	Lin-tchoung	Joui-pin	VII.

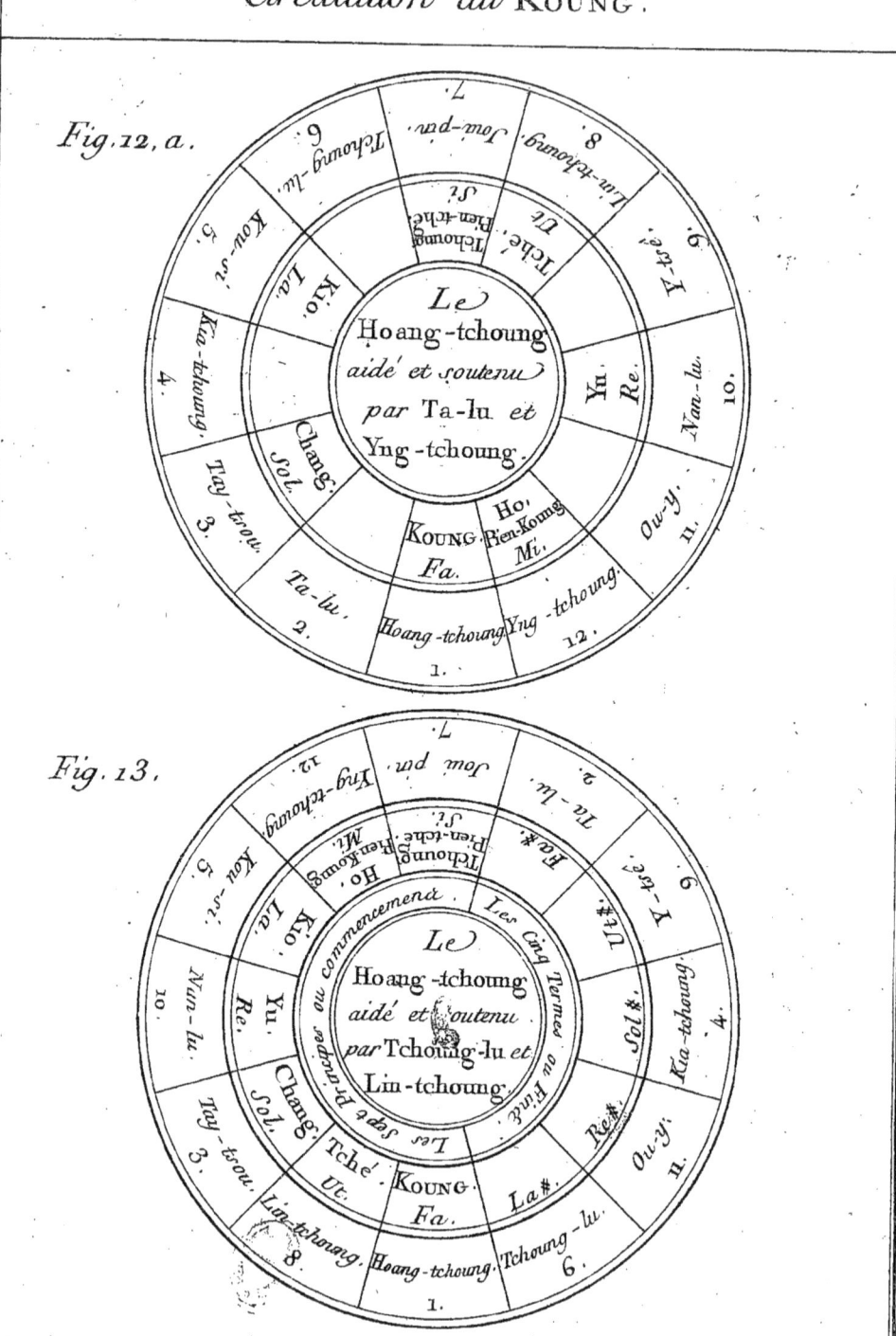

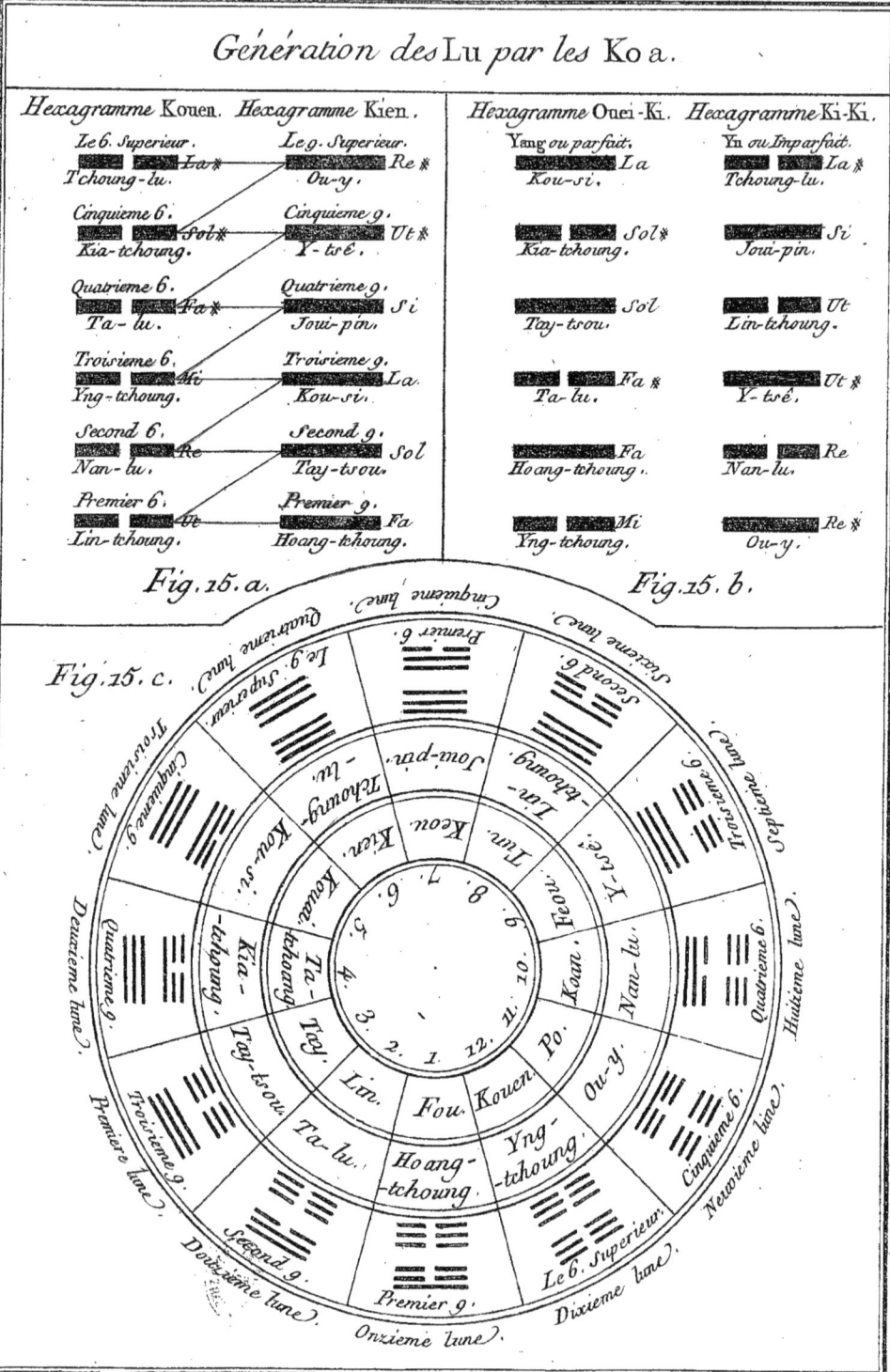

Seconde Partie. *Mémoires sur les Chinois.* Tom. VI. Pl. XX.

Accord des Nombres Pairs et Impairs,
et combinaison de ces mêmes Nombres pour produire les cinq Tons.

Fig. 16.

Fig. 17.

2. et 7. on leur place en haut.

7.

4. et 9. ont leur place à droite.

8.

Ser. Ou. Ouê. Chen.
Tchen. Yeou.
Mao. Siu.
Yn. Hai.
Tcheou. Tsee.

5 et 10 ont leur place au milieu.

9.

3. et 8. ont leur place à gauche.

6.

1. et 6. ont leur place en bas.

Figure 18.

SECONDE PARTIE.

PLANCHE XXI.

LES DOUZE LU
CALCULÉS PLUS EN DÉTAIL
PAR LES CHINOIS MODERNES.

Hoang-tchoung .	KOUNG . . .	*fa*	10,000,000,000.
Ta-lu			9,438,704,312.
Tay-tfou	CHANG . . .	*fol*	8,908,908,718.
Kia-tchoung			8,408,906,415.
Kou-fi	KIO	*la*	7,937,000,525.
Tchoung-lu			7,491,503,538.
Joui-pin	PIEN-TCHÉ . .	*fi*	7,071,006,781.
Lin-tchoung . . .	TCHÉ	*ut*	6,674,109,927.
Y-tfê			6,299,600,524.
Nan-lu	YU	*re*	5,946,003,557.
Ou-y			5,612,301,024.
Yng-tchoung . .	PIEN-KOUNG.	*mi*	5,297,301,547.

J'ai ajouté les tons chinois qui répondent aux *lu*, & les tons européens qui répondent aux tons chinois, afin qu'on pût voir d'un coup-d'œil si les tons s'accordent avec les nombres.

Tout ce calcul est fondé sur la supposition que le pied, qui donne la longueur du *hoang-tchoung*, est divisé en dix pouces, le pouce en dix lignes, les lignes en dix autres parties, &c.

SECONDE PARTIE.

Figure 19.   PLANCHE XXII.

AIRE DES DOUZE *LU*
CALCULÉE PAR LES CHINOIS MODERNES.

Noms des *LU*.	\multicolumn{5}{c}{Aire des *LU*.}				
	fen.	ly.	hao.	see.	hou.
Hoang-tchoung	9.	82.	9.	27.	51.
Ta-lu	9.	26.	97.	21.	20.
Tay-tsou	8.	74.	94.	51.	73.
Kia-tchoung	8.	25.	83.	83.	74.
Kou-si	7.	79.	48.	75.	33.
Tchoung-lu	7.	35.	73.	82.	59.
Joui-pin	6.	94.	44.	44.	44.
Lin-tchoung	6.	55.	46.	82.	72.
Y-tsê	6.	18.	67.	96.	65.
Nan-lu	5.	83.	95.	58.	43.
Ou-y	5.	51.	18.	9.	20.
Yng-tchoung	5.	20.	24.	55.	12.

Figure 20.

CAPACITÉ DES DOUZE *LU*
CALCULÉE PAR LES CHINOIS MODERNES.

Noms des *LU*.	Capacité des *LU*.				
	fen.	ly.	hao.	see.	hou.
Hoang-tchoung	982.	92.	751.	647.	982.
Ta-lu	874.	945.	173.	538.	109.
Tay-tsou	779.	487.	533.	548.	175.
Kia-tchoung	694.	444.	444.	444.	444.
Kou-si	618.	679.	665.	375.	235.
Tchoung-lu	551.	18.	925.	822.	291.
Joui-pin	491.	46.	375.	823.	991.
Lin-tchoung	437.	472.	586.	769.	53.
Y-tsê	389.	743.	766.	774.	87.
Nan-lu	347.	222.	222.	222.	222.
Ou-y	309.	339.	832.	687.	617.
Yng-tchoung	275.	590.	460.	411.	145.

Seconde Partie. — Mémoires sur les Chinois. — Tom. VI. Pl. XXIII.

Lu-tchun, du Prince Tsai-yu.

Figure 21.

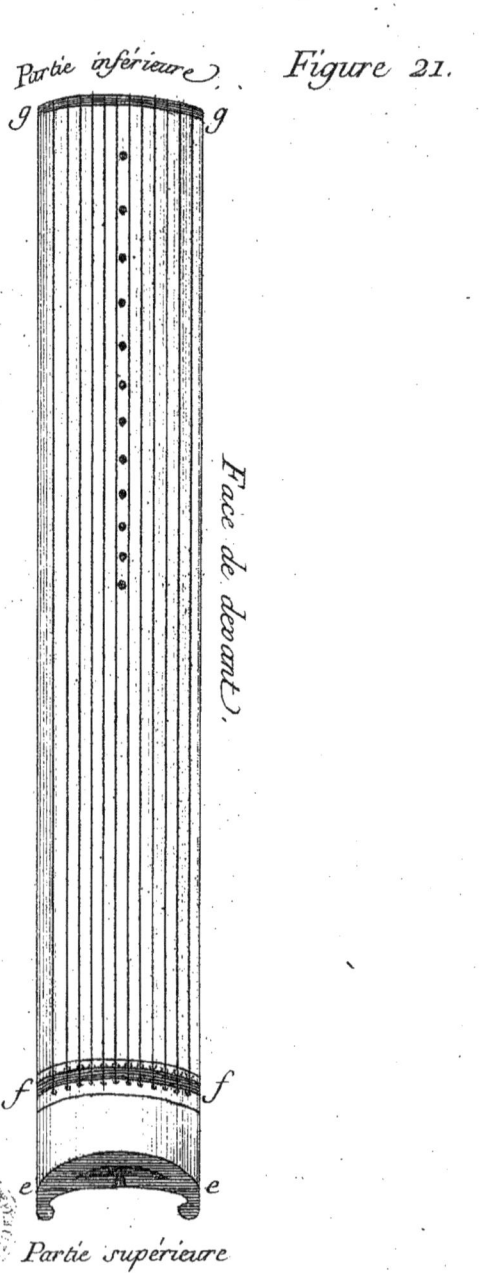
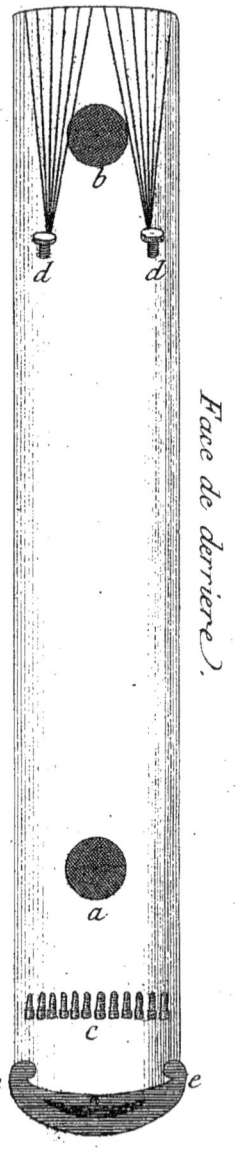

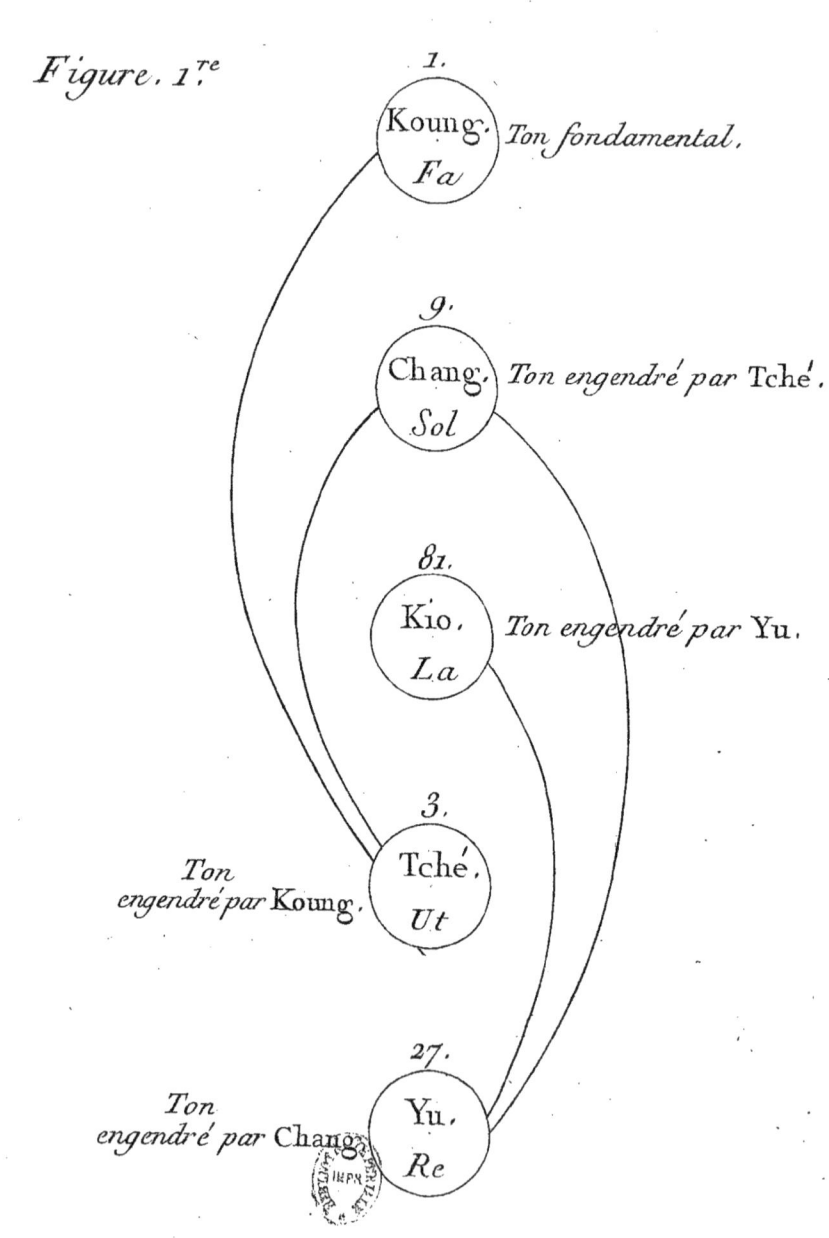

Troisieme Partie.   *Mémoires sur les Chinois.*   Tom. VI. Pl. XXV.

Les cinq tons et les deux PIEN.
Modulation en Koung.

Figure 2.

	Noms Modernes des Tons.	Noms des Lu.	Noms anciens des Tons.	
		Tchoung-lu.		
la	Y.	Kou-si.	Kio.	la
		Kia-tchoung.		
sol	Ou.	Tay-tsou.	Chang.	sol
		Ta-lu.		
fa	Lieou.	Hoang-tchoung.	Koung.	fa
mi	Fan.	Yng-tchoung.	Pien-Koung.	mi
		Ou-y.		
re	Kong.	Nan-lu.	Yu.	re
		Y-tsé.		
ut	Tché.	Lin-tchoung.	Tché.	ut
si	Chang.	Joui-pin.	Pien-tché.	si
		Tchoung-lu.		
la	Y.	Kou-si.	Kio.	la
		Kia-tchoung.		
sol	See.	Tay-tsou.	Chang.	sol
		Ta-lu.		
fa	Ho.	Hoang-tchoung.	Koung.	fa
mi	Fan.	Yng-tchoung.	Pien-Koung.	mi
		Ou-y.		
re	Kong.	Nan-lu.	Yu.	re
		Y-tsé.		
ut	Tché.	Lin-tchoung.	Tché.	ut
si	Chang.	Joui-pin.	Pien-tché.	si

TROISIEME PARTIE.

Figures 3, 4, &c.

PLANCHE XXVI

	FIGURE 2. RÉPÉTÉE.	LES CINQ TONS ET LES DEUX PIEN.	Fig. 3. MODULATION EN CHANG, 2.	Fig. 4. MODULATION EN KIO, 3.	Fig. 5. MODULATION EN TCHÉ, 4.	Fig. 6. MODULATION EN YU, 5.	Fig. 7. MODULATION EN PIEN-KOUNG.	Fig. 8. MODULATION EN PIEN-TCH
LU AIGUS.	Tchoung-lu. la ✵.						Pien-tché.	Pien-koun
	Kou-sí. la.	Kio.	Chang.	Koung.	Yu.	Tché.		
	Kia-tchoung. sol ✵.			Pien-koung.		Pien-tché.	Kio.	Yu.
	Tay-tsou. sol.	Chang.	Koung.		Tché.			
	Ta-lu. fa ✵.		Pien-koung.	Yu.	Pien-tché.	Kio.	Chang.	Tché.
	Hoang-tchoung. fa.	Koung.						Pien-tché
LU MOYENS.	Yng-tchoung. mi.	Pien-koung.	Yu.	Tché.	Kio.	Chang.	Koung.	
	Ou-y. re ✵.			Pien-tché.			Pien-koung.	Kio.
	Nan-lu. re.	5. Yu.	Tché.		Chang.	Koung.		
	Y-tsé. ut ✵.		Pien-tché.	Kio.		Pien-koung.	Yu.	Chang.
	Lin-tchoung. ut.	4. Tché.			Koung.			
	Joui-pin. si.	Pien-tché.	Kio.	Chang.	Pien-koung.	Yu.	Tché.	Koung.
	Tchoung-lu la ✵.						Pien-tché.	Pien-koun
	Kou-sí. la.	3. Kio.	Chang.	Koung.	Yu.	Tché.		
	Kia-tchoung. sol ✵.			Pien-koung.		Pien-tché.	Kio.	Yu.
	Tay-tsou. sol.	2. Chang.	Koung.		Tché.			
	Ta-lu. fa ✵.		Pien-koung.	Yu.	Pien-tché.	Kio.	Chang.	Tché.
	Hoang-tchoung. FA.	1. Koung.						Pien-tché
LU GRAVES.	Yng-tchoung. mi.	Pien-koung.	Yu.	Tché.	Kio.	Chang.	Koung.	
	Ou-y. re ✵.			Pien-tché.			Pien-koung.	Kio.
	Nan-lu. re.	Yu.	Tché.		Chang.	Koung.		
	Y-tsé. ut ✵.		Pien-tché.	Kio.		Pien-koung.	Yu.	Chang.
	Lin-tchoung. ut.	Tché.			Koung.			
	Joui-pin. si.	Pien-tché.	Kio.	Chang.	Pien-koung.	Yu.	Tché.	Koung

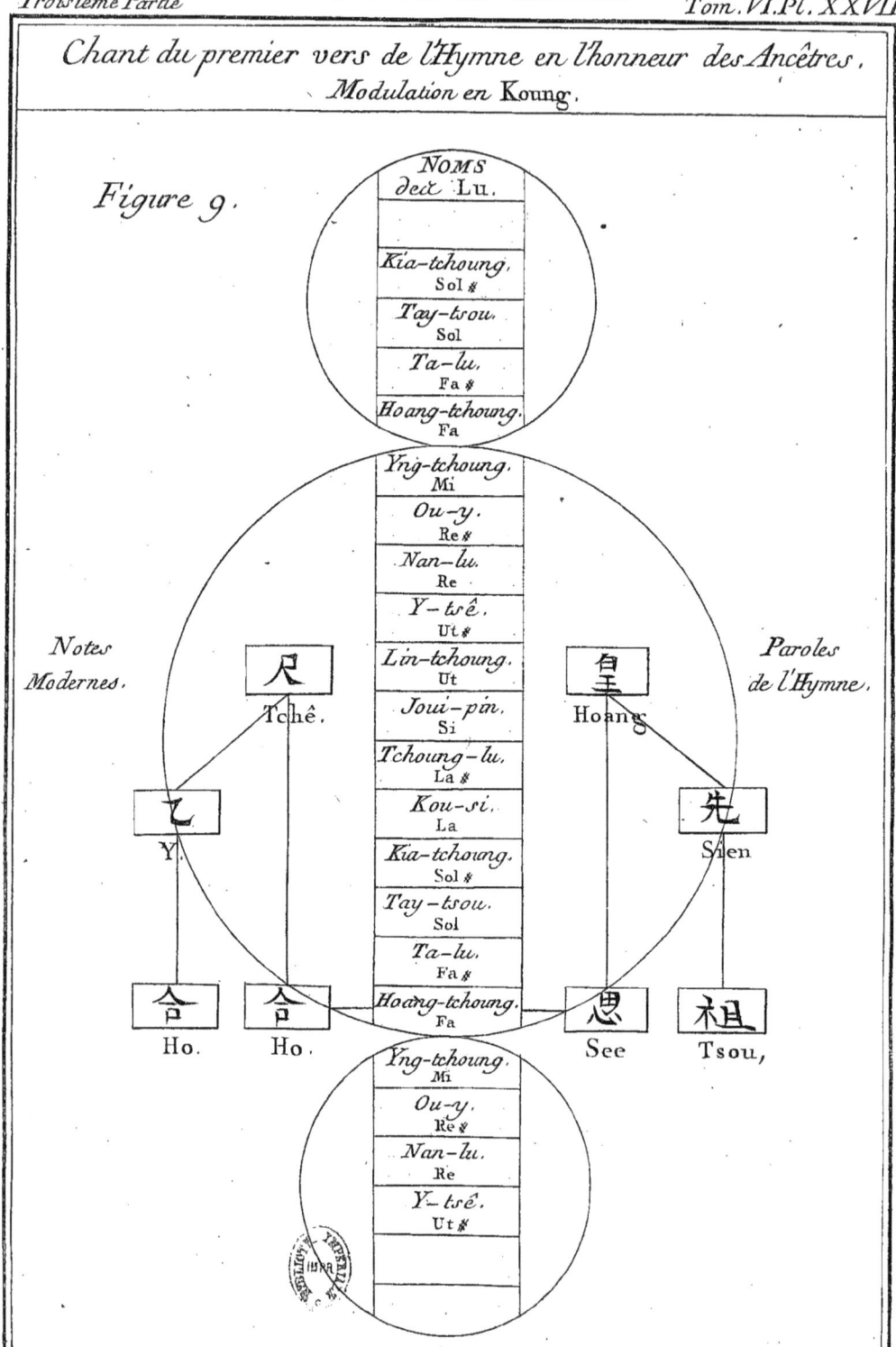

Troisieme Partie.   Mémoires sur les Chinois.   Tom. VI. Pl. XXVII.

Joueurs du King, du Chê et du Po-fou.

Fig. 36.

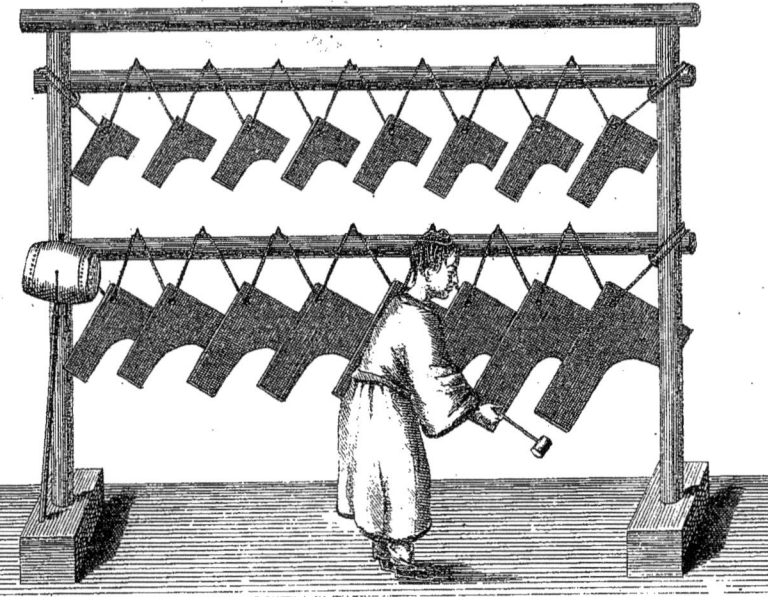

Fig. 38.

Troisieme Partie. *Mémoires sur les Chinois.* Tom.VI.Pl.XXIX.

Arrangement des Musiciens pour la Cérémonie en l'honneur des Ancêtres, dans le Tay-miao.

Sud.

Figure 39.

Est. Ouest.

Nord.

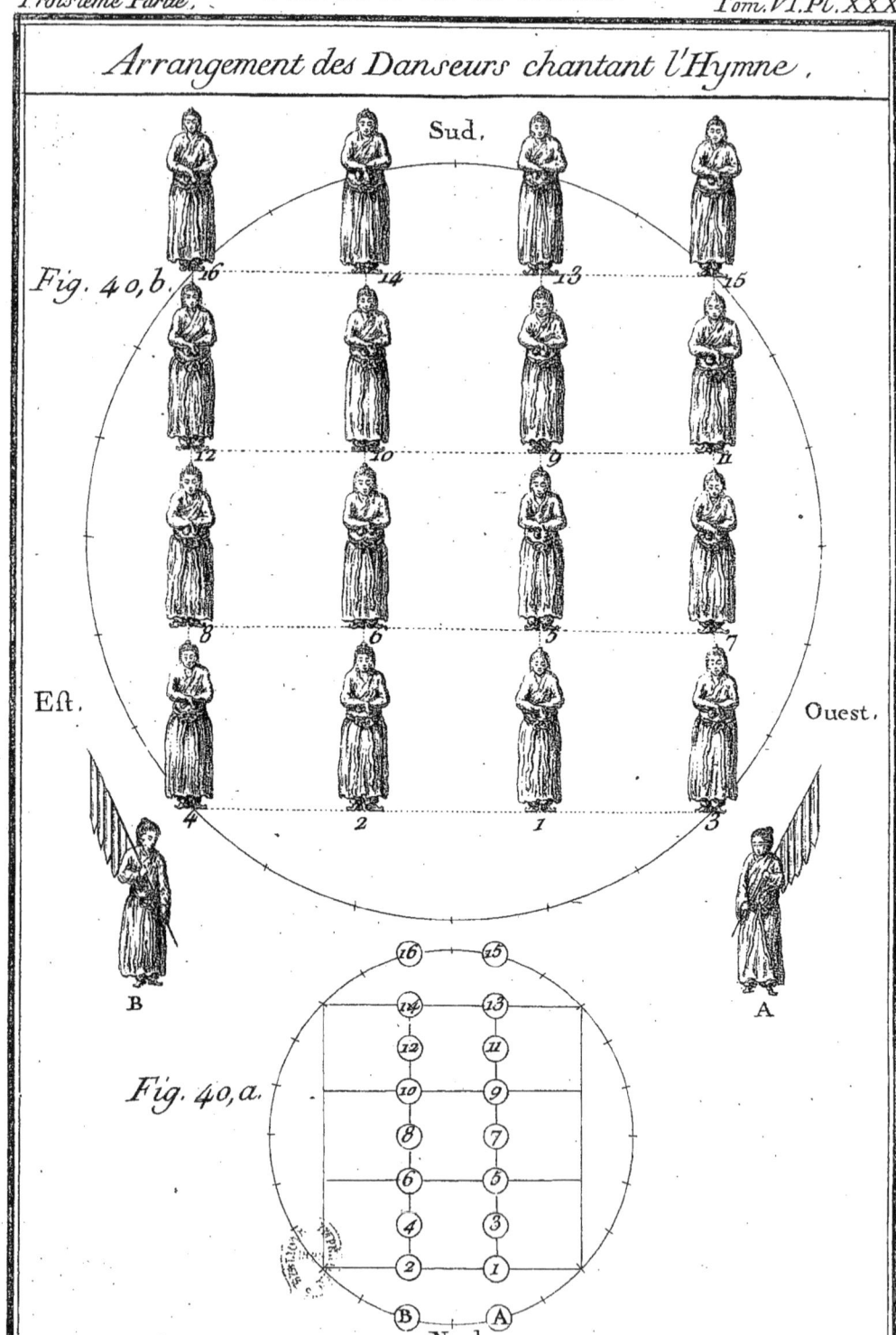

Arrangement des Danseurs chantant l'Hymne.

OBJETS
CONTENUS DANS CE MÉMOIRE.

PREMIERE PARTIE.
DES HUIT SORTES DE SONS.

Article premier. Du son en général.   page 27.
Art. II. Du son de la peau.   35.
Art. III. Du son de la pierre.   39.
Art. IV. Du son du métal.   43.
Art. V. Du son de la terre cuite.   49.
Art. VI. Du son de la soie.   52.
Art. VII. Du son du bois.   61.
Art. VIII. Du son du Bambou.   63.
Art. IX. Du son de la calebasse.   78.

SECONDE PARTIE.
DES LU.

Art. I. Des *Lu* en général.   85.
Art. II. Des *Lu* en particulier.   95.
Art. III. Dimensions des *Lu*.   99.
Art. IV. Formation du système musical des Chinois.   111.
Art. V. Génération des *Lu*.   116.
Art. VI. De la circulation du son fondamental.   124.
Art. VII. Génération des *Lu* par les deux koa, *kien* & *kouen*.   127.
Art. VIII. Génération des *Lu* par les quatre koa, *kien* & *kouen*, *ki-ki* & *ouei-ki*.   131.
Art. IX. Génération des *Lu* par les lignes des hexagrammes qui composent douze koa.   133.
Art. X. Génération des *Lu* par les nombres.   135.
Art. XI. Génération des *Lu* par les nombres, à la maniere des anciens Chinois, depuis *Hoang-ty* jusqu'aux *Han*.   142.
Art. XII. Dimensions des *Lu*, calculés plus rigoureusement par les Chinois modernes.   147.
Art. XIII. Maniere d'eprouver les *Lu*.   149.

TROISIEME PARTIE.

Des Tons.

Art. I. Ce que les Chinois entendent par *Ton*. 157.
Art. II. Des sept principes. 160.
Art. III. Si les Chinois connoiffent, ou ont connu anciennement, ce que nous appellons *Contre-point*. 164.
Art. IV. Manière dont les Anciens accordoient le *kin* à cinq ou à sept cordes. 168.
CONCLUSION. 172.
Hymne Chinois, en l'honneur des Ancêtres. 176.

OBSERVATIONS *sur quelques points de la Doctrine des Chinois.*

Premiere Obfervation. 186.
Seconde Obfervation. 190.
Troifieme Obfervation. 201.
Quatrieme Obfervation. 212.

TABLE DES MATIERES.

A

Accord du *kin* à cinq cordes, page 168; du *kin* à sept cordes, page 169.

Apotome, ou demi-ton chromatique. Ce demi-ton est comme d'un son quelconque à son diese ou à son bémol; d'*ut*, par exemple, à *ut-dièse*, de *si* à *si-bémol*, &c. Voyez l'exemple de la page 203, où les apotomes sont marqués par *a*. Cet intervalle, que les Européens, en partant de leurs fausses proportions, appellent *demi-ton mineur*, est plus grand que le demi-ton diatonique, 203 & note *y*, pag. 211, où cela est démontré. Voyez *limma*.

B

Bambou. Sorte de roseau dont les Chinois font des instrumens à vent. Les Instituteurs des principes de la Musique, operent sur des tuyaux de bambou, 64, 86; les douze sons fondamentaux, appellés *lu*, sont rendus par des tuyaux de bambou, 65, 66, 100.

C

Calcophonos. Pierre au son d'airain, dont parle Pline, 221.

Calebasse, employée pour former l'instrument nommé *cheng*, 78. Voyez *cheng*.

Chang. Le second des cinq tons des Chinois. Ce ton peut répondre à ce que nous appellerions *second degré*, dans une gamme. Voyez l'exemple de la page 114 & celui de la note *o*, pag. 208.

Chao. Voyez *demi-ton*.

Ché. Instrument à cordes, 54.

Cheng. Instrument à tuyaux de bambou, sur un fond de calebasse, 78 & suiv. Ordre & accord des tuyaux des différentes sortes de *cheng*, 229, 230, 231.

Cheng-king. Pierre sonore isolée, 42 & 222.

Chou. Sorte de gros millet, 88. Grains de *chou*, rangés l'un contre l'autre, de deux manieres, pour mesurer la longueur du tuyau qui donne le son primitif, 89; les mêmes grains employés pour mesurer le diametre du même tuyau, & pour régler les poids & les mesures, 90 & suiv.

Complémens. Les sons que les Chinois appellent *complémens*, sont au nombre de cinq; savoir, *fa*✕, *ut*✕, *sol*✕, *re*✕, *la*✕; ce sont les sons

ultérieurs ajoutés aux *sept principes*, c'est-à-dire, aux sept sons fondamentaux primitifs, *fa ut sol re la mi si*, que les Chinois appellent les
sept principes, 163.

D

DANSES. Elles accompagnent le chant, chez les Chinois, & les
attitudes, ou les différentes evolutions des Danseurs doivent dire aux
yeux, ce que les voix & les instrumens disent en même tems aux
oreilles, 166, 177.

Demi-ton. Ce que nous appellons demi-ton se nomme *chao*, chez
les Chinois, qui signifie *moindre*, *petit*, &c., 55, dans les notes. Cet
intervalle ne doit pas être considéré comme une moitié de ton : l'octave
divisée en douze demi-tons, qu'on supposeroit egaux entr'eux, ne
présenteroit qu'un chant factice, qui ne seroit, dans le fond, que
l'action de détonner dans l'un ou l'autre système de demi-tons musicaux, le majeur & le mineur, 65, 202, 203 & suiv. Quelques personnes appellent le *mi* & le *si* des *demi-tons*; on pourroit, d'après leurs
mêmes idées, leur soutenir que le *mi* est un *ton*, & l'*ut* un *demi-
ton*, &c., 87, note *b*.

D'un son donné à son octave, il y a douze demi-tons, dont sept
sont appellés diatoniques ou *limma*, & cinq chromatiques ou *apotome*, 202. Dans quels rapports sont ces deux sortes de demi-tons, 203.
Les demi-tons ne sauroient être regardés comme les premiers élémens
de la génération des sons, 193. La supposition que les Instituteurs des
principes de la Musique aient d'abord commencé à diviser l'octave en
douze demi-tons, est bien plutôt une idée des modernes, que le procédé des Anciens. Raisons qui empêchent de faire cette supposition,
65, note *s*. Comment les Chinois, postérieurs aux Instituteurs, ont
pu être conduits à faire correspondre des demi-tons à l'ordre primitif
des *lu*, 95, à la note, & 194, 195. Douze demi-tons ne peuvent
fournir douze modulations différentes, 203. C'est pour s'être restraints
à douze *lu* déterminés, que les Chinois modernes ont eté forcés d'en
altérer la proportion, afin qu'ils pussent servir indifféremment de
limma & d'apotome dans les douze modulations qu'ils vouloient tirer
de leurs *lu*, 204. Moyen d'obtenir douze modulations sans dénaturer
les *lu*, 204; en quoi consiste ce moyen, 206; texte du *Toung-tien*,
qui confirme la doctrine, que *douze lu ne peuvent fournir douze modulations*, 207; développement de ce texte, 209.

Duplication du cube. Les Chinois se sont occupés à trouver des
méthodes pour la duplication du cube, afin de pouvoir mesurer exactement le solide d'un *lu* quelconque, & assigner ainsi les dimensions de
divers *lu*, 147, 148.

E

ECHELLE. Comment on suppose que les anciens Chinois formerent leur echelle de cinq tons, 112. Une série de consonnances donne, d'une maniere plus simple, & les cinq tons des Chinois, & le systême des Grecs, & la gamme de Gui d'Arezzo, & l'echelle d'*ut* des Européens, & leur echelle descendante du mode mineur de *la*, *Ibid.* note *o*. Cette méthode est la même que celle qu'ont employée les anciens Chinois, pour la génération de leurs cinq tons, par les cinq premiers termes de la progression triple, c'est-à-dire, par les consonnances, 158. Voyez la figure citée en cet endroit, qui présente aux yeux cette génération.

F

FRACTIONS. La méthode de négliger les fractions dans le calcul des sons, est plutôt un vice qu'une regle, 145, à la note. Erreurs qui résultent de ce vice, 186. Moyen d'eviter les fractions, même en prenant la progression triple dans un sens rétrograde, selon la maniere des Chinois modernes, 187, 188. Les Instituteurs de la progression triple ont dû la prendre dans son sens naturel, c'est-à-dire, en faisant correspondre le premier terme à l'*unité*, & appliquant, à chaque terme, des consonnances descendantes, 190; confirmation de cette idée par l'exemple de la figure 1 de la premiere Partie, où les nombres qui répondent aux cinq tons, ont, pour radicaux, les cinq termes 1, 3, 9, 27, 81, représentant les consonnances descendantes *la re sol ut fa*, page 219.

G

(Le P.) GAUBIL engage M. Amiot à faire une etude de la Musique des Chinois, 3.

Génération des cinq tons, & des deux *pien*, par des quintes en montant, depuis *fa*, ou par des quartes, depuis *si*, 126.

Génération des *lu* par les *koa*, 127 & suivantes.

La *génération* descendante des Chinois est une succession de sons en montant; & leur génération montante, une succession de sons qui descendent, 122, 143, dans les notes. Exemple pour faciliter l'intelligence de ces deux sortes de générations, 119, note *x*.

H

HARMONIE. Les Chinois ne connoissent point notre harmonie, prise dans le sens d'*accords*, de *contre-point*, mais tout est harmonie dans leur musique, 165 & suivantes. Le seul assemblage de sons différens que connoissent les Chinois, consiste à pincer deux cordes, à la quinte ou à la quarte l'une de l'autre, sur le *kin* & sur le *ché*, lorsque ces instrumens accompagnent la voix, 171, 183.

Heures. Correspondance des *lu* aux douze heures chinoises, 231.
Hiuen. Instrument à vent, de terre cuite, 51.
Hiuen-kou. Tambour en usage sous la Dynastie des *Tcheou*, 37.
Ho. Nom du *pien-koung*, ou septieme degré, 125. Voyez l'exemple de la page 114.
Hoai-nan-tsee. Auteur qui a ecrit sur la Musique avant l'ere chrétienne. Il etoit Roi de *Hoai-nan*, 118, note *s*. Passage de cet illustre Auteur, touchant la génération des *lu* & leurs proportions, 118 & suivantes. Ce qu'on doit penser de la doctrine de ce savant Prince, 120, à la note, & 218.
Hoang-tchoung. Nom donné au tuyau qui rend le son fondamental, sur lequel tout le système des sons est etabli, 89 ; ce que signifie ce mot, *Ibid*. Le *hoang-tchoung* est le premier des douze *lu*, & tient le premier rang dans la classe des *lu*, dits *yang* ; il répond à la onzieme lune, par laquelle commence l'année civile, & au caractere cyclique *tsee*, 96 & 231. La longueur du tuyau qui donne le ton de *hoang-tchoung* & sa capacité, ont servi à fixer les poids & les mesures, 90, 91.
Hymne chinois en l'honneur des Ancêtres, 176 ; noté à notre maniere, 184 ; traduction de cet Hymne, 179 ; ce qui s'observe lorsqu'on chante cet Hymne dans la salle des Ancêtres, 177, 178 & suivantes ; comment les instrumens accompagnent cet Hymne, 182, 183.

I

IMPAIRS. Les nombres impairs sont *yang*. Voyez *Pairs*.

J

JOUI-PIN. Son fondamental, le septieme dans l'ordre des *lu*, & le quatrieme des *yang-lu*, répond à la cinquieme lune & au caractere cyclique *ou*, 97 & 231.

K

KIA-TCHOUNG. Son fondamental, le quatrieme dans l'ordre des *lu*, & le second des *yn-lu*, répond à la seconde lune & au caractere cyclique *mao*, 98 & 231.
Kieou. Nom qu'on donnoit anciennement à l'instrument de pierres sonores, appellé aujourd'hui *king*, 40.
Kin. Instrument à cordes, 53 & suivantes. Antiquité de cet instrument, 56 ; comment il s'accorde, voyez *accord*.
King. Instrument de pierres sonores, 40 & suivantes.
Kin-kou. Tambour à-peu-près semblable au *tsou-kou* des *hia*, 38.
Kio. Le troisieme des cinq tons des Chinois. Ce ton peut répondre à ce que nous appellerions *troisieme degré.* Voyez l'exemple de la page 114, & celui de la note *o*, page 208.

DES MATIERES.

Kiun. Ce mot peut répondre à ce que nous nommons octave, avec la différence qu'il faut fuppofer cette octave divifée en douze demi-tons, 58. Le *kiun* eft proprement l'affemblage de treize fons, à un demi-ton l'un de l'autre, *Ibid.* à la note. [Du refte nous prenons ici ce mot dans le fens qu'il eft employé par M. Amiot, d'après les Auteurs chinois qu'il a fuivis. Peut-être ne doit-on concevoir par *kiun*, que l'affemblage de douze fons; le treizieme, qui eft l'octave du premier, pouvant être regardé comme recommençant un autre *kiun*. L'infpection des planches 4, *b*; 5, *a* & *b*; 6 & 7, peut appuyer cette idée.]

Koa. Les koa font des fignes d'inftitution qui ne confiftent qu'en de fimples lignes ou barres, foit entieres, foit brifées, 128. Il y a des koa trigrammes, c'eft-à-dire, compofés de trois lignes (Voyez note *b*, page 29), & des koa hexagrammes, compofés de fix lignes, 128. Les Chinois fe fervent de ces différens koa pour exprimer, foit la génération des fons, pag. 128 & fuivantes, foit leur fucceffion par demi-tons, 131, 132; 133 & 134.

Koan-tfee. Inftrument à tuyaux de bambou, 63 & fuiv.

Koung. Nom donné au fon primitif fur lequel eft fondé tout le fyftême mufical, 89; ce que fignifie ce mot, *Ibid.* Le ton *koung* eft le premier des cinq tons des chinois, & peut répondre à ce que nous appellerions premier degré. Voyez l'exemple, page 114, & celui de la note *o*, page 208.

Kou-fi. Son fondamental, le cinquieme dans l'ordre des *lu*, & le troifieme des *yang-lu*, répond à la troifieme lune & au caractere cyclique *tchen*, 97 & 231.

Kou-yo-king-tchouen. Ouvrage de *Ly-koang-ty*, traduit par M. Amiot, 5.

L

LIMMA, ou demi-ton diatonique. Ce demi-ton fe rencontre entre deux degrés différens, comme de *fi* à *ut*, de *mi* à *fa*, de *la* à *fi-bémol*, &c., à la différence de l'apotome, qui ne parcourt aucun intervalle, & ne peut former ce qu'on appelle une *feconde mineure*. Voyez l'exemple de la page 203, où les limma font marqués par *l*. Les Européens, depuis les ecrits de Zarlin, appellent cet intervalle, *demi-ton majeur*; cette dénomination annonce plus d'une abfurdité dans leur fyftême : le limma eft moindre que l'apotome, ou demi-ton chromatique; voyez note *y*, page 211, où cela eft démontré.

Lyng-lun. Inftituteur des principes de la Mufique, fous *Hoang-ty*, l'an 2637 avant l'ere chrétienne, 77; il opere fur des tuyaux de bambou, 86.

Lin-tchoung. Son fondamental, le huitieme dans l'ordre des *lu*, & le quatrieme des *yn-lu*, répond à la fixieme lune & au caractere cyclique *ouei*, 98 & 231.

Lu. Son déterminé à certaines proportions, servant de modele pour tous les sons qui doivent le représenter, soit à l'unisson, soit à différentes octaves à l'aigu ou au grave, 28, note *a.* Les *lu* sont au nombre de douze, *Ibid.* & page 95. On les distingue en deux ordres : parfaits, ou *yang,* & imparfaits, ou *yn,* 95 ; pourquoi ainsi appellés, 66, note *t* ; quels sont les lu *yang* & les lu *yn,* 96. Voyez encore page 198.

Il y a trois sortes de *lu :* les graves, les moyens & les aigus, 105 ; dimensions des *lu* graves, selon le Prince *Tsai-yu, Ibid.* §. 1 ; des *lu* moyens, 107, §. 2 ; des *lu* aigus, 108, §. 3. Ce qu'on doit penser de ces dimensions, 110, note *m.* Autres dimensions des *lu,* calculés plus rigoureusement par le même Auteur, 148, figures 18, 19, 20 ; sur quoi est fondé le calcul de ces dernieres dimensions, 149.

L'ordre des *lu* par demi-tons n'est qu'une combinaison des *lu,* formant entr'eux des consonnances, 42, à la note, & 92, note *e.* Si c'est une absurdité, dans Plutarque, d'avoir appliqué la progression triple à des sons diatoniques, quoique ces sons soient en descendant, comment pourroit-on vouloir appliquer cette même progression à des demi-tons qui se succéderoient en montant ? 193.

Lunes. Correspondance des *lu* aux douze lunes par lesquelles les Chinois divisent l'année, 119, 191.

Lu-tché. Pied musical, divisé en 9 pouces, & le pouce en 9 lignes, 103, 104.

Lu-tchun. Instrument composé de douze cordes, servant de *canon harmonique* pour eprouver la justesse des *lu,* 149. Le mot *lu-tchun* signifie *regle* ou *mesure des lu,* 82. Les Anciens avoient des *lu-tchun* à vent, composés de treize tuyaux, & des *lu-tchun* à cordes, composés de treize cordes, *Ibid.* (la treizieme corde sonnant vraisemblablement l'octave de la premiere, & le treizieme tuyau, celle du premier).

Ly-koang-ty. L'un des Auteurs qu'a suivis principalement M. Amiot, dans son Mémoire, 33. Voyez *Kou-yo-king-tchouen.*

M

Modulation. Ce que les Chinois entendent par modulation, 47, note *k ;* en quoi consistent leurs 84 modulations, 113 ; systême du Prince *Tsai-yu* pour l'arrangement des 84 modulations, *Ibid.* Ce qu'on doit penser de ce systême, 114, 115, à la note.

Musique. Cultivée en Chine de tems immémorial, 4 ; les Chinois la regardent comme la science des sciences, celle au moyen de laquelle on peut expliquer toutes les autres sciences, &c., &c., *Ibid.* Effets de l'ancienne Musique chez les Chinois, 10, 11.

N

Nan-lu. Son fondamental, le dixieme dans l'ordre des *lu,* & le cinquieme

cinquieme des *yn-lu*, répond à la huitieme lune & au caractere cyclique *yeou*, 99 & 231.

Nombres, se distinguent en parfaits & imparfaits. Les nombres impairs sont parfaits, ou *yang*, & les nombres pairs sont imparfaits, ou *yn*, 135, 137. C'est au moyen de ces deux sortes de nombres que se forme le système musical, 135 & suivantes. Différentes méthodes pour obtenir la valeur des *lû* par les nombres, 142; celle qui suppose le *hoang-tchoung*, composé de 81 parties, est la plus ancienne, *Ibid.* & pages suivantes. Ce que pensent, en Europe, touchant l'expression numérique des sons, & en général, touchant les proportions harmoniques, ceux dont les connoissances musicales sont bornées aux instrumens à touches, 200, notes *h*, *i*.

O

Orthographe des mots chinois. M. Amiot les ecrit comme on les prononce à la Cour, & non d'après les Dictionnaires faits dans les Provinces, 21.

Ou. Instrument de bois, qui a la forme d'un tigre, 61.

Ou-y. Son fondamental, le onzieme dans l'ordre des *lu*, & le sixieme des *yang-lu*, répond à la neuvieme lune & au caractere cyclique *siu*, 97, 98, & 231.

P

Pairs. Les nombres pairs sont *yn*, & les impairs sont *yang*, 135. La méthode de joindre ces deux sortes de nombres, pour le calcul des sons, suggérée à l'homme par le Ciel lui-même, selon le Prince *Tsai-yu*, 94. Comment au moyen de cette méthode on obtient tous les sons du système musical, *Ibid.* note *f*. Par quelles causes les *lu*, jusqu'au tems du Prince *Tsai-yu*, ont resté pendant plus de trois mille ans dans un etat d'imperfection qui eût révolté les Anciens, 94; etat dont ce savant Prince n'a pu les tirer lui-même, faute de sentir tout le mérite de la méthode qu'il dit avoir eté suggérée à l'homme par le Ciel, *Ibid.* note *g*, & page 116, note *q*. Voyez encore page 218 & les notes *qq*, *rr*, pages 155, 156.

Pied. Deux sortes de pieds chez les anciens Chinois : le pied musical, & le pied de compte ; voyez *lu-tché* & *tou-tché*. Le Prince *Tsai-yu*, pour remettre les *lu* dans leurs anciennes proportions, rétablit le pied tel qu'il avoit dû être sous les *Hia*, 102.

Pien. Son auxiliaire qui précede le *koung* ou le *tché*, d'où il tire sa dénomination de *pien-koung* ou de *pien-tché*; voyez *tons*. Le *pien-koung* se définit : *ton qui devient koung*; & le *pien-tché*, *ton qui devient tché*, 127. Le *pien-koung* répond à notre *mi*, & le *pien-tché* à notre *si*, 125 ; le nom particulier du premier est *HO*, & le nom du *pien-tché* est *TCHOUNG*, *Ibid.* & page 127. Relativement au *kin*, *ho* signifie *corde* de *l'union* ; & *tchoung* signifie *corde moyenne*, 169. L'intervalle entre le *koung* & le *pien-koung*, ou entre le *tché* & le *pien-tché*, répond à ce que nous appellons demi-ton diatonique ou limma; voyez l'exemple de la page 114.

Pien-king, est un assortiment de seize pierres sonores, 41.

Pien-tchoung, assortiment de seize cloches, 44.

Pierres sonores. Voyez *King* & *Calcophonos*.

Planchettes de bambou. Voyez *Tchoung-tou*.

Po-fou. Sorte de tambour, 38.

Po-tchoung. Cloches isolées, 43.

Progression triple. C'est l'expression numérique d'une suite de consonnances qui représentent la quinte, 32, note *c*, & 212. Les proportions authentiques que les Grecs nous ont transmises touchant les divers intervalles musicaux, ne sont, ainsi que les proportions des anciens Chinois, qu'un résultat de la progression triple, 196, note *d*, & 197.

Proportions. Exposition du principe sur lequel sont fondées les proportions des anciens Chinois, 212. D'une seule consonnance donnée, comme la quinte ou la quarte, découle tout le système musical, 214. Texte du *Si-han-chou*, ou histoire des *Han* occidentaux, qui présente tout le système musical des Chinois, formé par une succession de quintes & de quartes alternatives, 215 ; le même texte exprimé par des notes à la maniere des Européens, 217 ; analyse des nombres par lesquels M. Amiot représente chacun des douze *lu* énoncés dans ce texte, *Ibid*. note *ee*. Source des proportions factices des Chinois modernes, 201 & suivantes. Fausses proportions qui résultent de la méthode de *Hoai-nan-tsee*, 144, à la note, & 187. Les proportions factices qu'on trouve dans tous les Théoriciens Européens, depuis près de deux siecles, ne sont qu'une répétition de ce qu'a écrit Zarlin dans ses *Institutions*, 200, note *g*. D'après ces proportions factices, quelques Européens ont voulu elever des doutes sur celle de la quinte, sans penser à vérifier auparavant si leurs proportions de 15 à 16 pour le demi-ton, de 4 à 5 pour la tierce, &c., etoient légitimes, ou si elles avoient un principe, 213, note *aa*. Comment on peut s'assurer si la proportion de 2 à 3 pour la quinte, & celle de 3 à 4 pour la quarte, sont justes l'une & l'autre, 213.

Pythagore. Selon M. Amiot, Pythagore a pu passer des Indes jusqu'à la Chine, d'où il aura rapporté en Grece le système musical des Chinois, en l'arrangeant à sa maniere, 173 ; faits qui appuient cette conjecture, *Ibid*. à la note.

Q

QUADRATURE DU CERCLE. Ce n'est point par une curiosité stérile que les Chinois ont cherché la quadrature du cercle, c'est pour déter-

DES MATIERES. 251

miner avec précifion l'aire de chaque *lu*, par la connoiffance exacte du rapport du diametre à la circonférence, 147.

Quarte & *quinte*. Ces deux intervalles pris dans des fens oppofés, c'eft-à-dire, en montant ou en defcendant, pour l'un, & en defcendant ou en montant, pour l'autre, donnent mutuellement l'octave, 213, note *z*.

Quaternaire. Ce que les Grecs ont appellé le facré quaternaire de Pythagore, n'eft pas de ce Philofophe, 136. En quoi confifte ce facré quaternaire, & comment il renferme les principes fondamentaux de la Mufique, *Ibid*. à la note.

R

RAPPORT. Ce mot fe prend dans le fens de *proportion*. Le rapport de l'octave eft comme de 1 à 2, celui de la quinte, comme de 2 à 3, & celui de la quarte, comme de 3 à 4, pag. 213. Ainfi l'aggrégation des nombres 1, 2, 3, 4, eft la bafe des principes fondamentaux de la Mufique; voyez *tfo-kieou-ming* & *quaternaire*.

S

SIAO. Inftrument à plufieurs tuyaux, 68.

Siao. Flûte, 237, explication de la figure 39.

Son. Les Chinois diftinguent le fon, fimplement dit, d'avec le fon confidéré comme ton muficαl, 27, 28, 157 & fuivantes. Ils reconnoiffent huit fortes de fons, produits par autant de corps fonores différens, 29; ordre de ces huit fortes de fons, 34.

Soung-king. Pierre fonore ifolée, 42 & 222.

T

TA-LU. Son fondamental, le fecond dans l'ordre des lu, & le premier des *yn-lu*, répond à la douzieme lune & au caractere cyclique *tcheou*, 98 & 231.

Tao-kou. Tambour avec un manche, 38.

Tay-tfou. Son fondamental, le troifieme dans l'ordre des lu, & le fecond des *yang-lu*, répond à la premiere lune & au caractere cyclique *yn*, 97 & 231.

Tché. Le quatrieme des cinq tons des Chinois. Ce ton peut répondre à ce que nous appellerions *cinquieme degré*, parce qu'entre le troifieme degré & le cinquieme, il y a le *pien-tché*, au quatrieme rang, & qui ne formant qu'un demi-ton avec le *tché*, n'eft pas compté parmi les tons. Voyez l'exemple de la page 114, celui de la note *o*, page 208, & le mot *tons*.

Tché. Sorte de flûte traverfiere, 76.

Ii ij

Tchen. Baguette qu'on passe sur les chevilles de l'instrument en forme de tigre, 61.

Tchou. Instrument de bois en forme de boisseau, 61.

Tchoung. Nom du *pien-tché* ou quatrieme degré, 125. Voyez l'exemple de la page 114, & le mot *pien*.

Tchoung-lu. Son fondamental, le sixieme dans l'ordre des lu, & le troisieme des *yn-lu*, répond à la quatrieme lune & au caractere cyclique *see*, 98 & 231.

Tchoung-tou. Planchettes de bambou sur lesquelles on ecrivoit avant l'invention du papier en Chine, 62. Ces planchettes, au nombre de douze, & liées ensemble en forme de Livre, servoient à battre la mesure. *Ibid.*

Tempérament. C'est l'action de discorder, sur les instrumens bornés, dits à touches, les quintes ou les quartes, afin de pouvoir réduire à douze les dix-huit sons qui se rencontrent d'un son donné à son octave, 202 & 206. Voyez encore la fin de la note *y*, pag. 211. Le *tempérament* répond à ce qu'un Auteur chinois appelle *correctif*, relativement à la progression triple, qui ne donne que des sons justes, 116, 204.

Té-tchoung. Cloches applaties, de moyenne grosseur, 44.

Texte de l'histoire, où les douze lu sont représentés dans leur juste proportion, exprimée par des nombres, 191. Les mêmes lu, notés à notre maniere & confrontés avec l'exemple de la figure 9, *b*, de la seconde partie, 197.

Texte du han-chou qui présente les douze lu engendrés l'un de l'autre, comme quinte ou comme quarte, 215; les mêmes lu calculés par M. Amiot dans une note, 216; ce texte du *han-chou*, & le calcul de M. Amiot, représentés par un exemple de musique, 217; comment ce calcul, fait depuis plusieurs années par M. Amiot, dans ses premiers manuscrits, se trouve n'être qu'un résultat de la progression triple, *Ibid.* note *ee*.

Texte du toung-tien touchant la différence entre le demi-ton diatonique & le demi-ton chromatique, 207 & suiv.

Tons. Les Chinois admettent, dans leur système, cinq sons principaux, qu'ils appellent tons, savoir : *koung, chang, kio, tché, yu*, répondant à nos sons *fa sol la ut re*; & deux sons auxiliaires qu'ils appellent *pien*, savoir, le *pien-koung*, ou *mi*, & le *pien-tché*, ou *si*, 112, 113; rapport de ces sons à ce qu'on peut appeler degrés, 114. Les cinq tons & les deux *pien* réunis, sont ce que les Chinois appellent les *sept principes*, 126, 160 & suivantes. Conjectures sur la doctrine des cinq tons, 159, à la note.

Tou-tché. Pied de compte, divisé en dix pouces, & le pouce en dix lignes, sur la même longueur que le *lu-tché* ou pied musical, 104.

Trigrammes de fou-hi. Voyez *Koa*.

Tsai-yu. Prince de la famille Impériale des *Ming*, Auteur d'un Ouvrage fur la Mufique, & l'un de ceux qu'a fuivis principalement M. Amiot dans fon Mémoire, 33.

Tsé-king. Pierre fonore ifolée, 41.

Tfo-kieou-ming. Auteur contemporain de Confucius, & plus ancien que Pythagore, 137. Il parle de l'aggrégation des nombres, 1, 2, 3, 4, relativement à la Mufique, comme d'une doctrine connue de ceux qu'il appelloit dès-lors *nos Anciens*, 136, 137.

Tfou-kou. Tambour du tems des *Hia*, 36.

Ty. Flûte qui ne differe du *yo* que par fon embouchure, 75. Voyez *Yo*.

U

UNITÉ, nombre. L'unité, felon les Chinois, eft le principe de toute doctrine, 118; elle eft le principe du calcul, & le commencement des nombres, 137.

Y

Y A-K O U. Sorte de tambour, 38.

Yang & *yn*. Dans quel fens il faut entendre ces termes, relativement aux fons, 66, note *t*.

Yang-lu. Les *yang-lu* font au nombre de fix; ce font les lu qui répondent aux nombres impairs, favoir : le premier, le troifieme, le cinquieme, le feptieme, le neuvieme & le onzieme, 96. Voyez pag. 198.

Yng-tchoung. Son fondamental, le douzieme dans l'ordre des lu, & le fixieme des *yn-lu*, répond à la dixieme lune & au caractere cyclique *hai*, 99 & 231.

Yn-kou. Grand tambour, appellé auffi *kao-kou*, 37.

Yn-lu. Les *yn-lu* font au nombre de fix; ce font les lu qui répondent aux nombres pairs, favoir, le fecond lu, le quatrieme, le fixieme, le huitieme, le dixieme & le douzieme; ils font les correfpondans des *yang-lu*, 96 & 98; voyez encore page 198.

Yo. Flûte à trois trous, 69. Cet inftrument préfente le même phénomene que le flûtet de Provence, *Ibid.* note *u*; en quoi confifte ce phénomene, 70; il etablit d'une maniere incontestable & à la portée des Praticiens, c'eft-à-dire, fans calcul, par le fimple fentiment de l'oreille, & par la feule perception des fons, tout le fyftême mufical, favoir, l'octave divifée en douze demi-tons; non egaux entr'eux, comme l'entendent les Praticiens bornés qui n'ont pas même les principes de leur art, mais en douze demi-tons, dont les uns font chromatiques & les autres diatoniques, tels qu'on les entonne à la voix, fur le violon, le violoncelle, &c., 72, note *z*. Voyez encore note *aa*, page 73.

Y-tsé. Son fondamental, le neuvieme dans l'ordre des lu, & le cinquieme des *yang-lu*, répond à la feptieme lune & au caractere cyclique *chen*, 97 & 231.

Yu. Le dernier des cinq tons des Chinois. Ce ton peut répondre à ce que nous appellerions *sixieme degré.* Voyez l'exemple de la page 114, & celui de la note *o*, pag. 208.

Z

ZODIAQUE. Le rapport des sons aux douze signes du Zodiaque, chez les Egyptiens, n'est qu'une imitation de ce qu'avoient fait les Chinois long-tems auparavant, 7, 8. Voyez *lunes.*

Fin de la Table des Matieres.

ERRATA.

PAGE 6, ligne 20, *s'appuie*, lisez *appuie.*

Pag. 201, notes, ligne 14, *suppore*, lisez *supporre.*

Pag. 91, ligne 14, *le kié est la dix-millionieme partie*, &c. lisez *la millionieme partie*, &c.

Les deux Manuscrits portent *dix-millionieme*, mais c'est une faute. On peut la rectifier aisément par l'énoncé même du texte, où l'on voit que les mesures décroissantes vont toujours en décuplant. Ainsi le *ly* etant la dixieme partie de la ligne, ou *fen*, le *hao* en sera la centieme partie; le *see*, la millieme partie; le *hou*, la dix-millieme; le *ouei*, la cent-millieme, & le *kié*, par conséquent, la millionieme partie, & non la dix-millionieme.